民事判例の観察と分析

高　橋　眞　著

成　文　堂

紗耶に

はしがき

一　本書の表題である民事判例の「観察」と「分析」は、いずれも判例を研究する際に行う作業である。このうち、判例の「分析」は、データである裁判例の資料に、分析者が自ら設定した課題をもって取り組み、資料そのものからは直ちに読み取れないものを読み取ろうとすることを意味する。裁判例に含まれる要素を抽出する、複数の裁判例を比較する、また仮に事案がこのようであればどうなるかというように、いわば補助線を引くなどの様々な方法を駆使して、資料に対して質問を投げかける作業である。作業が的確であれば、資料に内在するものを読み取ることが期待できる。しかしその場合でも、読み取った内容は、分析者の設定した課題＝質問によって切り取られたものであり、その内容には質問の内容が反映していることに注意が必要である。

このようにして抽出した要素をもって、他の判例資料の分析や、理論上の仮説の設定などに取り組むのであるが、右の注意を欠くならば、自分自身、あるいは先行研究が右のようにして読み取った要素を、初めから判例に内在していた一般的な「法理」であるかのように捉えるおそれがある。すなわち、一定の制約された課題設定のもとに読み取られた内容を、判例資料の中に読み込んでしまう危険である。したがって、判例資料が実際に何を言っているか、反対に何を言っていないかを「観察」する作業が、同時に必要となる。

本書は、三つの領域の判例研究を通じて、判例資料の「分析」と「観察」について考えてみようと試みたものである。

二　第一部は、「担保責任と損害賠償」に関して、「問い」を設定して「分析」を行った論考である。その「分析」の作業を通じて、各裁判例の事案を「観察」する必要が明らかとなったものである。

1「権利の担保責任と権利移転の『不能』について」　他人の権利の売買においては、当初から、売主の意思のみによっては権利の移転ができないのであるが、あらためて権利移転の「不能」を理由に、買主が売主の責任を追及することができるのはどのような場合か。裁判例を検討すると、売主に履行の意思ないし誠意が見られず、売主による権利の移転が期待しえないとき、また長い時間が経過するなど、買主を不安定な状態に拘束するのが適切でないときに、「不能」と評価され、買主は、売主に見切りをつけて契約を解除し、または自ら権利者から権利を取得することが正当化されるものとされている。論理的には循環しているとしても、判断の基準は、条文の意味分析だけでなく、具体的な事案を対象とする条文の働き方を見てはじめて明らかになるといわなければならない。

2「権利の担保責任と損害賠償」　他人の権利の売買においては、権利それ自体は存在しているため、買主が直接に権利者から不足分（改正前の五六三条の場合）を取得することが一応可能である。その上で、買主が売主に対し、権利者から取得する費用の賠償を求める場合、その額は代金減額による場合を超えることがありうる。右の賠償を、売主の帰責事由を要件としない担保責任によって請求することは可能か。裁判例を検討すると、担保責任および（帰責事由を要件とする）四一五条のいずれを理由としても、取得費用相当額の賠償が認められ、その根拠として、帰責事由は決定的な意味を有していないことがわかる。

そうすると、重要なのは対価にふさわしい給付がなされることであり、代金減額と、取得費用相当額の賠償とは、ともに対価的均衡の維持・回復という意味を持つのではないか。さらにこのことは、物の瑕疵についての担保責任にも妥当するのではないか。また、給付の効用を確保するための債権者側の対応を視野に入れるならば、賠償されるべき損害の把握も、侵害行為からの因果関係を基本として把握する不法行為の場合とは違うのではないか。この点を明らかにしようとしたのが第三論文である。

3「損害賠償と損害の表象」　契約の当事者は、相手からの給付を自己の活動に組み込んで利用する。債務者からの給付がない場合、債権者は自己の活動に支障が生じないように適切な善後措置をとって対応する。給付された物に瑕疵があった場合、債権者が費用を投じて修補することは、善後措置として通常のことであるが、裁判例を検討すると、瑕疵の除去や修補の費用の賠償（目的物を完全な状態にするという意味で履行利益の賠償）を、瑕疵担保責任として認めるものが多い。同時に、無駄となった費用（信頼利益）や、一定の場合に得べかりし利益の賠償を認めた例も見られる。したがって、賠償されるべき損害の判断については、何らかの定式を先行させるのではなく、当該事案において、債権者のもとでどのような不利益が生じているかを具体的に観察することが不可欠である。

三　第二部は、「弁済者代位と求償権」に関する論考である。最高裁昭和六一年二月二〇日判決（民集四〇巻一号四三頁）が、弁済者代位における原債権（およびその担保権）は求償権の確保を目的とする「附従的な性質」を有すると述べて以来、一方の権利に生じた事由が他方の権利に及ぶか否かという問題が、しばしばこの「附従的な性質」をもって説明される。第二部では、このように、問題をある権利と他の権利との機械的な関係として説明することと、あるいは、説明概念を直ちに「法理」として実体化することに対する疑問を示し、先例とされる判例や、当該事案の具体的内容を「観察」する必要性を意識している。

1「物上保証人に対する担保権の代位と求償権の時効中断」　代位弁済をした保証人が、原債権について差押債権者の承継を執行裁判所に申し出たことにより、求償権について消滅時効が中断するとされた判決の評釈である。最高裁は、昭和六一年判決のいう「附従的な性質」をも理由として、求償権についての権利の行使があったものとした。しかし、文字通りの「附従性」が問題であれば、原債権の行使の効力が求償権に及ぶというのは逆である。ここでの「附従的な性質」は、原債権が求償権の「担保の目的」で行使された結果、それを通じて（間接的に）求償権が行使されたことを意味しているのではないか。すなわち、問題とされているのは、権利と権利の関係の性質ではなく、担保を目的とする権利の行使の意味ではないか。

2「『自己の権利に基づいて求償することができる範囲』（民法五〇一条柱書）と民事再生手続」および3「倒産手続と弁済者代位」　債務者のために代位弁済をした者の求償権が倒産手続上の制約を受け、他方、原債権が右の制約を受けないものである場合につき、下級審裁判例において、前記の「附従的な性質」ないし五〇一条の文言を理由に、弁済者による原債権の行使が手続上も制約されるという理解があったのに対し、最高裁は、原債権が求償権確保のための担保として機能するという趣旨からすると、求償権に対する手続法上の制約は原債権に及ばず、このように解しても他の債権者に不当な不利益は生じないとした。法律論においては、ややもすると事案の具体的な側面を捨象して、抽象度の高い概念相互の関係により機械的に結論を導くことが、客観的ないし理論的であると考える傾きが生じうる。2・3の論考は、この問題の判断にあたり、権利を行使する権利主体の行為並びにその行使の「場」の性格を検討することこそが必要であると主張したものである。

4「事前求償権を被保全債権とする仮差押えと事後求償権の消滅時効の中断」　受託保証人の事前求償権と事後求償権の関係においても、弁済者代位の原債権と求償権との関係と同様の問題が論じられる。事前・事後の求償権の関係と、原債権・求償権の関係とは、構造上大きな違いがあるが、判断にあたっては、最高裁判決においても、事前・事後の求償権相互の関係の問題ではなく、求償権確保という制度趣旨から、一方についての権利行使を他方についての権利行使と同等に評価するという考え方がとられている。

5「保証人の主債務者に対する求償権の消滅時効中断事由と共同保証人間の求償権の消滅時効」　共同保証人間の求償権（四六五条）は、主債務者に対する求償が奏功しなかった場合に特に実益を有するため、前者は後者の担保のための制度であるとはいえないか。最高裁は、この議論を否定する。しかし、1～4の論考で見たように、この場合も、ある権利を別の権利の確保のために、担保の目的で行使するという理解はできないかという疑問も生じうる。本稿は、条文配置の構造上、共同保証人の求償権は保証人固有の権利であって、債権者の担保権を代位行使しているものではないことを指摘したものである。

「附従的な性質」という性格づけから直ちに結論を導くことへの警戒と同様、「担保の目的」という性格づけにもやはり警戒が必要であり、制度の内容・事案の内容をその都度具体的に検討しなければならない。「利益衡量論」の論者による「中間概念は有害である」という主張は、あるいはこのような危険に対する警鐘かもしれない。

四　第三部は、「相殺の担保的機能」を検討した論考である。「無制限説」とは、差押えとの関連で五一一条に関してとられた見解のはずなのに、それがなぜ債権譲渡との関連で主張されうるのか。あるいはどこかで意味が変わっているのではないか。このような疑問から、差押えと相殺、あるいは債権譲渡と相殺に関する判例が、実際にはどのような論理をとっているかを「観察」したものである。

1「『相殺の担保的機能』について」　まず、差押えと相殺に関する昭和三九年・昭和四五年の大法廷判決の資料を読み、昭和四五年大法廷判決の示す「無制限説」とは、差押えには相殺を封ずる効力がないがゆえに、差押えがなされた後でも「相殺適状に達しさえすれば」相殺は可能である、すなわち五一一条の反対解釈には制限が加えられないというものであることを示す。そうすると、差押えの後に転付命令によって受働債権が移転すれば、もはや相殺が不可能になるが、差押えがあった時点で相殺適状を作り出す「相殺予約」によるときは相殺が可能となり、相殺は担保としての機能を有することになる。昭和四五年大法廷判決は、この相殺予約が「契約の自由」により当然に認められるとしているが、実際には、預金債権と貸金債権の関係を想定した限定的なものではないか。

また、債権譲渡と相殺に関しては、最高裁昭和五〇年一二月八日判決（民集二九巻一一号一八六四頁）が、五一一条の解釈ではなく、相殺において両債権の弁済期の前後を問わないという意味での「無制限説」をとったものとする理解がある。しかし、この判決の事案の特殊性を措くとしても、昭和四五年大法廷判決の根拠が、差押えが相殺を封ずるものではないことであることからすると、法定相殺に関する限り、債権譲渡の場合に昭和四五年判決を援用することはできない。そこで債権譲渡と相殺について判例資料を「観察」したのが第二論文である。

2「債権譲渡と相殺」　昭和四五年大法廷判決においても、相殺をするためには相殺適状に達していることが必要である。そうすると、受働債権が譲渡されたときは、相殺適状が崩れ、もはや相殺はできないのではないか。大審院判例の時期においては、四六八条二項（改正前）の「譲渡人に対して生じた事由」の解釈に関し、相殺適状の成立ないしその可能性が問題とされていたが、最高裁昭和三二年七月一九日判決（民集一一巻七号一二九七頁）は、その説明において、相殺を認める理由として「相殺の期待」「相殺をなしうべき利益」の保護を示した。しかしそれは、独立した担保権としての「相殺権」が認められることを意味するものではなく、いわゆる「逆相殺」に関する最高裁昭和五四年七月一〇日判決（民集三三巻五号五三三頁）は、債権債務の決済方法である相殺の法理に従って判断を行っている。そうすると、債権譲渡後の相殺は、両債権に担保としての牽連関係がある場合にそれによって認められるのであって、相殺の法理から認められるものではないのではないか。

3「補論――民法（債権法）改正と相殺・差押え・債権譲渡」　債権法改正の内容が確定したことを受けて、差押え・債権譲渡と相殺の関係について検討したものである。相殺制度につき、相殺適状の内容については変更がないことを確かめ、差押えと法定相殺との関係については昭和四五年大法廷判決の「無制限説」によるものとしても、相殺予約に関してはなお解釈の余地があること、債権譲渡と相殺については、相殺の制度からは依然として説明が不可能であり、改正法四六九条一項には「保護に値する相殺の期待があるときには」という隠れた要件があると解さなければならないことを示す。

五　民事法の規範は、社会の中での法実践によって形成され、その本質的な部分が概念として把握されて法文にまとめられる。そしてその法文を再び社会の中の法実践に用いることによって、その妥当性が検証され、具体的な事案に即した解釈作業を経て、必要があれば改正がなされる。このような動態を全体として観察し、疑問について問いかけをする作業として、データとしての裁判例の研究は有効である。本書は、限られた分野についてではあるが、判例研究の作業につき、方法に関する意識をもって考えてみたものである。

最後に、旧稿の発表の場を与えていただき、本書への収録を快諾してくださった各機関、本書の出版をお引き受けくださった成文堂の阿部成一社長、編集についてご尽力いただいた飯村晃弘氏に御礼を申し上げる次第である。

二〇一九年二月三日

髙橋　眞

目次

3

初出一覧

Ⅰ　担保責任と損害賠償

1　権利の担保責任と権利移転の「不能」について――裁判例の検討――
　　現代における物権法と債権法の交錯（林良平先生献呈論文集）（有斐閣・一九九八年）

2　権利の担保責任と損害賠償――裁判例の検討――
　　大阪市立大学法学雑誌五三巻一号、二号（二〇〇六年）

3　損害賠償と損害の表象
　　大阪市立大学法学雑誌六〇巻三＝四号（二〇一四年）

Ⅱ　弁済者代位と求償権

1　物上保証人に対する担保権の代位と求償権の時効中断
　　民商法雑誌一三六巻六号（二〇〇七年）
　　原題　物上保証人に対する不動産競売の開始決定正本が主債務者に送達された後に保証人が代位弁済をした上で差押債権者の承継を執行裁判所に申し出たが承継の申出について民法一五五条所定の通知がされなかった場合における保証人の主債務者に対する求償権の消滅時効の中断の有無

2　「自己の権利に基づいて求償することができる範囲」（民法五〇一条柱書）と民事再生手続
　　金融法務事情一八八五号（二〇〇九年）

3　倒産手続と弁済者代位――二つの最高裁判決に即して――

大阪市立大学法学雑誌五八巻三＝四号（二〇一二年）

4　事前求償権を被保全債権とする仮差押えと事後求償権の消滅時効の中断

民商法雑誌一五一巻二号（二〇一四年）

5　保証人の主債務者に対する求償権の消滅時効中断事由と共同保証人間の求償権の消滅時効

ジュリスト増刊（一五〇五号）・平成二八年度重要判例解説（二〇一七年）

原題　保証人の主債務者に対する求償権の消滅時効中断事由は共同保証人間の消滅時効中断効を生じさせるか

Ⅲ　相殺の担保的機能

1　「相殺の担保的機能」について――判例を読み直す――

市場社会の変容と金融・財産法（成文堂・二〇〇九年）

2　債権譲渡と相殺――判例を読み直す――

現代民事法の実務と理論（田原睦夫先生古稀・最高裁判事退官記念論文集）（金融財政事情研究会・二〇一三年）

3　補論――民法（債権法）改正と相殺・差押え・債権譲渡

書下ろし

Ⅰ　担保責任と損害賠償

1　権利の担保責任と権利移転の「不能」について

——裁判例の検討——

一　はじめに

(1)　他人の権利の売買につき、民法五六〇条は、売主の権利移転義務を定めている。これは、一面では他人の権利の売買が契約としては有効であることを示すとともに、売主において「其売却シタル権利ヲ取得シテ之ヲ買主ニ移転スル義務」、すなわち一種の債務が発生することを意味する。

ただ、権利の担保責任を、この権利移転義務の不履行として捉えて良いかという点については議論のあるところである。しかし、磯村博士が指摘するように、確かに、歴史的には「ローマ法（ゲルマン法も同様）においては、売主は買主に『持ち使用し収益し時効取得させる（……）』義務即ち権利移転に必要な行為をなす義務を負うのみで、権利取得の結果を供与する義務はない。……ローマ法の権利の瑕疵に対する売主の『追奪担保責任』（……）は、その履行義務としての権利供与義務の欠如という構成に対応しているのである。……〔しかし〕近世諸立法のもとで『権利供与義務』の思想が漸次前面化し、独民法において殆んど純粋な形で貫徹されるにいたった。すなわち、独民法においては売主は買主に完全な所有権を取得せしむべき履行義務を負うとともに、その反面権利の瑕疵に対する責任はもはや技術的意味における『担保責任』ではなく『債務不履行責任』である(1)。」

本稿は、権利移転義務を明記する日本民法においても、右のことが妥当するという前提をとった上で、権利を「移転スルコト能ハサルトキ」（五六一条、五六三条）の意義について検討を行う(2)。

(2)　すなわち、所有権が第三者に属する場合には売主は権利を取得してこれを移転する義務を負う。その上で、右の権利を「移転スルコト能ハサル」ものということができ、買主において契約解除・代金減額請求等をなしうるのは、どのような場合か。

権利を「移転スルコト能ハサル」こと、すなわち売主が売買契約締結後に目的たる財産権を取得することができなかったことは、買主が主張立証すべきであり、しかも「これに該当する事実を具体的に主張し、立証しなければならない。例えば、売主甲が右売買契約締結後右財産権を取得するために第三者丙と交渉したが、丙が譲渡拒絶の意思を確定的に表示した場合や、売主甲が第三者丙から右財産権を買い受ける契約を締結していたところ、丙が右財産権を丁に売って丁に対抗要件を具備させた場合（大判大一〇・一一・二二民録二七輯一九七八頁参照）などである(3)」とされる。

しかし、契約解除等の権利行使のために、そこまで明確な事実が必要であり、またそれを買主の側で調査しなければならないものかどうか。奥田教授は、右のような場合には売主の義務は履行不能だとみてよいが「売主が履行期後も全く履行しようとせず、権利者から権利を取得すべく努力しないとき、履行の可能・不能は誰が判断するのか。債権者（買主）が債務者（売主）に五六一条の担保責任を問うためには債権者自身が権利者の意思を確認するなどしなければならないのか、それとも、債務者に履行の意思ないし誠意がみられないときは、履行不能と扱って五六一条責任を認めてよいのか。あるいは、この場合は、五六一条責任ではなく四一五条の債務不履行責任を問うべきであるのか。債務不履行責任だとしても、なお、遅滞と不能とでは、損害賠償請求（とくに塡補賠償）の要件、契約解除の要件（催告の要否、五四一条・五四三条）が異なるゆえに、そのいずれと解するかは重要な問題となる(4)」と述べる。本稿は、奥田教授の提起する右の問題について、裁判例の検討を通じて解答の手掛かりを求めることを目的とする。

二　裁判例の状況

(1)　大審院の判例

(1)　五六一条の移転不能の意義について、明確に論じている判決としては、まず大判大正一〇・一一・二二（民録二七輯一九七八頁）が挙げられる。これは、Aから鉱業権を買い受けたが移転登録を受けていなかったYが、これをXに売却した後、Aが右鉱業権をBに移転登録したために、YがXに右鉱業権の移転登録をなしえなかった事件である。本判決は、五六一条にいう「移転スルコト能ハサル」とは「第三者カ売主ニ権利ヲ移転スルコトヲ肯セサルカ為メ売主カ之ヲ取得スルコトヲ得サルニ因リ之ヲ買主ニ移転スルコト能ハサルノ義」であるが、「第三者カ一旦其権利ヲ売主ニ売渡スヘキコトヲ約シタルニ拘ラス之ヲ他ニ移転シタルカ為メニ売主カ之ヲ取得シテ買主ニ移転スルコト能ハサル場合ヲ包含ス」、「何トナレハ第三者カ其権利ヲ他ニ移転シ売主ヲシテ之ヲ取得スルコト能ハサルニ至ラシムルハ売主ニ対シ之ヲ移転スルコトヲ肯セサルモノト同一ニ論ス可ケレハナリ」とする。これには、売買の目的たる権利が存在し、権利者においてその取得を否定しない以上、履行可能というべきであり、Aから移転を受けたBが売却を拒絶してはじめて不能となるという反論がありうるが、本判決は、Aがその鉱業権をBに移転してYに取得させない以上、Yの義務は履行不能となったものというべきであるとした上で、「Yカ鉱業権ヲAヨリ取得シタル他人〔B〕ニ求メテ之ヲ取得スルコトハ必期ス可カラサル事ニ属スレハ之ヲ試ミタル上ニ非サレハ移転不能ナリト謂フ可カラスト為スハ寧ロ取引ノ通念ニ反スルモノト謂フヘシ」と述べる。

大判昭和三・一二・一七（法律評論一八巻民法二三九頁）も、甲が売主、乙が買主、丙が所有者とする場合において、丙が目的物の大部分を丁に売り渡し、その所有権移転登記を経由した以上、丁がさらに甲に売り渡す等の契約が存在するのでなければ、甲乙間の契約は「一応履行不能ニ帰シタルモノト認ムルヲ妥当トスル」と述べ、また大判昭和六・一一・一三（法律新聞三三三九号一八頁）も、「特定物ノ売買ニ於テ其ノ物ノ所有権カ第三者ニ属スルトキハ特別ノ事情ナキ限リ売主ハ之ヲ其ノ所有者ヨリ譲受ケテ買主ニ給付スルコト能ハサルモノト」解するとして、目的物たる土地を所有者が他人に売り渡した時から、本件売買は履行不能になったものとする。

(2)　右に見た諸事例のように、目的たる権利が所有者から他人に移転されるというような事情がない場合には、買主は、いかなる条件のもとでどのような請求をなしうるか。

大判昭和六・二・二（法律新聞三二三〇号七頁）は、買主が売主に対して履行を請求したのに対し、売主が、目的物の一部が売主の所有に属さない場合には給付の原始的客観的一部不能であるから、担保責任を追及すべきであって履行または履行に代わる損害賠償の請求はなしえないと主張したものである。本判決は、目的物の全部または一部が他人の所有に属する場合、売買契約は原始的不能ではなく、「買主ハ売主ニ対シ該目的物ノ所有権ヲ取得シテ之ヲ移転スヘキコトヲ請求スルコトヲ得ヘク売主ニ於テ之ヲ取得スルヲ得サルコト明ナルニ及ヒテ始メテ契約ノ解除又ハ代金ノ減額並損害賠償ヲ請求スルコトヲ得ヘキモノトス」と述べた。

それでは、担保責任の追及として契約解除・代金減額等を請求するために、いかなる事実があれば「売主ニ於テ之ヲ取得スルヲ得サルコト明」らかであるということができるか。大判昭和一〇・四・二七（民集一四巻七九〇頁）は、原判決が「売買ノ目的物ノ一部カ他人ノ所有ナルトキハ買主ハ売主カ之ヲ取得シテ買主ニ移転スルコト能ハサル事明カナルニ及ンテ始メテ代金ノ減額ヲ請求シ得ヘキモノナル處」、売主が本件官有地を取得して買主に移転しえないという事実を買主は主張・立証しておらず、また証拠によれば、売主が払下げを受けて買主に所有権を移転する可能性があり、また売主がこれを実行する意思のあることを「窺知シ得ヘキヲ以テ」未だ買主は代金減額請求権を有しないとしたのに対し、次のように述べて破棄差戻しをした。

すなわち、本件売買代金は昭和六年六月一日に支払われ、同時に右官有地以外の目的地については登記手続がなされたにもかかわらず「爾来三年余ノ久シキヲ経過シタル昭和九年九月六日原審口頭弁論終結当時未タ被上告人〔売主〕カ其ノ官有地ノ所有権ヲ取得シテ之ヲ上告人〔買主〕ニ移転セサルヲ見レハ縦令被上告人〔売主〕ニ於テ将来之ヲ実行スルコトカ絶対不能ニアラス且其ノ実行ノ意思アル場合ト雖格段ノ事情ナキ限リ既ニ民法第五百六十三条第一項ニ所謂移転スルコト能ハサル場合ニ該当スルモノト解スルヲ妥当トス」と。

(3)　右の昭和一〇年判決について、末川博士は、ここにいう権利移転の不能はその時・所における社会的経験法則に従って決せられるほかはなく「他人からの権利取得がいかなる方法によるも不可能であるかどうかといふやうな絶対的な標準や売主がいかなる意思を有しいかに努力してゐるかといふやうな主観的な立場だけから判断さるべきではない」として、[5] 本件においては「代金の授受や登記があってから三年余も権利の移転が為されてゐないといふことは、それ自体、その権利が他人に属する為めに売主の履行を不能ならしめてゐると推断せしめるに十分であって、而も買主においてはその部分について売買をした目的を達することを得ない事情があるものと認めて差支ないのだから（換言すれば、三年経っても移転できぬことを知ってゐたら当初からその部分については買受けなかったであらうと考へられるのだから）、契約一部の解除権を発生せしめるに足ると観てよい」[6]と述べて、判旨に賛成する。

しかし山中教授は、原判決は破棄を免れないとしても、本判決の趣旨もまた明瞭でないと述べる。すなわち第一に、民法五六三条の不能を認定するにあたり、取引の通念により売買の目的を達しうべき相当の期間内に売主が官有地部分の払下げを受けうるかを問題にすべきであるが、その「相当なる期間」の認定は具体的事情によって異なる。たとえば、売買の始め、官有地存在の事実について買主悪意の場合は（「善意」とあるのは誤植である）、払下げに要する相当の期間は買主の予期すべきものであるから五年でも長くはないかもしれず、善意であれば一年でも短くないこともありうる。第二に、「五六三条の不能は瑕疵担保規定たる本質上厳に原始的不能に限らるべきものなれば単に三年を経過せる事の指摘自体は何等意味をなさぬ」のであって、判旨が、代金全額支払いの後三年経過しても売主が官有地部分を買主に移転しえないという事実が、官有地の存在自体が本件において原始的不能を構成するものであったことを実証するものであるとするのであれば正当であるが、単に三年が経過したこと自体をさして五六三条の不能構成事由であるとするのならば疑問である。第三に、判旨は「移転スル能ハザル」と言わずに「移転セザル」の語法のもとに「売主の履行遅滞の場合をも右に含ましめその間何等の理論的根拠もなく履行遅滞を五六三条の不能に飛躍せしめたるは頗るその意を捕捉するに苦しむ」[7]と。

山中教授の右の指摘、すなわち①「相当の期間」はどのようにして決まるか、②期間の経過は直ちに権利移転の不能を基礎づけうるか、③期間の経過が意味を持つのであれば、履行遅滞との関係はどうかという論点をも手掛かりとして、以下において戦後の裁判例を分析することとする。

（2）　買主からの権利行使と「移転不能」

戦後の裁判例において、買主が五六一条、五六三条に基づき、契約解除、代金減額、損害賠償等を請求するための要件として、「移転不能」は何を意味するものとされているか。目的物の所有権の移転がない場合、第三者が所有者から所有権を取得した場合、買主自身が所有権を取得した場合に分けて検討する。

(1)　所有権の移転がない場合

(a)　最判昭和二五・一〇・二六（民集四巻一〇号四九七頁）は、売主が所有権を取得するべく所有者と交渉したが、その調停が不調となり、所有者において目的物の所有権を他に移転する意思のないことが認定された事例である。買主が売主に再三履行請求をした後、契約を解除したものであるが、本判決は、一般に契約の履行が締結当初から客観的に不能であれば、その契約は無効となるが、他人の物の売買において「その目的物の所有者が売買成立当時からその物を他に譲渡する意思がなく、従って売主においてこれを取得し買主に移転することができないような場合であっても、なおその売買契約は有効に成立する」とした上で、「他人の物の売買においては、売主がその売却した権利を取得してこれを買主に移転することができないときは、買主は唯それだけの事由に基ずき《ママ》契約の解除をなすことができる」と述べて、買主の解除の効力を認めた。本判決は、このような場合は「原始的不能」の一場合であると解し、したがって、所有者の拒絶の意思が明らかになることによって不能となったのではなく、当初から不能であることが明らかになったものと見ているようである。それでは、所有権の移転がなく、しかも所有者の拒絶の意思が明らかでない場合には、いかなるときに「移転不能」ということができるか。それは、この判決からは明らかではない。(8)

(b)　最判昭和三〇・五・三一（民集九巻六号八四四頁）は、次のような事案である。すなわち、XはYからB名義の土地を買い受け、代金を支払ってBから直接所有権移転登記を受けた（後Cに転売、所有権移転登記を経由した）。ところがAからBは僭称相続人であったとして、B・C・Y等に対し相続回復等請求訴訟が提起され、Aの勝訴が確定、これに基づきB・Cの登記は抹消された。Xは、本件売買は結局他人の物の売買であり、しかも五六一条にいう移転不能にあたるとして、代金の返還を求めた。原審は、Yは本件土地の所有権を取得してXに移転する義務を負うが、その土地は「表見上の名義人たるBから正統相続人の所有であることに確定せられた経緯及び真正なる所有権者よりその土地を回収されてから一年余になるも、Yにおいて本件売買契約の履行をしない事実に徴するときは、他に特別な事情の認められない本件においては」Yが本件土地の所有権を取得してXに移転することができないものと認められるとして、Xの請求を認容した。Yは、YがBから代金の返還を受け、真正の所有者に代金を支払ってXに権利を移転するためには時間が必要であり、真正なる所有者よりその土地を回収されてから一年余になるということは、Yの履行不能を裏付けるものではないと主張して上告したが、最高裁は「民法五六一条にいわゆる移転不能とは、絶対的不能をいうものと解すべきではない。原審認定の事実関係の下においては、本件不動産の移転が絶対不能ではないにしても、同条にいわゆる移転不能にあたるものと解して妨げない」と述べて上告を棄却した。

Aから所有権を回復されたということは、真の権利者が他人に権利を移転した場合と異なって、それ自体で移転不能を意味するものではなく、その事実によって目的物が他人の物であることが明らかになったことを意味する。論理的には、これを前提として売主Yが権利を取得してXに移転すべき義務が現実化することとなり、Yがこれを履行するために、さらに一定の時間が必要であることになる。(9) ここでも（1）(3)で見た山中教授の疑問が妥当することとなり、三宅教授も、他人の同意をとりつけることについては確定的不能はありえず、遅滞と不能の区別がないのであるが、本判決はすべての場合に五六一条の「不能」と認め、「遅滞と不能の区別がないことを明言していない」[10]と述べる。

(2)　第三者が所有権者から所有権を取得した場合

第三者が所有権者から目的物の所有権を取得したとき、不動産の場合にはその所有権移転登記を経由した時に売買契約の履行が不能となることについては、(1)(1)のように大審院以来定着し、また通常の履行不能の場合とも共通した原則である。戦後の下級審裁判例においても、五六一条・五六三条に関連するものが若干見られる。[11]そして東京高判昭和三七・八・二〇（下級民集一三巻八号一六九七頁）は、五六四条所定の一年の権利行使期間につき、「事実を知ったときから一年内というのは、善意の買主が、売買の目的たる権利の一部が他人に属するにより売主がこれを買主に移転することが不能となった事実を知ったときから一年内をいう」と述べて、具体的には、目的土地の当該部分が売主以外の者に属することを知った時ではなく、右部分が権利者から第三者に売却され、その者の所有権移転登記を経由したことを知った時点であるとした。この場合は、所有権者が譲渡を拒絶する意思を明示した場合とともに、右時点が不能時であり、かつ五六四条所定の期間の起算時であるとすることが、比較的納得しやすい。

これに対して、(1)(b)で見た権利者からの追奪を受けた場合、また(3)で見る買主自ら目的財産を取得した場合については、問題が生ずる。前者の場合は、追奪を受けたという事実は目的財産が他人に属することを明らかにするのみであり、権利の移転が不能であるか否かについては、売主が真の所有者から所有権を取得しようとするか否か、またその努力が奏功するか否か、さらにそのための「相当な期間」が問題となる可能性があるからである。また後者については、買主が売主にはもはや期待しえないとして、自ら権利者から権利を取得した場合、権利の移転が社会観念上不能となったことを前提として買主が自ら正当に権利を取得したと考えるのと、買主の権利取得によってはじめて不能となったと考えるのとでは、不能の時点がかなり異なってくる可能性がある。もし右の「不能」時と五六四条所定の権利行使期間の起算点とを一致させるのであれば、右期間が一年であるがゆえに、この点はかなり大きな意味をもつことになろう。

(3)　買主自身が第三者から所有権を取得した場合

大判昭和一七・一〇・二（民集二一巻九三九頁）は「民法第五六一条ハ他人ノ権利ヲ以テ売買ノ目的ト為シタル買主カ之ヲ取得スルコトヲ得サル場合ニ於ケル買主保護ノ規定」であるから、売主がその権利を取得して買主に移転しうるにもかかわらず、買主自ら権利者と交渉して直接にこれを取得し、それによって売主が右の権利を取得しえなくなったときは、買主は同条所定の解除権を有しないとした。ただ、戦後の下級審裁判例においては、特に五六三条に関連して、買主が自ら権利者から権利を取得した場合においても、売主に対する担保責任の追及を認めるものが見られる。ただ、いかなる状態をもって権利の移転不能とするかについては、裁判例ごとに違いがある。

(a)　横浜地判昭和四一・二・一七（判タ一九三号一六三頁）は、Yが競落した土地建物をXが買い受けたが、Yが競落代金を納付しなかったため右土地建物は再競売に付され、Xがこれを競落したことによって、Yがその所有権を取得してXに移転することが不能となったものと認める。そして本判決は「一般に、他人の権利を売買の目的とした場合において、買主が売主を介さないで直接当該権利を取得して、売主が当該権利を取得して買主に移転することを不能にしたときは、その責は買主にあるというべきであり、売主は民法第五六一条の担保責任を負うことのない」のは当然であるが、本件ではYの責に帰すべき事由によって競落による所有権取得が不能となり、そのまま放置してはXにおいて当該所有権を取得できなくなるおそれが大であるから、Xが再競売手続においてこれを競落したのは相当の行為であるとして、「買主の右行為による売主の履行不能につき買主はその責を免れ」、Xは民法五六一条所定の解除権を取得すると述べた。

大阪地判昭和四八・二・二八（判時七二四号六七頁）も、売主Yが所有名義人に時効取得を主張することにより、容易に目的土地の所有権移転登記を受けうるものであったと認定した上で「売主がその権利を取得して買主に移転し得る状態にあったのにかかわらず、買主が自ら権利者との交渉によりこれを取得し、その結果、売主をしてその売却した権利の取得を不能ならしめたような場合には、原則として、同条〔五六三条〕による保護を買主に与えるべき理由はない」としつつ、本件の場合には、買主Xが善処を求めたのに対し、Yは、当該部分は売買目的に入っておらずYの義務は完全に履行済みであると述べるだけで、所有名義人から所有権移転登記を受けるための何らの努力もしなかったため、やむなくXは所有名義人から当該部分を買い受けるに至ったものであって、信義則上やむをえないと認められるとして、XはYに対し、代金減額・損害賠償を請求しうるとした。

(b)　右の裁判例は、買主が自ら取得する行為によって権利の移転が不能になるとしつつ、売主の態様との関係で、買主の行為に正当性を認めるとするものであった。これに対し、「移転不能」を買主が自ら取得する前提として評価するものもある。

東京高判昭和四一・一一・二二（判タ一九九号一三九頁）は、昭和三六年五月に締結した売買契約の目的土地の中に市有地が存在したところ、売主が右市有地は売買の目的外であると主張して払下げを受けることを拒否したため、買主は自ら払下げを受けざるをえないと考え、昭和三六年七・八月頃には「払下に要すべき費用その他の損害を受けるべきことを主張して本件売買残代金四〇万円の支払を拒否し相殺の意思を表示」し、昭和三七年に買主自ら払下げを申請、翌年払下げを完了したものである。本判決は、昭和三六年七・八月頃には「本件市有地を控訴人

〔売主〕において払下を受けた上これを被控訴人〔買主〕に売り渡すことはすでに取引観念上不能に陥ったとみて、売主としての控訴人に民法第五六三条による担保責任を負わせるのが相当」とした。この事件では、払下げの申請前に、買主から売主に対し、担保責任の内容たる損害賠償請求権の行使が行われており、払下げ以前に「移転不能」が認められている。

東京地判昭和四九・一二・二〇（判時七八五号八二頁）は、昭和二三年に締結された売買契約の目的土地の中に都有地が存在していたため、昭和四三年に東京都から建物収去・土地明渡しを求められ、昭和四六年に買主は、東京都から右都有地を買い受ける旨の和解を行った事件である。本判決は、売主が右都有地の払下げを受けて買主に移転することが理論上絶対不能とはいえなかったが、売主が右都有地は売買の目的外であると主張して拒否の態度を崩さなかったことから見て、遅くとも買主が東京都から右都有地を買い受けた頃には、売主が右都有地の払下げを受けて買主に移転することはすでに取引観念上不能に陥ったとして、売主に五六三条所定の担保責任を負わせるべきものと判示した。この判決は、買主が自ら買い受けることによって不能となったとするのではなく、売主の態度から見てすでに不能となっていたという評価をしているものということができる。

東京高判昭和五六・四・六（判時一〇〇四号六三頁）は、次のような事件である。すなわち昭和四〇年、Yは先代から単独相続したと称する土地をXらに売却し、移転登記・引渡しを終えたが、他の共同相続人らから相続権回復等請求の訴訟が出され、Yは一・二審とも敗訴して、上告審の審理を受けている（一審判決は昭和五一年）。Xらは、二審において裁判上の和解をして、他の共同相続人らの八分の七の持分を買い取り、Yにその和解金相当額の賠償を請求した。Yは、自分は正当な判決を受けるべく訴訟を進行中であり、その訴訟に勝訴することにより、また万一敗訴したときは、他の共同相続人らとの将来の遺産分割協議によりXらに対して本件土地所有権を確保させることは可能であるから、Yの権利移転義務はまだ履行不能になっていないところ、XらはYに無断で自らの選択により和解したのであるから、Yに和解金の賠償請求をすることは許されないと主張した。これに対して本判決は、売買の後一〇年以上経過した後においても裁判上の抗争が続けられ、本件土地の権利関係が不安定であるため、Xらはその処分・利用が制約された状態にあったのみならず、Y敗訴の一審判決が出されたため、Xらは本件土地を単独相続したというYの主張に疑念を抱かざるをえない状態に追い込まれたことが認められるから、右のような事情の下においては遅くとも右訴訟の第一審判決言渡しの時までには、Yの権利移転義務は五六三条所定の「能ハサル」場合に該当するに至ったとして、Xの請求を認めた。本判決は、売主が権利を取得してこれを移転することを拒絶した前二者の判決とは異なり、売主が権利を移転するべく努力をしている事案であるが、長い時間の経過と、その努力が功を奏する見込みの薄さから、「移転不能」と認めたものである。

(c)　(a)の裁判例のように、買主が自ら所有権を取得することによって売主による権利の移転が不能となるとする立場は、「不能」時が明確であり、したがって、この「不能」時と五六四条所定期間の起算点とを結合する限りにおいては適切である。買主が自ら権利を取得し、損害額も明確になってから売主に賠償請求するという必要から見れば、それ以前の、売主に履行を期待しえないという時点ですでに一年という短い期間が開始しているのでは不合理な結果を招くからである。しかし、(1)(b)の裁判例のように、真の所有者から買主または第三者への所有権移転がない場合においても、売主に見切りをつけて契約の解除をしようとする場合に、「社会観念上買主に即時の解除権を行使せしめることを妥当とする程度の給付の障碍」[12]ありとしてこれを権利移転の「不能」と呼ぶならば、これは同時に、もはや売主に見切りをつけ、自ら権利者から権利を取得することを妥当とする程度の給付障碍でもあるとして、(b)の裁判例のように、権利移転の「不能」と解する方が、五六一条・五六三条の「不能」概念の理解として一貫する。もっとも、そのような事情に至ったときは、自ら権利を取得する前に、解除の意思表示をすべきであり、それではじめて買主自ら権利を取得することが正当とされるという考え方も可能である。しかし、権利移転が「不能」と考えられる程度の障碍が存している場合は、もはや売主による履行が期待しえないと判断されるときであり、解除の意思表示の有無は決定的なものではないであろう。ただ、この意味での「不能」はある明確な時点として定めることは困難であり、五六四条所定の期間の起算点としては機能しないことになる。

それでは、右のような「不能」を基礎づけるのはいかなる事実であろうか。(b)のうち、昭和四一年東京地裁判決は、契約締結時から「不能」と認められる時点までの期間が非常に短いが、これは市有地が目的物に含まれていることを認めない売主の態度が重視されているものと見ることができ、昭和四九年東京地裁判決も同様である。これに対して昭和五六年東京高裁判決は、売主は目的物の所有権を確保するべく努力を続けているが、一〇年以上の期間が経過し、また裁判の経過から見て売主が所有権を確保する見通しが立たないという事実が重視されているものと見ることができる。すなわち、売主が権利を取得して買主に移転しようと努力しているか否かという要素も、また時間の経過という要素も、買主から見て売主を通じて目的物の権利を取得しうる期待がどの程度存在するか、逆に言えば、買主の側でもはや契約を解消し、あるいは買主自ら権利を取得するという行動に出ることを正当とする程度に右の期待が認められない状態に至っているか否かを判断するための要素となっている。したがって、時間の経過がそれだけで「不能」を基礎づけているものではない。

(3)　売主からの解除と「移転不能」

民法五六二条は、売主が契約当時に目的たる権利が自己に属さないことを知らなかった場合、「其権利ヲ取得シテ之ヲ買主ニ移転スルコト能ハサルトキハ」、損害を賠償して、売主の側から解除することを認めている。この場合には、「移転不能」を売主の側が主張・立証することになるが、具体的にはどのような事実を証明すべきであろうか。

東京高判昭和五〇・四・二八（判時七八三号一〇八頁）は、借地権付建物の売買において借地権の譲渡について土地賃貸人の承諾を得るべき譲渡人の義務が問題になった事件である。本判決は、「土地賃貸人の承諾につき、これを得るよう努力する（なおそれが得られないときは借地法九条の二第一項の申立を為すようにする）義務が売主（借地人）に存するときは、……もし右売主にして善意のときは、同法五六二条を類推適用して、売主は右売買契約を解除し得るものと解するのが相当である」とした上で、「『土地賃貸人の承諾が得られないとき』とは、上記民法五六二条（なお五六一条も同じ）に『権利ヲ……移転スルコト能ハサルトキ』とあるのと対比しても、単に未だ承諾が存しないとか、単に将来も承諾を得る見込が乏しいとかでは足らず、例えば土地賃貸人が文書をもって拒絶の意思を明瞭に表示したとか、土地賃貸人より借地人（借地権譲渡人）に対する解除の通知又は借地権譲受人に対する建物収去・土地明渡請求があった等、土地賃貸人の不承諾の意思が客観的に明瞭に確認せられる場合をいうものと解するのが相当である」と述べた。

借地権譲渡において賃貸人が承諾するか否かは自由であるとすれば、賃貸人の承諾しないことについて譲渡人が善意であるという場合がいかなる場合を指すかについては少々理解に苦しむ。しかしそれを別としても、買主から解除等の請求をするのと違い、売主が自己の義務を免れるためには、本判決の示すように、承諾がなされないことが客観的に明らかにされることが必要であろう。このことは他人の権利の売買の場合でも同じであり、五六二条に基づいて売主から解除がなされる場合には、買主からの権利行使の場合と異なり、権利者の明示的な拒絶、あるいは権利者が第三者に権利を譲渡したことなどの事実が証明される必要があるものと考える。

(4)　他人物売買と、売主の責に帰すべき履行不能

(1)　担保責任においては、売主が権利を取得するべく努力しているか否かは、(2)で見たように、権利の移転が直ちに「不能」と言えるか否かを判断するにつき、その一要素として問題になりえた。しかし他人の権利を売買の目的とし、その権利を移転しえなかった場合には、担保責任とともに、売主に帰責事由があれば、四一五条所定の債務不履行責任も問題となりえ、[13]この場合には、売主の努力等は帰責事由の問題として評価されることとなる。

(2)　(3)で見たように、売買目的たる権利を買主が自ら権利者から取得した場合、これに要した費用を損害として売主に賠償請求するために、売主の帰責事由が必要とされているか否かにはやや不明確な点があるが、担保責任の規定に基づく場合には、少なくとも明示的には要件とされていないようである。しかし通常の債務不履行責任を追及する場合には、帰責事由が要求される。

最判昭和五〇・一二・二五(金法七八四号三四頁)は「他人の権利を目的とする売買の売主が、その責に帰すべき事由によって、右権利を取得してこれを買主に移転することができない場合には、買主は、債務不履行一般の原則にしたがって、その履行不能と相当因果関係に立つ全損害の賠償を請求することができる」とし、「右損害賠償の範囲は、右履行不能の時期その他の事情いかんによっては、……転売利益の喪失による損害にも及ぶ余地がある」と述べる。その上で、原審が「〔所有者〕が本件土地を他には絶対に売却しない意思を有していたか否か、また、〔売主〕が〔所有者〕から本件土地を相当価格で買い受ける努力をしたか否か等〔売主〕が本件土地所有権を〔所有者〕から取得してこれを〔買主〕に移転することができない事由についてなんら判断することなく、単に、

本件土地が〔売主〕の所有であることを前提に締結された本件土地売買契約の内容は締結当初から客観的に不能であり、契約は無効であるとして……債務不履行に基づく損害賠償請求を排斥」したのは違法であると判示した。ここに挙げられている要素、すなわち所有者の意思の如何＝売主の努力の余地があったか否か、また売主が努力したか否かは、履行不能による損害賠償の要件たる売主の帰責事由として位置づけられる。

(2)　他人の権利の売買に関する売主の債務不履行責任につき、具体的に帰責事由が問題となった事例としては以下のようなものがある。

大阪地裁堺支判昭和四二・三・一（判時四九七号五七頁）は、売主Yの側に相続上の紛争があり、売主が自己の単独所有にしえなかったために、買主Xが目的たる権利を取得するために二三〇万円を支払ったという事件である。Xが契約当時、相続財産の分割が完了していないことを察知していたため、五六三条による損害賠償請求ができず、四一五条による損害賠償が問題となった。本判決は「Yの亡夫繁太郎の相続財産には他にも相当のものが存在する故、Yにおいて遺産の分割につき積極的な熱意を示しておれば、本件土地をYの単独所有にすることは左程困難なものではなく、〔共同相続人〕らの協力を得て、本件登記手続の履行をなしえたのに、Yは相続財産を独占しようとしたため、本件のXに対する履行につき、〔共同相続人〕らの協力が得られず」Xに損害を与えたものとして、Xの損害賠償請求を認容した（但し、過失相殺により一一五万円に減額）。

東京高判昭和五二・二・二二（判タ三五四号二六二頁）では、XがYからA所有の土地を買い受け、代金の三分の二を支払った。他方、YはAに本件土地を売ってくれるよう申し入れ、Aもこれに応ずる態度を示して交渉したが、Yが代金を用意できなかったため、契約は成立せず、AはBに本件土地を売り渡し、所有権移転登記を経由した。本判決は、「資金の用意ができないために目的物件を取得して買主に移転するという売主の義務を履行することができないことは、事由のいかんを問わず売主の責任に属する」と述べ、「本件のように、目的物件を取得して買主に移転することが可能であるにもかかわらず、売主の責に帰すべき事由によってそれができなかった場合には、担保責任にとどまらず、債務不履行の責任をまぬかれることができない」として、XのYに対する代金返還請求とともに違約金の請求を認めた[14]。

なお、東京地判昭和五四・七・三（判時九五三号九三頁）は、売主Yが、金融機関からの融資を得られなかったために、買主Xに対しA所有の土地の所有権を取得してその所有権を移転しえなかったため、Xが債務不履行（履行不能）を理由に契約解除・代金返還・違約金の支払いを請求した事件である。本判決は、本件契約では銀行の「融資はほぼ確実なものとして見通しが立っており、これが本件契約締結の基礎となっているものであることがXY間で了解されて」いることから、融資が実現しなかったことによる履行不能はYの帰責事由にあたらないと述べ、代金返還請求は認めたが、違約金の請求は認めなかった。なお、契約解除については、Yに帰責事由がないため、債務不履行（履行不能）を理由とする解除は失当であるが、五六一条所定の解除権の行使として有効であるとした。

三　検討

(1)　以上、裁判例の中で、権利移転の「不能」がどのように理解されているかを見てきた。それによれば、売主の努力の有無と、時間の経過とが、右の「不能」か否かを判断する際の要素となっていることが窺える。奥田教授(一(2))及び山中教授(二(1)(3))の提示した論点に即して整理するならば、以下のようにまとめることができる。すなわち、①売主に履行の意思ないし誠意が見られず、売主による権利の移転が期待しえないときには、権利者の意思の確認をしなくとも、五六一条の「不能」として扱って良い。②しかし売主が権利を移転するべく努力している場合でも、長い時間が経過する等、買主を不安定な状態に拘束するのが適切でない場合には、やはり右の「不能」と評価することができる。③ただ、この時間の経過は、買主の側から見て売主による権利移転に期待しうるか否か、換言すれば、売主に見切りをつけて契約を解除したり、自ら目的物を取得して良いか否かという判断の一要素であるから、単に時間の経過だけが「不能」を基礎づけるものではない。④これに対し、五六二条による売主からの契約解除、五六四条による権利行使期間の起算点に関しては、「不能」を基礎づけるために、より客観的な事実が示される必要がある、と。

裁判例の中から右のような考え方が導き出せるとしても、売主の努力は法的にいかなる意味を持つか、またここでいう権利移転の「不能」は、その表現にもかかわらず、履行障碍の性質としては履行遅滞と見るべきなのか、やはり履行不能の一種として考えるべきか。以下では、この点を簡単に検討することとする。

(2)　他人の権利の売買においても、給付義務は目的たる権利を買主に移転することである。したがって、権利の移転ができなければ、債務は履行されたことにはならない[15]。売主は権利を買主に移転するために、権利者と交渉し、様々な措置をとる。この売主の努力は、給付結果実現のための「具体的行為義務」にあたる[16]。この努力がなされても、結果が実現されない限り債務は履行されたことにならず、売主は反対給付を請求することはできない。履行不能を理由とする損害賠償の請求（四一五条）においては、この努力がなされたことは帰責事由に関して問題になりうるが、五六一条・五六三条は、専ら権利移転がなされたか否かを問題にするのであるから、努力したということは免責の理由とはならない。

それでは、努力しているにもかかわらず結果が実現されていない、あるいはそもそも十分な努力をしないという状態は、どのように評価すべきであるか。権利者が権利の移転を明確に拒絶し、あるいは第三者に当該権利を移転した場合には、取引通念から見て履行不能であるとされるが、そうでない限り、なお売主による権利移転は可能であると評価されうる。可能であると評価されるからこそ、売主による努力がなされ、あるいは努力をするべく要求されるのである。そうであれば、結果が実現されていない状態は、履行障碍の性質としては履行遅滞と見るべきだということになりそうである。そして、一定の時間の経過が、買主の側からの解除等の権利行使のために意味を持つのであれば、なおさら履行遅滞としての評価が適切であるように思われる(17)。

(3)　しかし、履行遅滞として処理することができるであろうか。少なくとも、目的たる権利が売主に属するものとして売買がなされ、売主・買主とも右権利が他人に属することを知らなかった場合には、以下の理由で、履行遅滞としての処理は困難である。

履行遅滞は、履行が可能であるにもかかわらず、債務者が正当な理由なくして履行期に履行をしないことであるが、この場合の履行期は、通常の場合、その時期に履行することが可能であるという判断のもとに当事者が定めるものである。目的たる権利が売主に属するものとして売買がなされる場合には、売主の意思のみによって履行が可能であることを前提に履行期が定められるのであるが、目的たる権利が他人に属するときは、その前提が異なるがゆえに右の履行期は意味をなさない。他方、売主に属するものとして売買したものであるがゆえに、他人の権利を取得してこれを買主に移転すべき義務の履行期は当事者間で定められておらず、またその移転の可否が所有者の意思にかかっているがゆえに、その実現のためにどれだけの期間が必要かについては当然には明らかにはならない。五四一条による契約の解除は、当事者の間で履行期が定められ、債務者においてもその時までにある程度の履行の準備がなされていることを前提として、「相当な期間」を付した催告をした上でなすべきものとされる。これに対して、右に見たように、他人の権利を買主に移転する義務は、当事者間で定めた履行期とは無関係に、目的たる権利が他人に属することが明らかになって初めて現実化するものである。したがって右の義務の履行期については、当事者間に何の規律もなく、またこれを定めるための客観的な基準も存在しない。裁判例の中で問題となる「相当な期間」も、単に時間のみによって定まるものではなく、売主の態度等も含む「取得の見込み」の有無を判断する一要素にすぎない。これらのことを考慮するならば、客観的には権利の移転が不可能ではなく、売主に努力の余地があるものとしても、買主の側から見て売主の行為により権利が移転される見込みがないと評価すべき場合は、履行障碍の範疇としては、むしろ不能として整理すべきであろう。

(4)　これに対して、売主・買主とも目的たる権利が他人に属することを知っており、他人の権利を他人の権利として売買する場合には、当事者間で定められた履行期は、他人の権利を取得してこれを買主に移転すべき義務の履行期として意味を持つ。売主としては、その時期までに所有者との交渉を成立させる見通しを立て、買主としても、その時期までは売主に期待して待つことを約束したものと考えることができる。したがって、右履行期までに権利の移転ができないときは、本来は履行期までに履行しえたはずであることを前提として「相当の期間」を定め、催告をしても不合理ではないことになる。

この点を見れば、他人の権利を他人の権利として売買する場合は、本来目的物が追奪された場合の責任である担保責任とは異なるものとして、債務不履行の一般原則に従って処理すべきであると考えることもできそうである。しかし、債務不履行の一般原則によるときは、通説によれば契約の解除の要件として帰責事由が必要となる。そして、他人の権利の売買においては、権利を移転しうるか否かが権利者の意思にかかっている以上、権利者の同意をとりつけることができないことを直ちに売主の帰責事由であるということはできない。したがって、二（2）(3)(b)で見た東京高判昭和五六・四・六のような事例において、長期間が経過しても権利の移転がなされないことを買主が主張・立証しても、売主の側で、権利を取得するべく真摯に努力していることを証明するならば、契約の解除はなしえないことになる。この点を見るときは、他人の権利を他人の権利として売買する場合も、解除に帰責事由を必要としない五六一条・五六三条の規律によるべきである。[18]

(5)　以上、権利を移転しうるか否かが権利者の意思にかかり、売主が努力を尽くしても買主に権利を移転しえないことがありうる他人の権利の売買においては、目的たる権利を売主自身に属するものとして売買した場合と、他人に属するものとして売買した場合とを問わず、解除に帰責事由を必要としない担保責任の規律によるべきであることを示した。その際、権利を「移転スルコト能ハサル」場合とは、物理的に履行が不能となってはおらず、厳密には「履行不能」といえないにせよ、当事者の定めた履行期を前提としえないが故に「履行遅滞」とはいえず、「不能」の範疇で扱うべきことも示した。そしてこの「不能」については、権利者の譲渡の意思の有無を買主が確定し、さらには二（2）(3)(a)で見た大阪地判昭和四八・二・二八の事例のような場合、売主において時効取得の要件がととのっているかどうかまでも買主が確定して「不能」を証明しなければならないとするのは適切ではなく、売主が権利移転を拒絶し、あるいは権利移転の見通しがないまま時間が経過したことをもって「移転不能」とすることによって、買主の側からの解除権等の権利が機能しうるものとなる。裁判例は、このような観点から「移転不能」の範囲を広く認めているものと考えられる。

このような「不能」の扱いは、他人の権利の売買においては、右に見たように履行遅滞の規律によることが困難であるがゆえに必要とされているものと考えることができる。すなわち、債務者の意思のみによって履行が可能である場合には、履行遅滞として五四一条の解除の手続によることができるため、「不能」を広く認める必要は必ずしもないからである。しかし、「不能」概念の検討の意義は、それだけにとどまらない。すなわち、一般に「不能」の概念は社会観念によって定まるとされ、特に債権者の側から何を主張・立証すれば履行不能と認められるかという問題は、通常の履行不能においても存在する。さらに、明文規定（五四三条）のある履行不能の場合も含め、契約の解除に帰責事由が必要かという疑問も提示されている[19]現在、他人の権利の売買における「移転不能」の問題は、担保責任に特有の面があるとともに、通常の履行不能の問題を考えるための手掛かりをも含んでいると考える[20]。

（1）　磯村哲「売買・贈与」法セ一六号（一九五七年）一四頁。

（2）　法典調査会において、起草者たる梅博士は次のように述べる。すなわち、旧民法において他人の物の売買を無効とする理由は、売主の所有しない特定物の所有権は当事者の意思のみによって移転しえないという点にあるようだが、合意と同時に所有権が移転する必要はない。売主が他人の物を自己の物と思って売った場合でも「売主ニ於テ買主ニ所有権ヲ得セシムル義務ヲ生ズルモノトスル即チ其義務ノ履行ノ為メニハ先ズ現在ノ所有者カラシテ其物ヲ買取ルカ何ウカシテ買主ニ渡タサウト云フコトヲ、、、、、トスル丈ケノ義務ハ充分ニアルモノト考ヘマス」。したがって、旧民法とは異なり、「権利ヲ取得シテ之ヲ買主ニ移転スル義務」を定めたものである、と（『法典調査会民法議事速記録三』（商事法務復刻版）九〇〇〜九〇一頁）。また梅謙次郎『民法要義巻之三』（一九一二年度・復刻版）四八六頁参照。

（3）　「民法の要件事実について（四）」司法研修所論集七〇号（一九八二年）一〇二〜一〇三頁。

（4）　奥田昌道『債権総論〔増補版〕』（一九九二年）一四七頁。

(5)　末川博「判批」民商二巻五号（一九三五年）一〇七頁。
(6)　末川・前掲注（5）一〇八頁。
(7)　山中康雄「判批」『判例民事法昭和一〇年度』（一九三六年）二一〇頁。
(8)　山口地判昭和五〇・九・三（判タ三三三号〔一九七六年〕二八四頁）参照。官有地の払下げの可能性はあるとしつつ、買主自ら払下げ手続をしないことを認定し、売買後比較的短期間の経過で解除を認める。
(9)　なお、東京高判昭和五六・四・六（判時一〇〇四号六三頁）、また賠償額予定の意味をもつ違約手付に関するものであるが、約定による移転登記手続期限後五年余が経過した時点での履行不能を認めた高松高判昭和四五・三・一七（判時六一五号〔一九七一年〕二五頁）参照。
(10)　三宅正男『契約法〔各論〕上巻』（一九八三年）二三八頁。
(11)　東京高判昭和三七・八・二〇（下民集一三巻八号一六九七頁）、大阪地判昭和三八・一二・一一（判時三七七号〔一九六四年〕六四頁）、東京高判昭和五二・一二・二二（判タ三五四号〔一九七八年〕二六二頁）。
(12)　柚木馨「判批」民商三三巻四号（一九五六年）六〇四頁。
(13)　最判昭和四一・九・八民集二〇巻七号一三二五頁。
(14)　類似の事案として広島高裁岡山支判昭和三三・三・一七（高民集一一巻二号一三五頁）参照。
(15)　潮見佳男『債権総論』（一九九四年）一〇頁は「債務者は給付結果を実現すべきである。給付結果が実現されなければ、履行はなされたとはいえない」として、これを簡潔に定式化している。
(16)　潮見・前掲注（15）一一頁。
(17)　篠原弘志「他人の不動産を売買の目的とした売主の担保責任」『現代契約法大系第三巻』（一九八三年）三〇一頁は「権利者の承諾があれば履行が可能なのに、その承諾がないため履行できない。契約当初からはじまるこの不履行状態は、債務不履行に関する一般の用語例によれば、履行不能ではなく、履行が遅れているにとどまる。売主の尽力にかかわらず権利者が譲渡を承諾せず、このため『売却シタル権利ヲ取得シテ之ヲ買主ニ移転スルコト能ハサル』（民五六一条）事態になっても、この不履行状態は変わらない。いいかえれば、権利供与義務がなくなるわけではない。したがって、買主が直接権利者と交渉して所有権を譲り受けるか目的物が滅失するなど履行不能にならないかぎり、この不履行状態は続く。……要するに、五六一条本文所定の『移転不能』は、履行遅滞の一態様にほかならない」と述べる。

(18)　篠原・前掲注（17）は、五六一条は追奪の危険のある売買を固有の適用領域とする（二九六頁）とした上で、同条は「直接には、売主の尽力にかかわらず権利者の承諾が得られず、このため移転不能になったとしても、契約解除権が保障されること」を示すものとしている（三〇一頁）。これに対して、「名実共の他人の物の売買については、契約ないし債務不履行の通則にしたがって処理すれば足り、五六〇条・五六一条を適用する必要はない。たとい、適用してみても、つぎのように無用の混乱を招くだけであろう」と述べ、二つの場合を指摘する（三〇三頁）。

そのひとつは「約定による権利供与義務を負う売主が、権利者の承諾を得ることができず、このため所有権を買主に移転できなかったときは、見通しの誤り、その点での調査不十分の過失を免れないはずで、追奪担保のための権利供与義務を負う売主の場合と違い、その不履行につき責に帰すべき事由によらない場合を想定することは困難である。……そればかりではない。契約締結当時甲所有であることを買主が知っていたということは、『契約遵守への信頼のあかし』なのに、この点を見落とし、単に知っていたというだけで買主が不利益を受けるおそれさえある」というものである（三〇三～三〇四頁）。そして注において、目的物が売主の所有に属さないことを買主が知っていた場合、保護に値する信頼ありと見て、履行利益賠償の根拠としているようである（三〇六頁）。

注（17）で見たように、篠原教授は権利移転なき状態を履行遅滞と捉え、名実共の他人の物の売買にあっては、売主が買主の信頼を惹起したこと自体を帰責事由と見るのであるから、一般原則による解除の要件としての帰責事由も備わっていることになる。

しかし、この場合の買主の信頼は、売主が権利を移転するために十分な努力をするということについての信頼ではあっても、確実に権利が移転されるということの信頼ではない。売主が誠実に努力したとしても、権利の移転は権利者の意思にかかっているのであるから、権利の移転が実現しないことを、買主は覚悟しておかなければならないからである。したがって、買主は、権利の移転が実現しない間に、損害の原因となりうるような措置（たとえば、第三者に転売し、あるいは引渡しを受けた土地の上に建物を建てるなど）をしてはならず、もしそのような措置をとって損害を被ったときは、買主自身がそのリスクを負うべきものである。これについては篠原教授自身、二九九頁で、権利供与義務の不履行による損害は「売主に過失がなく、しかも、買主が悪意であれば、みずから招いたものといえる」と述べるところである。そして売主の帰責事由も、履行が可能であったのに履行しなかったという点ではなく、篠原教授によれば、見通しの誤りにより、履行しえないような契約を締結した点に関するものである。これは買主が権利が他人に属することを知らなかった場合には、契約締結上の過失として問題となりうるが、買主が知っていた場合には、特に帰責事由として問題となるものではない。売主が見通しを誤っていた点に過失があるとしても、買主が事実を知っておれば、転売や建築などをして損害を被るということはなく、あえてそのような措置をとって損害を被ったとすれば、それは「みずから招いたものといえる」からである。したがって、「名実共の他人の物の売買」の場合も、損害賠償については、五六一条と異なる規律にはならないものと考える。

篠原教授は、五六一条所定の「移転不能」は、「権利供与義務の履行遅滞につき無過失責任を認むべきことを指示したもの」であるのに対し、「権利供与義務の履行不能」は過失責任であるとして、両者の峻別を主張するもののようである（三〇一～三〇二頁）。しかし、篠原教授がこの論文の冒頭で提示した問題、すなわち「権利供与義務とその特別不履行責任を定めた民法五六〇条および五六一条が……どのような意味で『特別』か」（二九五頁）という問題については、損害賠償責任における無過失責任ではなく、本文で示したように、解除について売主の帰責事由を要件としない点に認めるべきではないかと考える。

(19)　潮見・前掲注（15）二六三頁以下。

(20)　ドイツ債務法改正委員会草案は、給付障害法の中心的要件として「義務違反」の概念を用い、「不能」の概念を一切使用しないものとしている（下森定＝岡孝編『ドイツ債務法改正委員会草案の研究』（一九九六年）九頁〔宮本健蔵〕）。そして「決定的なことは今や、債務者が給付障害を物理的に克服できるか否か（不能）ではなく、給付の実現のために債務者にいかなる努力が義務づけられるかであって、そのなすべき努力の程度は『債務関係の内容及び性質』（……）によって確定される」とされる（前掲書一七頁〔鹿野菜穂子〕）。

2 権利の担保責任と損害賠償
——裁判例の検討——

一 はじめに

民法五六一条・五六三条に定められた権利の担保責任は、沿革上の変遷を経て、現在は一般に権利移転義務の不履行責任（債務不履行責任）であり、しかも帰責事由を要件としない無過失責任であると解されている。その場合、効果のうち契約解除・代金減額については、担保責任について一般に言われるように、帰責事由とは関係なく給付間の等価性を回復するものという説明が可能である。

これに対して損害賠償については、要件として帰責事由が必要であるとする見解もある。(1) この見解に従うならば、帰責事由の有無が効果の違いを導くことも考えられる。しかし後述するように、下級審裁判例の中には、担保責任が等価性の維持を目的とする無過失責任であることを強調して、売買目的物のうち他人の所有に属する部分を買い受けるために必要な費用の賠償を認めたものがある（たとえば二(2)(b)（ii）で見る〔12〕判決）一方で、五六三条を根拠としつつ、売主に過失のある後発的不能の場合には信頼利益のみならず履行利益の賠償が認められるべきであるとして、同様に他人の所有部分を買い受けるための費用相当額の賠償を認めたものがある（たとえば二(2)(b)（i）で見る〔2〕判決）。同一内容の損害の賠償における過失の要否について、右の各裁判例は異なった理由づけをしているのであるが、これは何を意味するか。

(a) **損害の発生形態**　右の問題を検討するにあたり、第一に、他人の権利の売買の事例において、損害は具体的にどのような形で表われるかを確かめておく必要がある。物の瑕疵についての担保責任の場合と異なり、権利の担保責任が問題となる場合においては、真の権利者から権利を取得することが客観的には可能である。それ故に、売主の現実的な権利移転義務を観念しうるとともに、売主からの移転がもはや期待しえない場合には、買主が自ら費用を投じてその権利を取得することもありうる。現実に右のような取得がなされた場合、その費用は、多くの事例でその賠償が問題とされている。したがって本稿では、権利者からの取得費用を典型的な損害として分析を進める。

(b)賠償範囲と帰責事由の意義　第二に、担保責任の追及として、代金減額請求ではなくこのような取得費用相当額の賠償を請求する場合、帰責事由は必要か否か、またその要否は、賠償範囲の決定についていかなる意味を有するかが問題となる。右に挙げた裁判例では、一方では取得費用相当額の賠償を過失をもって根拠づけ、他方では過失を要求しないことをもって右相当額への限定を論じているが、各裁判例はそれぞれどのような事態との対比で、過失を要求し、また要求しなかったのか。単に損害賠償責任の要件として帰責事由が必要か否かという問題設定だけでは十分ではない可能性があり、責任根拠と賠償範囲の決定の両面において、担保責任における帰責事由の意義を検討することが必要となる。

(c)適用範囲と帰責事由　第三に、売主に対する右の取得費用相当額の賠償請求は、五六一条・五六三条の担保責任のみならず、四一五条に基づく債務不履行責任の追及としても問題となりうる。目的たる権利が売主に帰属していなかったことを買主が知っていたとすると、担保責任として損害賠償の請求はなしえないが、売主に帰責事由があれば、なお四一五条に基づいて責任を追及しうるとする場合に、担保責任の追及として取得費用相当額の賠償請求に帰責事由を必要とするならば、五六一条・五六三条と四一五条との間で評価に矛盾が生じるのではないかという疑問が生ずる。帰責事由が必要であるという点で損害賠償の要件は同じなのに、悪意の買主の賠償請求権が、一方では認められ、他方では認められないのは何故かという疑問である。権利の担保責任が債務不履行としての性質を有することと、四一五条の債務不履行責任の追及とはいかなる関係にあるかが検討されなければならない。

本稿では、まず他人の権利の売買に関する戦後の裁判例を分析して、検討すべき問題点を整理・概観する(二)。次に、とりわけ時間が経過した場合には、解除や代金減額よりも、取得費用相当額の賠償が契約の等価関係を実現する意味を持つことを確かめる(三)。そして、担保責任を根拠とする場合も(四)、債務不履行と構成する場合も(五)、ともに取得費用相当額の賠償が認められるが、それぞれの場合に、帰責事由はいかなる意味と内容を持つかを検討する。問題の性質としては、より広く担保責任をも含めた債務不履行の構造論につながるものであるが、本稿は他人の権利の売買の領域について一種の「定点観測」を試みるものである。

二　裁判例の状況と問題の所在

(1)　損害の発生形態——取得費用相当額以外　権利の担保責任による場合であれ、債務不履行による場合であれ、自ら費用を投じて権利者から権利を取得した買主は、常に売主に対してその費用相当額の賠償を請求することができるか。以下、裁判例を検討するが、その前に、他人の権利の売買において、取得費用相当額の他にいかなる内容の損害賠償が問題とされているかを見ることとする。

(a)　損害賠償額の予定　他人の権利の売買をするにあたり、手付・違約金という形で損害賠償額の予定がなされることがある。この場合にも、三・四で検討する問題、すなわち帰責事由の要否と内容、また買主悪意の場合に予定額での賠償が認められるか否かという問題が生ずる。

〔10〕高松高判昭和四五・三・一七判時六一五号二五頁は、売主は目的土地の所有者ではあるが、農地買収によりこれを取得した際に、農地委員会の手落ちにより登記手続が行われないまま放置されていたものである。売買にあたって売主は買主にこの事情を説明した上、自らの見通しに基づいて買主に所有権移転をなしうる見込みの時期を予測し、その期限を約定したが、結局移転登記をなしえなかった。そのため、買主が手付倍戻しの約定に基づき、違約金の支払いを請求したものである。裁判所は、大判昭和一二・九・一七（民集一六巻一四二四頁）を引用して、本件のような場合にも民法五六一条は適用されるとした。この契約には手付の約定がなされていたが、裁判所は、第一に、手付倍戻しの請求のためには債務不履行の事実があれば足り、売主の帰責事由は必要ではないと述べ――もっとも、登記が未了であるとはいえ、売主の所有に属していたのであるから、履行が可能であったことが前提となっている――、第二に売主に登記名義のないことを知っていた買主は五六一条但書により損害賠償請求をなしえないのではないかという疑問が生ずるが、五六一条但書は任意規定であるところ、本件手付契約は右事情を知ってあえて結ばれたものであり、「特に〔売主〕の所有権移転登記などの不履行を慮り、それにより発生すべき損害の賠償を特約する趣旨」のものであるとして、買主の請求の妨げにはならないと述べた。

〔16〕東京高判昭和五二・二一・二二判タ三五四号二六二頁は、XがYからA所有の土地を買い受けて代金の三分の二を支払っており、またAにも売渡しの意思があったにもかかわらず、売主Yが買主Xから受領した代金をAとの契約締結にあてることもせず、また自ら資金の用意もしなかったため、Aとの売買契約を締結しえなかった事件である。裁判所は、他人の物の売買において売主が権利を移転できないときは「一般には担保責任に関する規定に従って契約の解除又は信頼利益の賠償が認められるだけであるが（民法五六一条、五六二条）、本件のように、目的

物件を取得して買主に移転することが可能であるにもかかわらず、売主の責に帰すべき事由によってそれができなかった場合には、担保責任にとどまらず、債務不履行の責任をまぬかれることができない」として（〔7〕最判昭和四一・九・八民集二〇巻七号一三二五頁を引用）、XY間で結ばれていた違約金特約の適用を認めた。

〔21〕東京高判昭和五九・九・二八判時一一三一号一二三頁は、事実の詳細は明らかでないが、売買の際、売主から買主に対して、目的物件の所有権は売主にはないが、これを売主が取得するについては既に所有者である第三者の内諾を得、名義変更に必要な書類一切が整っており、所定の期限までには間違いなく右第三者から所有権を取得して買主に移転し、引渡し及び所有権移転登記を完了できる旨の説明があったので、買主はこれを信じて売買契約をし、さらに他に転売の話を進めていたという事件である。裁判所は、本件売買契約においては、売主が第三者から目的物の所有権を取得してこれを買主に移転することが最も基本的かつ重要な義務とされ、売主は買主に右義務を間違いなく履行すべきことを約したものであるから、違約金の約定にいう「売主の違約」の中には、売主が右の義務を履行しないことを含むと解すべきは当然であり、売主が右約定の取決めに応じた以上、買主が目的物件が第三者の所有であることを知っていたとしても民法五六一条但書の適用はなく、手付金の倍返しをすべきものとした。

いずれも特約による手付倍戻しの要件を満たすか否かの問題であるが、右の判決のうち〔10〕判決では民法五六一条、〔16〕判決では一般の債務不履行が根拠とされ、したがって前者においては帰責事由が問題とされず、後者においては移転しえなかったことについての帰責事由が問題とされている。しかしいずれも、契約当時において売主による目的物の所有権の移転が事実上可能であったと評価され、また〔21〕判決においても、既に第三者の内諾を得ているという説明がなされて当事者間では移転可能であることが前提とされたものとしている。〔16〕判決では売主の帰責事由が、〔10〕判決、〔21〕判決では、直接には履行を確実にすべき手付契約の趣旨が考慮されているが、それらを根拠として売主の責任追及が――五六一条但書にもかかわらず――認められることについては、売主がその所有権を取得することについて特別の困難がないという事実、あるいは前提が重視されているのではないかと考える。

(b)　**転売利益**　〔1〕広島高裁岡山支判昭和三三・三・一七高民一一巻二号一三五頁では、建物の買主が他に転売することによって得べかりし利益の賠償が認められている。この事件では目的物が売主の所有に属さないことを買主が知っており、そのため担保責任ではなく四一五条が根拠とされている。もっともこの事件は、売主たるYが所有者Aと売買契約を結んだ後にXと売買契約を締結したが、期限までにAに代金を支払わなかったためにAが契約を解除して他に売却し、XY間の契約の履行が不能となったものである。すなわち、AY間の契約において所有権移転の時期を代金完済時とする合意があったために、XY間の売買は他人の物を目的とする契約となっているが、売主と所有者との契約が先行しており、厳密には五六一条の予定する他人物売買の問題ではない。

なお〔15〕最判昭和五〇・一二・二五金法七八四号三四頁は、一般論として、売主に帰責事由ある履行不能の場合には賠償の範囲は転売利益に及ぶ余地があると述べているが、直接には、原判決が他人の権利の売買を原始的客観的不能、したがって契約無効であるとして買主の賠償請求を棄却したのに対し、その判断を違法としたものである。

(c)　**時価による賠償**　〔3〕新潟地判昭和三六・四・二八下民一二巻四号九二二頁は、昭和二九年七月にYほか七名がXに工場とその敷地を売ったところ、敷地はYらの所有ではなかったため、昭和三一年一一月にYは所有者から土地の所有権を取得し、移転登記も経由したが、その後にYは、右土地の一部を第三者に売却して移転登記を経由し、Xに対する債務が履行不能となったという事件である。判決は、Yの責に帰すべき履行不能を生じた以上、売主の担保責任に関する規定にかかわらず一般の債務不履行による損害賠償責任を認めうるとして、第三者に移転登記がなされた時（履行が不能となった時）の（鑑定による）時価をもって賠償額としたものである。

この事件は、売主に帰責事由ある履行不能を理由とし、Xが当該土地を第三者から取得していないという事情のもとで、履行不能の場合の一般原則に従って賠償額の算定をしたものである。

(d)　**代金減額と取得費用の支出**　これに対して、買主が目的不動産を第三者から取得した場合に、担保責任としての代金減額の請求と、取得費用の賠償ないし償還との関係が問題となりうることを示す裁判例がある。

〔11〕大阪地判昭和四八・二・二八判時七二四号六七頁は、買主が所有者から直接買い受けたことによって売主の義務の履行は不能となったが、売主が所有者から権利を取得する努力をしなかった等の事情があるもとでは、買主による取得はやむをえない事由によるものであるとして、五六三条の担保責任の追及を認めた。その際、買主は目的土地を所有者から五〇万円で買い受けたのであるが、売主に対しては代金減額として八四万円の返還（他に弁護士費用八万四〇〇〇円の賠償）を請求し、これが認容されたものである。

〔20〕東京地判昭和五八・二・二四判時一〇九一号一〇三頁は、反対に、買主が売主をさしおいて自ら取得することにより、売主による権利移転を不能ならしめた場合、買主は五六三条に基づく代金減額請求（約四五七万円）をすることはできず、取得費用（約一五七万円）の償還を求めうるにとどまるとしたものである。(2)この償還請求権の性質につき、判決は、売主が当該部分の土地の移転義務を免れたことにより、その分利益を受けていることに基づいて認められるものであると述べた。これは五六三条に基づく代金減額請求がそもそも認められない事例であるから、右請求権と取得費用の賠償との関係が問題となるものではないが、取得費用相当額について、損害賠償では

なく、一般の不当利得としてその償還を認めていることは興味深い。

なお、〔14〕大阪地判昭和五〇・一二・九判時八二一号一三五頁は、売買目的たる土地の一部に第三者所有の土地があり、買主が所有者から当該部分を一一五〇万円で買い受けた場合において、買主が売主に対して代金減額として八二三万円余の返還を請求した事件である。裁判所は買主の主張を認め、実測面積に基づく坪当たり単価で計算して七四六万円余の返還を命じた。買主が取得費用相当額の賠償を求めることなく、代金減額のみを求めていることについて、掲載誌のコメントでは「民法五六三条三項の損害を求めるについては売主の過失を必要とするのか否かについて争いがある（……）ためであろうか」と述べられている。

〔11〕判決においては、取得費用以上の代金減額が認められている。代金減額は実損の塡補を目的とする損害賠償ではなく、当事者間の給付の等価的均衡を回復する手段である。売主は自ら果たしえなかった義務にあたる部分につき、その対価を返還するのであって、買主が当該部分をより安く取得したとしても、そのことは返還すべき対価額に影響するものではない。他方、〔14〕判決においても、代金減額は等価的均衡回復の一手段である。しかし取得費用相当額の賠償を請求するためには、帰責事由等の要件がさらに必要とされるのかどうか（しかし他方で、〔20〕判決においては、取得費用相当額の償還が不当利得として――勿論売主の帰責事由を要件とすることなく――認められている）。もしそうであるならば、それは代金減額を超える出捐が等価的均衡回復を超える解決をめざすものであるためか。本稿はこの問題を検討するものであるが、そのために、取得費用相当額の賠償が問題となった裁判例を⑵で概観する。

⑵　損害の発生形態――取得費用相当額　買主が自ら権利者から目的たる権利を取得した場合において、取得費用相当額を請求するためには、どのような要件が必要となるか。まず一般の債務不履行を根拠とする場合、次に

五六三条所定の担保責任を根拠とする場合について、裁判例を検討する。

(a)　一般の債務不履行を根拠とする場合　〔6〕東京高判昭和三九・一二・一七下民一五巻一二号二九四〇頁、〔7〕最判昭和四一・九・八民集二〇巻七号一三二五頁は、次のような事件である。YはAから本件土地を含む土地を賃借していたところ、Aが財産税納付の関係から賃借人に分譲を始め、Yも分譲を受けられると考えた。昭和二六年四月一五日、YはA所有の本件土地をXに一三万円で売り、即日代金の支払いを受けた。同月一八日、YはAの代理人と称するBと契約したが（代金一二万円）、AがBの代理権を否認したため、YはAを相手として昭和二九年一月に土地所有権移転登記手続請求訴訟を提起した。同事件は調停に付されたが、同調停にXが利害関係人として参加し、昭和三一年一二月二四日、XはAから本件土地を七四万二五〇〇円で買い受け、Yに対してこの費用の賠償を請求した。

高裁は、Xは本件土地がYの所有に属さないことを知っていたため、五六一条但書により、担保責任による損害賠償請求はなしえず、また昭和二五年頃、Yが本件土地以外のA所有の土地をBを代理人として譲り受けた経緯から、Bを代理人と解しても無理がないとして、履行不能につきYに帰責事由なしと判示した。これに対してXは、Aには本件土地を賃借人に売り渡す意思があったこと、売主は所有者からの取得につき、当初予測したよりも価額が高いものであったとしてもその義務の履行に努めなければならないこと等を主張して上告した。最高裁は、五六一条但書の適用上、担保責任としての損害賠償請求をなしえないときでも、なお債務不履行一般の規定に従って損害賠償の請求をすることができるとした上で、本件履行不能はYの故意または過失によって生じたものと認める余地が十分にあっても、未だもって取引通念上不可抗力によるものとは解しがたいから、帰責事由なしとした原判決には審理不尽・理由不備の違法があるとして破毀、差戻した。

〔9〕大阪地裁堺支判昭和四二・三・一判時四九七号五七頁は、X市が昭和二七年、Yから本件土地は自己の単独所有になるものと言われ、それを信じて一九万四〇〇〇円で購入して学校を開設したところ、昭和三七年に他の共同相続人から明渡しを請求され、結局二三〇万円を支払って和解をした事件である。裁判所は、Xは契約当時、相続財産の分割が完了していないことを察知していたため、五六三条による損害賠償請求はなしえないが、権利を移転しえないことにつき売主に帰責事由があれば四一五条の適用があるとした。そして本件では、相続財産には他にも相当の物が存在するため、Yにおいて遺産の分割につき積極的な熱意を示しておれば本件土地を自己の単独所有とすることは困難でなかったが、Yは相続財産を独占しようとしたために、本件契約の履行につき他の相続人の協力が得られなかったものであるとして、Yの賠償責任を認めた。しかし、土地の価格が高騰しつつあったのに、Xが一〇年以上も登記手続を放置してきたことに過失を認め、過失相殺をして一一五万円の賠償を命じた。

〔13〕名古屋高判昭和五〇・一一・二六判時八一二号七二頁では、国が本件農地をYに売る予定で交渉していたが、昭和二九年、Yが取得を見越してこれをXに一六万六六〇〇円で売却したところ、YX間の売買が国に発覚してYへの売払いが取止めとなり、昭和四三年、本件農地は旧所有者に売却された。Xは整地して建物を建築していたため、農地調停（法外）和解において旧所有者から一〇〇万円で買い受け、Xにその費用等の賠償を請求したところ、二分の一の過失相殺の上、請求が認容されたものである。判決では、YがXに本件農地を売却したこと自体が、YのXに対する債務不履行の原因であるとしてYの責任を認めた。取得費用の賠償が認められた事件ではあるが、帰責事由については論理的に疑問が残る。

(b) 担保責任を根拠とする場合

(i) 帰責事由が問題とされた事例　〔2〕千葉地裁一宮支判昭和三四・三・二〇下民一〇巻三号五〇八頁、

〔4〕東京高判昭和三七・八・一〇下民一三巻八号一六九七頁は、次のような事件である。問題の土地はもとYの所有であったが、昭和八年にAに対して買戻特約付で売り渡されていた（買戻期間は昭和一八年二月二八日）。Yは買戻期間を過ぎても約定の金員を提供すれば右土地の返還を受けられると考え、昭和一八年三月末頃、Xに本件土地及び別の土地を八〇〇〇円で売る契約をした。Xは五月一日五〇〇〇円を支払い、以後、右土地の使用収益を続けてきた。Aは昭和一一年に死亡し、B、C他が遺産相続人となっていたところ、Yは事実上遺産を管理するBから売却の承認を得た。しかしYがXに移転登記をする準備を進めている途中で昭和二〇年Bが死亡、Cが家督相続をし、戦後の混乱と相続人が遠隔地に居住している状況のもとで、手続の進行が困難となった。その後、これまでの経緯を知らないCが昭和三三年に本件土地を第三者に売却、Xは右第三者から本件土地を一〇〇万円で取得して、Yに対しその費用の賠償を請求した。裁判所は、一〇〇万円から未払代金三〇〇〇円を引いた九九万七〇〇〇円の賠償を命じた。

〔2〕判決は、民法五六三条が適用されるとした上で、次のように述べた。すなわち、他人の権利の売買における担保責任は原始的不能の場合に限らず、後発的不能の場合を含む。この場合において売主に過失のあるときは、信頼利益ないし対価の制限内の賠償に限られず、契約の有効を前提とする履行利益の賠償が認められる。本件ではYはBの了解を一旦は得ており、他の共有権者と交渉することによってXへの目的土地の所有権取得が可能であったにもかかわらず、何らの努力をもしなかったのであるから、履行不能について過失がある。この場合に賠償されるべき損害は、履行不能確定時（所有者が第三者に処分した時）の土地の時価であり、その額は反証のない限り、その直後にXが当該土地を右第三者から直接買い受けた額に相当する、と。〔4〕判決も原審の判断を支持した。

（ii）帰責事由が問題とされなかった事例　〔8〕東京高判昭和四一・一一・二二判タ一九九号一三九頁は次の

ような事件である。昭和三六年五月、XがYに本件土地を売る契約を締結、所有権移転登記時に代金中六八五万円を支払い、残金四〇万円は明渡しと同時に支払う予定であった。しかし契約後、Yは目的土地の中央を貫通して市有地が存在することを知り、Xにおいて払下げを受け、所有権を移転するよう求めたが、Xが応じなかったため、昭和三八年にY自ら払下げを受け、市に対して四〇万五〇〇〇円を支払った。裁判所は、五六三条による担保責任を認めた上で、賠償されるべき損害額は結局払下げに要する相当な経費にほかならず、支払われた金額は不合理ではないとして右金額を損害額と認め、Xの残代金請求に対して損害賠償請求権による相殺の抗弁を認めた。

〔12〕東京地判昭和四九・一二・二〇判時七八五号八二頁は次のような事件である。昭和二三年、本件土地を売買した際、売主Yは測量において都の土地も自己の土地と誤認し、都有地を含めて売却した。昭和四三年、都は買主Xを相手に建物収去土地明渡しを請求、昭和四六年にXは都との間で本件都有地を四〇万三〇〇〇円で買い受ける旨の和解をした。裁判所は、売主の担保責任は義務違反によるものではなく、「売買が有償契約であることを根拠として、物の交換価値ないし利用価値と対価として支払われる代金額との等価性を維持し、当事者間の衡平をはかる見地から買主を保護するために、法律が特に認めた無過失責任であるから」、損害賠償の範囲についても四一六条をそのまま適用することなく、担保責任の立法趣旨から合理的に判断し、「買主が売主から所有権の移転を受けることができなかったことによって通常生ずべき損害、換言すれば、履行不能となった当時における時価相当額に限定すべきものと解するのが相当である」。この損害額は結局、都から本件土地を買い受けるに相当な経費にほかならず、Xが払った額は不当に高額ではないから、代金四〇万三〇〇〇円と登録免許税五万七一〇〇円をもって相当とするとした。

〔18〕東京高判昭和五六・四・六判時一〇〇四号六三頁は次のような事件である。昭和四〇年、Yは本件土地を

単独で相続したとしてこれをXに売却したが、他の共同相続人から相続権回復等請求の訴訟が提起され、Yが一・二審とも敗訴した（一審判決は昭和五一年）。Xは二審において訴訟上の和解をして、一五八万円余を支払って他の共同相続人の主張する持分を取得した。裁判所は右金額についてのXの賠償請求を認容したが、この出捐を「Yの履行不能により本件土地所有権の一部を取得できずに裁判上敗訴するという事態を回避するため、前訴第二審においてやむを得ず裁判上の和解をし、その和解に基づいて支出したもの」と評価している。

（iii）取得費用相当額の賠償が否定された事例　〔17〕大阪高判昭和五五・七・一五判時九八九号五七頁は、事案の詳細は不明であるが、売買目的土地の一部が他人の所有であった事件で、該当部分の対価相当額は五七八万円余と認定された。買主は、第三者への転売（約三億九〇〇〇万円）のためにこの土地の一部を所有者から買い入れた際に二億八〇〇〇万円を支払ったので、これを損害として売主に賠償請求すると主張する。裁判所は「民法五六三条による売主の担保責任は、売主の債務不履行に基づく損害賠償責任と異なり、売買当事者間の衡平をはかる見地から買主を保護するために特に売主に課した責任であり、」その賠償範囲は信頼利益の賠償に限られるのであって履行利益には及ばず、また信頼利益の賠償についても民法四一六条が類推適用されるのであって、特別事情による損害はその事情が契約当時売主に予見され、または予見し得べき場合に限って賠償の対象となると述べる。そして本件において、対価相当額の五七八万円は信頼利益の通常損害として賠償請求をなしうるが、転売先との契約に際して交付された手付金三八〇〇万円は特別損害であるから、売主において予見し得たことの主張立証がない以上賠償請求しえず、また買入代金二億八〇〇〇万円は履行利益であるが故に賠償請求しえないとした。

〔22〕神戸地裁尼崎支判昭和六二・二・二五判時一二九九号一一七頁は、Xが昭和三四年にYらの先代Aから本件土地（山林）を買い、昭和四三年に他に売却したところ、昭和四五年にBが本件土地について自己の所有権を主

張して訴訟を提起、Ｂから所有権を譲り受けたと主張するＣが訴訟に参加して、結局昭和五六年に、ＸはＣに四八〇〇万円を支払って和解した上で、Ｙらに対してその和解金相当額の賠償を請求した事件である。裁判所は、結局本件土地の所有者は明らかでないとしつつ(3)、ＸのＹらに対する担保責任の追及を認め、賠償額については次のように述べた。すなわち、民法五六三条所定の売主の担保責任は、売買契約に対する買主の信頼を保護するために法が認めた責任であるから、賠償されるべき損害の範囲も信頼利益に限られるべきであり、Ｘが本件売買を瑕疵なきものと信頼した結果通常生ずべき損害は、土地の対価としてＡに支払った額（七一八万九〇〇〇円）と解するべきである。契約を信頼した結果、それ以上の損害を被った場合は、四一六条を類推適用し、売主において損害の発生を予見しえた場合に限り、特別損害としてその賠償を請求することができる。本件においてＸがＣに支払った和解金四八〇〇万円はこれにあたるが、Ａがこの土地を買い受けるにあたり、本件土地周辺の所有関係を知悉していると考えられていた信頼しうる人物から購入し、現地の案内を受け、境界石を確認の上で買い受けたものであって、一〇年も経過した後に紛争が生じ、買主が和解金を支払うの止むなきに至ることは予見しえなかった。したがって、和解金相当額の賠償は認められない、と。

(3)　問題の概観　以上の裁判例を見るとき、次のような問題点が浮かび上がる。

①第一に、一方で債務不履行を根拠とし、他方で担保責任を根拠として、また一方で帰責事由を前提とし、他方で帰責事由を前提としないで、いずれも取得費用相当額の賠償が認められうることをどう考えるか。ひとつには、取得費用相当額の賠償は帰責事由にかかわりなく根拠づけられるという考え方、もうひとつの考え方としては、担保責任は無過失責任ではあるが、これは――自分が売ろうとする物の権利関係を知らないのは過失であるというよ(4)うに――過失の推定ないし擬制によるものであり、その根拠に帰責事由を含むものであるという考え方がありう

る。後者のような考え方をとるときは、担保責任の追及に対して、帰責事由のないことを主張・立証してこれを免れることができないかどうかが問題となりうる。

②第二に、しかし裁判例の中には、かなり具体的に帰責事由の内容を検討しているものがある。①において、取得費用相当額の賠償は帰責事由にかかわりなく根拠づけられると考えるならば、その内容を検討する必要はないはずである。帰責事由の存否とその内容を問題とする意味はどこに認められるか。ひとつには、売買目的たる権利が売主に属さないことを買主が知っていた場合の処理である。この場合には担保責任を根拠として損害賠償を請求することはできないが、売主に帰責事由があれば一般の債務不履行として請求することができると解されているためである。このような考え方の是非と、これを認める場合の帰責事由の意義が問題となりうる。

もうひとつには、担保責任による賠償の範囲に限界があるとすれば、帰責事由の存在を理由として、この限界を破ることである。すなわち、担保責任を根拠とするときは、解除及び信頼利益ないし対価の範囲内での賠償に限られるが、帰責事由がある場合には取得費用相当額のようにそれを超えた賠償も可能となるという考え方である。

③第三に、右に挙げた、担保責任を根拠とするときは、解除及び信頼利益ないし対価の範囲内での賠償に限られるという考え方の是非である。これは物の瑕疵についての担保責任について論じられる点である。瑕疵担保責任についても議論の余地があるが、目的たる権利の取得が客観的には不能といえない権利の担保責任についてこの考え方を前提として良いか。〔2〕判決（(2)(b)（i））は、右のような信頼利益ないし対価の範囲内への限定という考え方に対し、売主に過失あることを理由に、それを超えて目的物の時価、具体的には取得費用相当額の賠償を認めたものである。他方、同じく履行利益といっても、目的たる権利を取得する利益と、さらにそれを運用して取得する付加的な利益とは異なるのではないか。実際、〔12〕判決（(2)(b)（ii））のように取得費用相当額を通常損害と把握

し、売主無過失の場合にはその範囲に限定されるという解釈が示されていることを見ると、解除・代金減額と同様、取得費用相当額の賠償も、帰責事由とは異なる根拠（①参照）、たとえば等価的均衡の維持[5]を理由に根拠づけることができないかどうか。

とはいえ、他方で〔17〕判決・〔22〕判決（(2)(b)(iii)）のように、信頼利益限定論を理由として、取得費用相当額の賠償を否定した例もある。しかし事案の特徴として、〔17〕判決においては転売取引の額が著しく大きいこと[6]、〔22〕判決においては、所有者と称する者に和解金を支払った事例であるが、所有権者が誰であるかについては判明しないとされたことを指摘しうる。右の事例においては、担保責任についての信頼利益限定論は、形式的な根拠として用いられているのではないかと考える余地があろう。

(4)　本稿の課題　右のような問題点のうち、本稿では以下の点を検討する。

第一に、担保責任による場合と一般の債務不履行による場合とを含めて、他人の権利の売買における取得費用相当額の賠償の意義である。以下、**三**においては、これは損害賠償ではあるが、解除や代金減額とは異なった形式で、しかし同様に給付間の等価性の維持を目的とするものであるという作業仮説を立てて分析を進める。

第二に、権利の担保責任における帰責事由の意義である。ひとつには、債務不履行の一般原則では帰責事由を必要とするのに対し、ここでは必要とされないことは何を意味するか、また無過失責任であるはずの担保責任において、売主の側からの免責立証の余地があるか否かという点である。この点は**四**で検討する。

第三に、買主が悪意の場合に、売主に帰責事由があれば、四一五条による債務不履行として損害賠償を認めて良いか、その場合の帰責事由の内容はどうかという問題である。この点は、**五**で検討する。

三　等価的均衡の維持と取得費用相当額の賠償

(1)　権利の担保責任の問題としては、買主が権利の瑕疵がないものとして買い、代金も支払って目的土地の上に建築をした後、かなりの期間が経過してから真の権利者が現れて紛争となる場合がある。このような場合には、買主は建物の収去による損害を避けるために、真の権利者と交渉してその所有部分を取得せざるをえないことになる。その場合、取得に要した費用が、当初の代金額のうち、その部分に対応する額よりも多くなることも珍しくない。この取得費用を売主に対して賠償請求する場合、これは売買の等価的均衡が崩れているが、権利の瑕疵から避けがたい損害として生じたものであるがゆえに売主に負担させるものなのか。そうであるとすれば、売主が無過失でもこの賠償の負担を負うのは何故か。それともこの場合、取得費用の賠償こそが売買の等価的均衡を回復する方法であるということができるか。

(2)　売買各当事者の給付は、両者の関係においては等価交換の関係にあることが前提とされる。したがって、契約が解消された場合の目的物と代金の返還や、移転しえない権利の割合に応じた代金返還のような、いわば原状回復的な関係のみならず、権利移転の積極的実現自体が、等価的均衡の維持に向けられたものでなければならない。物の瑕疵についての担保責任の場合、いわゆる特定物のドグマのもとでは、瑕疵なき状態の積極的な実現が事実上不可能であるという理解がなされたため、右の原状回復的な関係のみが等価的均衡維持に向けられたものと解される余地があった。しかし権利の担保責任が問題となる場合においては、真の権利者から権利を取得することが客観的には可能である。それ故に、前述したように、売主の現実的な権利移転義務を観念しうるとともに、売主からの移転がもはや期待しえない場合には、買主が自ら費用を投じてその権利を取得することもありうる。この場合の取得費用相当額の賠償は、代金返還と同様、等価的均衡の維持ないし実現に向けられたものであり、その方向性──原状回復か権利の積極的実現か──が異なるだけであると考えることはできないか。

問題は、その額が、(1)でも触れたように、時間の経過に伴う物価水準の変動等により、代金額と同じではない場合が稀ではないことである。代金の返還や減額と取得費用相当額の賠償とが、理念的にはともに等価的均衡の維持ないし実現をめざすものであるとした場合、具体的な金額の食い違いをどのように考えるべきか。以下では、金額の食い違いが生ずる原因を分けて、この点を検討することとする。

(3)　①　まず、目的たる土地に客観的な価値が存し、売買はその価値通りに行われると仮定する。土地の価値は一〇〇〇万円であり、BがAにこの土地を一〇〇〇万円で売り、Aが代金を契約締結と同時に支払ったところ、その土地の面積の二割にあたる部分がCの所有に属していたとする。

この場合に代金の比例的減額をするならば、BはAに二〇〇万円を返還することになる。結局、Aは八〇〇万円を出捐して八〇〇万円相当の土地を取得したことになる。Bもまた八〇〇万円相当の土地に対して八〇〇万円を取得したことになる。いずれの立場からも、等価的均衡は維持されている。

これに対して、AがCから二割に相当する部分を買い取った場合はどうか。売買は目的物の客観的価値通りに行われるのであるから、AはCに二〇〇万円を支払い、この額についてBに損害賠償を請求することになる。この場合、Aは一〇〇〇万円を出捐して（Bへの代金一〇〇〇万円。Cに支払った二〇〇万円はBからの賠償を受けることによって、差し引き零となる）一〇〇〇万円相当の土地を取得したことになり、Bは八〇〇万円相当の土地に対して八〇〇万円（代金一〇〇〇万円から賠償額二〇〇万円を控除した額）を取得することになる。いずれの立場からも等価的均衡は維持されている。

② ①と同じ仮定、同じ設例において、地価と物価とが同一比率で上昇し、いずれも一・五倍になっていたとする。

代金の比例的減額をするならば、BはAに二〇〇万円を返還することになる。しかしAが返還を受けた二〇〇万円は、当時の三分の二に目減りし、当時の額に直すと約一三三・三万円に相当する。したがってAは、売買当時一〇〇〇万円（現在の一五〇〇万円）を出捐して、当時八〇〇万円（現在は一二〇〇万円）相当の土地を取得し、当時の額に直すと約一三三・三万円（現在は二〇〇万円）相当の金銭の返還を受けたのであるから、等価的均衡はAに不利な形で崩れている。

AがCから二割の部分を（当時の一・五倍の）三〇〇万円で買い取り、この額を損害としてBから賠償を受けたときはどうか。Aは当時一〇〇〇万円（現在の一五〇〇万円）を出捐して、当時の額に直すと一〇〇〇万円（現在の一五〇〇万円）に相当する土地を取得したのであるから、等価的均衡は維持されている。Bは当時一〇〇〇万円を受け取ったが、現在の段階で賠償金として三〇〇万円を支払った。しかし現在の三〇〇万円は当時の額に直すと二〇〇万円に相当し、Bは当時受け取った金額のうち二〇〇万円について、現在の額に直すと三〇〇万円に相当する効用を享受している。したがって、Bは当時八〇〇万円（現在一二〇〇万円に相当）の土地に対して、当時の額に直すと八〇〇万円（代金一〇〇〇万円から現在の賠償金三〇〇万円に相当する二〇〇万円を控除した額。現在の一二〇〇万円に相当）を取得したのであるから、同じく等価的均衡は維持されている。

③ ①と同じ仮定、同じ設例において、物価は一・一倍、地価は一・五倍になっていたとする。

代金の比例的減額をするならば、BはAに二〇〇万円を返還することになる。しかし返還を受けた二〇〇万円は、当時の一一分の一〇に目減りし、当時の額に直すと約一八一・八万円に相当する。Aは、売買当時一〇〇〇万円（現在の一一〇〇万円に相当）を出捐して、当時八〇〇万円（現在は一二〇〇万円）相当の土地を取得し、当時の額に直すと約一八一・八万円（現在は二〇〇万円）相当の金銭の返還を受けたことになり、当時の基準による限りでは、等価的均衡はAに不利な形で崩れている。(7)

AがCから二割の部分を（当時の一・五倍の）三〇〇万円で買い取り、この額についてBから賠償を受けたときはどうか。Aは当時一〇〇〇万円（現在の一一〇〇万円）を出捐して、当時に直すと一〇〇〇万円（現在の一五〇〇万円）に相当する土地を取得したのであるから、当時の基準によれば等価的均衡は維持されている。Bは当時一〇〇〇万円を受け取ったが、現在の段階で賠償金として三〇〇万円を支払った。現在の三〇〇万円は当時の額に直すと約二七二・七万円に相当する。したがって、Bは当時八〇〇万円の土地に対して、当時の額に直すと約七二七・三万円（代金一〇〇〇万円から、現在の賠償金三〇〇万円に相当する約二七二・七万円を控除した額）を取得したのであるから、当時の基準で約七二・七万円の損失を受けている。

かくして、取得費用相当額の賠償を認めた場合、当時の基準によれば買主Aの立場からは等価的均衡が維持されているが、売主Bの立場からは等価的均衡が崩れていることになる。このリスクを売主に負担させるべきか、またそのためにはいかなる要件が設定されるべきかが問題となる。

④　①と同じ設例で、物価・地価の上昇はなかったとする。この場合に、目的土地の売買が必ずしもその価値通りになされるとは限らないことを考慮したときはどうか。たとえば、CがAの要請に応じて当該部分を売却するとCの有する残余の土地の利用に不便が生ずるため、あるいはいわばAの足元を見て、Cがその部分の客観的価値以上の価格でなければ売却に応じないということがありうる。

AがCと交渉したところ、Cは三〇〇万円ならば売るとしたため、Aはその条件で買い取り、代金相当額三〇〇万円をBに賠償請求、Bがこれに応じたとする。Aは一〇〇〇万円の出捐（Cに支払った三〇〇万円はBから賠償金三〇〇万円を受けることによって差し引き零となる）をして一〇〇〇万円相当の土地を取得したのであるから、等価的均衡は維持されている。これに対してBは、八〇〇万円の土地を譲渡して七〇〇万円（代金一〇〇〇万円から賠償金三〇〇万円を控除した額）を取得したことになり、一〇〇万円の損失を受ける。売主の側におけるこの等価的不均衡は、③とは異なる個別的な事情によるが、この場合にもこのリスクを売主に負担させるべきか、またそのためにはいかなる要件が設定されるべきかが問題となる。

(4)　以上に見たように、目的たる権利のうち他人に属する部分を権利者から取得することは、買主の側から見る限り、売買当時に設定された等価関係の維持・回復を意味するのであり、買主はそれによって等価関係を超えた増加価値を取得するものではない。

従来、不代替的特定物について瑕疵担保責任を問題とする場合には、瑕疵なき物の取得が不可能であることが前提であった。そのため、契約で目的とされた等価的均衡の回復としては、――瑕疵について修補をする等、契約で目的とされた状態の実現のために積極的に支出をする場合を除き――瑕疵なき状態を前提してなされた金銭評価と瑕疵ある状態を前提とする金銭評価の差額をもって表現されることとなった。

右の差額が代金との差額に等しい場合、その賠償を等価的均衡の回復と理解することは自然な解釈である。しかしそのように「差額」を指標とするときは、右の差額が代金との差額を超える場合、それは直ちに等価的均衡を超えた増加額であるという理解が生じうることになる。すなわち、比較されるものが瑕疵ある事実状態と瑕疵なき事実状態ではなく、瑕疵あることを前提とする金銭評価と瑕疵なきことを前提とする金銭評価である場合には、目的物の価格上昇の影響も、同種の物の填補購入によって瑕疵なき状態を実現するための費用であるか、転売等による値上がり益の取得であるかの区別なく、一律に抽象的な金銭差額として把握される。その上で代金減額という方法のみを等価的均衡の回復と捉えるならば、比較されるのは専ら金銭の数額であることから、代金との差額を超えた金銭差額は、一律に等価関係を超えた増加額（買主にとって有利なものであれ、不利なものであれ）として捉えられることとなる。その場合、この増加額を売主に負担させる根拠は等価関係によって根拠づけることはできず、これを負担させるためには売主の帰責事由が必要なのではないかという疑問が生ずるに至る。

しかし他人に属する権利を買主が自ら取得する余地がある場合には、それによって権利の瑕疵なき事実状態を実現することができる。その実現は、(3)で見たように、売買当時に想定された（使用価値の要素を含んだ）等価的均衡の維持をもたらすものである。したがってこの場合には、解除や代金減額のように、右の事実状態の実現が不可能であることを前提とした等価的均衡の回復だけではなく、(8) その実現が可能であることを前提とした等価的均衡の回復が可能である。

かくして、買主の側から見る限り、所有者からの権利取得とその費用の賠償は、売買の等価的均衡の維持・回復の範囲内にあるものということができる。しかし所有者からの権利取得のために支払われた費用の額によっては、その賠償を行う売主に損失が生ずることがある。この損失を売主に負担させて良いか。またそのための要件は何か。これが帰責事由の要否の問題、さらには担保責任の根拠・構造の問題となる。

四　権利の担保責任における帰責事由の意義

(1)　履行利益賠償と売主の過失　三では、他人の権利の売買において、取得費用相当額の賠償は、買主の側から見る限り、売買の等価的均衡を維持・回復する意義を有することを示した。しかしそれが損害賠償である以上、売主に帰責事由があることを要するのが原則ではないかという疑問も生ずる。

しかし右のような原則があるとしても、担保責任を根拠とするときは帰責事由が要件とされていない。にもかかわらず、担保責任を根拠としつつ帰責事由を問題とした裁判例が見られるが（二(2)(b)（ⅰ）参照）、これは何を意味するか。

〔2〕判決は「権利の瑕疵についての売主の担保責任は、原始的一部不能による契約の一部無効に対して認められた責任であって、後発的不能の場合の債務不履行による責任とはその性質を異にすると説明されている。しかしながら他人の権利の売買における担保責任をも原始的不能にかぎると解すべき根拠はなく、むしろその性質上後発的不能の場合にこそ担保責任を認めるべきものであろう」とし、損害賠償については「他人の権利の売買における担保責任が後発的不能を含むと解すべき以上、契約の無効を前提とする信頼利益の賠償に限らず、契約の有効を前提とする履行利益の賠償を含むと解すべきである。元来原始的不能のためその不能の部分については売主の債務が成立せぬような場合においても売主の担保責任（無過失責任）は認められるのであって、このような場合は、いわゆる『契約締結上の過失』と同じく信頼利益の賠償もしくは対価の制限内における賠償（……）のみが認められると考え得るけれども、後発的不能の場合において売主に過失のあるときはこれと同列に論ずることはできないのである。ただこの場合には民法第四一五条の一般の債務不履行の責任と担保責任とが併存することがあり得る」と述べる。

この判決は、直接には原始的不能・後発的不能の区分を問題にしているが、「後発的不能」（すなわち結果の実現が可能であった場合）に対する担保責任の内容として、無過失の場合には信頼利益、過失のある場合には履行利益の賠償を認めたものとして整理することもできる。学説においても、末川博士が他人の権利の売買について「この場合の損害賠償は売買の結果の不均衡を除去して善意の買主を保護するために認められているのだから、債務者の責に帰すべき事由による債務不履行の場合の損害賠償とは本質的に異なるのであって、履行不能によって生じた損害の賠償範囲も買主の支払う代金額を超過するようなことはあり得ないはずである」[9]としているのに対し、我妻博士は、権利の瑕疵・物の瑕疵の場合ともに「売主の担保責任は、売買の目的物に原始的な瑕疵があって売買が少くとも一部無効となり得るような場合の責任なのだから、信頼利益（消極的契約利益）の賠償に限ることが、理論的に正しい。のみならず、売主の無過失責任であることからみて、実際的にも公平に適する。然し、売主に過失がある場合には——契約締結上の過失の責任に一歩を進め——履行利益の賠償責任を負うものと解すべきではあるまいか」[10]と述べているように、担保責任を根拠とする場合にも、売主に過失ある場合に履行利益の賠償（「履行不能による損害賠償」）を認めうるとする見解もある。

そうすると、権利の担保責任において、履行利益に属する取得費用相当額の賠償を認めるための要件として帰責事由が必要か、必要だとすればその根拠と帰責事由の内容如何という問題が生ずる。来栖教授は、法典調査会議事速記録を検討して「善意の買主の請求しうる損害賠償の範囲については、梅起草委員は物の価が増した場合には増しただけを損害賠償として取れるといっているから、履行利益に及ぶと考えていたといってよいであろう（速記録二六の一〇八-九）。それでは売主に損害賠償責任があるとするには売主の過失を必要としたであろうか。起草委員は過失は必要とするが、売主が他人の物と知らないで自己の物として売るのは常に過失であると考えていたようでもある。……そうだとすれば過失を必要としないのと変りはないであろう（……）。しかし、他人の物を売るのは常に過失だと考えていたと断言できない節もある」と述べた上で、「債務不履行による損害賠償が債務者の過失を必要とすると解するならば、他人の物の売買の場合における売主の損害賠償責任も売主の過失を必要とすると解すべきように思われる」としている。(11)

来栖教授の右の考察からは、第一に、債務不履行による損害賠償につき、債務者の過失ないし帰責事由が必要か否か、第二に、必要であるとしても、それがどのような形で問題となるかが課題として導き出される。いずれも債務不履行法の基本問題に属する点であるが、(2)以下では第二点につき、**五**では第一点につき、他人の物の売買に関する限りで検討を行う。

(2)　免責立証の可否　〔2〕判決は、（無過失責任としての）担保責任における損害賠償範囲の限定という考え方に対して、担保責任を根拠とする限り、必ず賠償額が限定されるわけではないことを示したものということができる。そして〔2〕判決の説くところによれば売主の帰責事由を要するもののようであるが、**二**(2)(b)（ii）で見たように、〔2〕判決よりも後の裁判例においては、担保責任を根拠とする場合、帰責事由を問題とすることなく取得費用相当額の賠償が認められている。これは来栖教授の検討したように、担保責任による損害賠償は帰責事由の存在を前提としているが、帰責事由は推定ないし擬制され、賠償請求権を根拠づけるにあたって独立の要件としては要求されていないと考えることも可能である。もしそのような考え方をとるならば、売主の側から帰責事由のないことを証明して担保責任を免れる余地がないかどうかが問題となりうる。

この点について、二つの裁判例を検討する。まず〔5〕東京地判昭和三九・三・三〇下民一五巻三号六六二頁は、民法五六三条三項に基づく損害賠償の内容は信頼利益の賠償であり、この範囲では売主の担保責任は無過失責任である。しかし少なくとも他人の物の売買においては売主は五六〇条所定の権利移転義務を負うのであるから「その履行不能が売主の責に帰すべき事由に因るものであるときは、売主は債務不履行の一般原則にしたがい買主に生じた損害のすべて（履行に代る損害）を賠償すべき義務を負う」ところ、この履行利益の賠償については「売主の方でその履行不能が自己の責に帰し得ない事由に基くものであること、具体的にいえば売買契約の時において目的たる権利の全部または一部が自己に属していないことを知らなかったことに取引の通念上要求される注意義務に照らしても過失がないことおよび当該権利を移転できなかったことに過失がないことを立証してその義務を免れ得るものと解するのが相当である」と判示している。

これは、Aが財産税の納付のため、その所有地をY（国）に物納し、Yが物納された土地をXに払い下げたところ、XがYから売払いを受けた土地の一部分が物納土地の対象外であったという事件である。裁判所は、A自身を始めとする関係者すべてが係争土地が物納土地に属するものと誤認しており、またその誤認を生み出す客観的事情が存在していたことから、物納を許可したYが係争部分の所有権もまた自己に帰属したと信じたことには過失は認められないとして、履行利益（係争部分の時価相当額）の賠償請求を斥けた。

この事件においては、物納を受け、払下げを行う国の地位を、私人間の取引における売主と同視しうるか否か――この場合のYの過失に関する判断を一般化しうるか――が問題となりうるとともに、XがAから時価相当額を支払って係争部分を取得したものではないことも注意すべきである。

次に、二(2)(b)(iii)で見た〔22〕神戸地裁尼崎支判昭和六三・二・二五判時一二九九号一一七頁では、四一六条における特別事情の予見可能性としてではあるが、売主が目的土地を買い受けるにあたって必要な注意を払ったことをもって、特別損害たる和解金相当額の賠償責任を否定している。具体的には、前述したように、当該土地周辺の所有関係を知悉していると考えられていた信頼しうる人物から購入し、現地の案内を受け、境界石を確認の上で買い受けたことが挙げられている。これは〔5〕判決と異なって私人間の売買であるが、このような注意を払ってもなお権利の瑕疵が認識しえなかった場合、取得費用相当額の賠償の責任が否定されうると一般的にいうことができるか否か、疑問となりうる。〔22〕判決において、裁判所は、結局係争土地の所有者は明らかでないとしており、したがって支払われた和解金が相当な出費とはいえなかった可能性も排除されない。すなわち和解金相当額の賠償請求を斥けるにあたって、売主が十分に注意を払ったか否かが決定的な意味を有していたと断ずることには慎重を要する。

(3)　責任根拠――結果実現への拘束　取引上の注意を十分に尽くしたことを証明して責任を免れることができるといえないとすれば、一般的に、この問題をどのように考えるべきか。前述したように三において、売買契約および代金支払いの後、時間が経過する等して地価・物価に変動が生じたときには、代金返還や代金減額よりも取得費用の賠償の方が、等価的均衡の維持・回復の目的に適合する場合があることを示した。すなわち、目的物が買主によって取得された場合には、等価的均衡の観点からすれば、賠償額について代金額の範囲に限られるという原則を立てる理由はなく、しかも取得費用相当額の賠償は売主の不注意以前に、売買の等価的均衡の要請によって根拠づけることができる。その限りでは帰責事由を問題にするまでもない。

しかし三(3)③④で見たように、地価変動と物価変動の不均衡等の事情が存する場合、取得費用相当額の賠償は、買主の側においては等価的均衡の維持・回復を意味するが、売主の側には不均衡を生ぜしめるため、このリスクを売主に負担させる根拠が問題となりうる。たとえば来栖教授が紹介した起草委員の見解のように、自己の権利を移転させようとするものである以上、売主は自己の権利の完全性について十分に知っておくべきであり、権利の瑕疵を知らないことによるリスクは買主に転嫁することなく、売主自らが負担すべきであるという根拠づけも可能である。

このように考えるときは、帰責事由は、売主がどのように注意を払ったかということよりも、売主と買主との間で、権利の瑕疵のリスクを売主に負担させて良いかという問題として表れる。原則として、目的物を支配していた売主の側に負担させるべきであるが——したがって独立の要件としては帰責事由の有無を吟味しない——、〔5〕判決の事件におけるように、売主としての目的物支配が希薄であるような特殊な事情が存する場合において、必要な注意を払った以上、売主は権利の瑕疵のリスクを負担しないとすべき事案がありうるかもしれない。しかし、通常の私的な売買であって、買主が目的物を真の所有者から取得し、かつ取得すること自体並びにその際に出捐した費用が相当である限りでは、売主が取引通念上必要な注意を払ったことを主張・立証して賠償責任を免れうるとすることは不適切であろう。

すなわち、不法行為の場合は、基本的に行動の自由のもとで、他人の権利を侵害しないように注意をするべく要求されているのであるから、必要な注意を払ったか否かが、加害者の責任を評価する際の出発点となる。しかし売主は支払われた代金の対価として、完全な権利の移転という結果を実現するべく拘束されているのであるから、重要なのは注意を払ったか否かという点よりも、右の結果を実現しえなかったということである。しかも買主が目的たる権利を自ら取得した場合には、右の結果が現に実現されているのであるから、同じ結果を売主が実現しえなかったことを正当化するためには、売主が取引通念上必要な注意を払ったというだけでは足りないのではないかと考える。

したがって、担保責任を根拠として取得費用相当額の賠償請求を認めるにあたって、独立の要件として帰責事由の有無が吟味されないことには責任構造上の理由があり、また右の賠償請求が斥けられる場合も、帰責事由の不存在が決定的な理由となることは考えにくい(12)。

(4)　債務不履行責任の場合はどうか　売主が権利の移転をなすべく拘束されているが故に帰責事由が独立の要件として吟味されないのであれば、それは担保責任のみならず、通常の債務不履行を根拠とする場合も同じはずである。しかし**二**で見た裁判例において、他人の物の売買につき、通常の債務不履行を根拠とする場合には、当該事案における売主の帰責事由の存在が確かめられている。次にこの点について検討することとする。

五　債務不履行責任構成における帰責事由の意義

(1)　何故債務不履行と構成されるか　**二**で見た裁判例のうち、責任根拠を帰責事由ある債務不履行に求めるものは、それによってどのような効果を導き出しているか。またその際に、帰責事由としてどのような事柄を問題としているか。

第一の効果は、担保責任と構成した場合には賠償範囲に一定の限界があるという前提のもとで、債務不履行責任と構成することによってその限界を破ることである。これは**四**で見た、担保責任構成のもとで、売主に帰責事由のある場合に履行利益の賠償を認めた〔2〕判決と共通の効果である。

二(1)(a)で見た〔16〕判決は、他人の物の売買において売主が権利を移転しえなかった場合、一般には担保責任の規定に従って解除または信頼利益の賠償が認められるだけであるが、権利の取得・移転が可能であるにもかかわらず、売主の帰責事由により移転しえなかった場合には、担保責任にとどまらず、債務不履行の責任を負うとして、当事者間で結ばれていた違約金特約の適用を認めたものである。そしてここでは、所有者に売渡しの意思があったこと（権利の取得・移転の可能）、にもかかわらず売主が資金の用意をしなかったため、所有者との契約を締結しえなかったこと（帰責事由）が問題とされている。

第二の効果は、担保責任については五六一条但書、五六三条三項により、売買契約当時、目的たる権利が売主に属していないことについて買主が知っていた場合には損害賠償請求をなしえないものとされているが、帰責事由ある債務不履行の場合にはその制約がないとして、買主が事情を知っていた場合にも損害賠償責任を認めることである。

二(1)(a)で見た〔10〕判決、〔21〕判決では、権利移転の手続に障害があること（〔10〕判決）、あるいは権利が他人に属していること（〔21〕判決）を買主が知った上で、あえて手付金倍返しの約定がなされている点を重視している。〔10〕判決では明確に、帰責事由を問題にする必要がない旨が説かれており、帰責事由ある債務不履行と構成するものではないが、しかし買主が右の各事情を知っていたことが、必然的に解除・代金減額以外の責任を否定するものではないことを示すものということができる。

帰責事由ある債務不履行と構成することによって、五六一条但書、五六三条三項にもかかわらず、損害賠償責任を認めうるとしたものとして、まず二(1)(b)で見た〔1〕判決がある。ここでは既に所有者と売主との間で売買契約が行われ（したがって厳密には他人物売買ではない）、売主が所有者に代金を支払わなかったために目的たる権利を買主に移転しえなかったことに帰責事由ありとされている。

次に二(2)(a)で見た〔9〕判決では、相続財産の分割が完了していない状態での売買であるから、既に売主が所有者と売買契約を締結した場合のように確実な「権利移転の可能性」があるとはいえない。しかし遺産の分割について積極的な熱意を示しておれば目的土地を売主の単独所有にすることは困難でなかったところ、相続財産を独占しようとしたために他の相続人の協力が得られなかったことに帰責事由ありとしている。

(2)　最高裁判決の評価　(a)　右の第二の効果については、最高裁が二(2)(a)で見た〔7〕判決において認めているところである。すなわち「他人の権利を売買の目的とした場合において、売主がその権利を取得してこれを買主に移転する義務の履行不能を生じたときにあって、その履行不能が売主の責に帰すべき事由によるものであれば、買主は、売主の担保責任に関する民法五六一条の規定にかかわらず、なお債務不履行一般の規定（民法五四三条、四一五条）に従って、契約を解除し損害賠償の請求をすることができる」とした上で、当該事案において、履行不能は売主の「故意または過失によって生じたものと認める余地が十分にあっても、未だもって取引の通念上不可抗力によるものとは解し難い」として、売主に帰責事由なしとした原判決（〔6〕判決）を破毀したものである。

(b)　〔7〕判決の判示のうち、一般の債務不履行規定を適用しうるとした点につき、調査官解説は、これは学説の説くところであり、大審院判例（大判昭和六・二・二新聞三二三〇号七頁）及び下級審判例（東京控判昭和二・四・七新聞二七〇〇号一三頁、〔1〕判決）の判示するところであって異論を見ないと述べ、従来の通説の確認と位置づける。[13]

星野教授は、「民法五六一条の文理や、規定の位置からは、買主が悪意の場合には、損害賠償の請求を一切認めないとする趣旨とも解しうる」とした上で起草過程を参照し、「売主が所有権を取得すべく『尽力ハ十分シタガドウシテモ出来ナイ』のではない場合には、損害賠償請求が認められるべきものであった」と述べる。その上で現在でも、停止条件付のような場合ではなく「単純な売買の場合には、売主の怠慢ないしミスによって所有権を取得できなかったときには、損害賠償義務を負わせるのが妥当であろうと考えられる。問題は、このような損害を売主・買主のどちらに負担させるかにあり、これを売主に負担させるのが妥当だと思われるからである」とする。[14]

また、来栖教授は、「他人の物を他人の物として売買した場合」には民法五六一条の適用はなく、公序良俗違反で無効、担保責任の免除、あるいは逆に権利移転を請け合う特約をした場合（前述の〔10〕判決・〔21〕判決の事例はこれにあたるか）等、様々に考えうるが、少くとも権利移転をなしえないことが売主の帰責事由による場合（「例えば売主は権利者から買受ける契約をしたが、代金不払で契約を解除されたとか、権利者に譲渡の意思はあったが申し出た売値が高いといって譲受けなかったとき」）には、五六一条の適用がない結果、悪意の買主も損害賠償請求をなしうるものと解するとして、〔7〕判決を支持する。[15]

これに対して潮見教授は、民法五六一条の「悪意の買主に損害賠償請求権なし」のドグマは他人物売買に限られることなく「債務不履行の一般理論レベルでも、『契約締結時点において、契約不適合が生じることにつき悪意の債権者は、契約不適合状態を基礎として契約に入ったのであるから、契約不適合を理由とする損害賠償請求権（その他の救済手段）を取得しない』との立場を基礎に据えるのが一貫する」として〔7〕判決及びこれを支持する通説に疑問を示しつつ、民法五六一条のドグマは「契約締結当時に権利の瑕疵を認識し、契約締結への決定をした買主についてのみ妥当するものである。このとき、同条に基づく担保責任を契約締結後の瑕疵（締結後に移転不能が確定した場合）にも適用を認める場合には、この場面に上記ドグマを妥当させることは、将来の移転不能を予期して契約を締結した買主に限られるべきである」と説く。[16]

(c)　次に売主の帰責事由につき、調査官解説は、目的土地の所有者Aが譲渡を拒否していた事情が認定されているのではなく、また調停の結果買主XとAとの間で成立した売値（七四万二五〇〇円）は必ずしも客観的に不当な高値とはいえないのではないかとした上で、「金銭の提供には不能はありえないのであるから、Aが本件土地を相当価格で売り渡そうという態度を示していたのであれば、Yとしてはこれを買い受けられなかったことに不可抗力をいえないはずである。不能でないかぎり、いくら不利な条件でもAから買い受けてXに対する債務を履行すべきであって（それが差益売買の常であって、損の時は履行しなくても責任がないという道理はない。）、これを買い受けなければ右債務の履行ができないことは当然認識できるのであるから、過失どころか故意の不作為としての帰責事由を考慮すべき余地さえあるのではないか」と述べる(17)。

北川教授は、売主の帰責事由について他人の権利の売買の場合と自己の権利の売買の場合とを比較したとき、「判例中には、他人が第三者に処分したり譲渡に不承諾であったりしてもこれは売主の権限外のことであって、これらの事情を有責事由とはできないという考え方がある。……形式的機械論的に、売主の履行義務をとらえれば、他人がする第三者への権利処分行為についてまで売主が有責とはいえないことになる（少くとも売主と他人との取引について売主の有責――たとえば代金不払――が要求される）。しかし、これは他人の権利の売買という取引類型に適合した理解ではない。そこでは、自己の権利の売買に比べて他人所有に由来する不確定要素がのこり、しかもこの事情は売主が自己のために利用しうるのがつねである（転売による利益。もちろん不利な結果となる危険も伴って）。民法五六〇条・五六一条も、かかる取引の構造上売主に許与されたチャンスの反映である。このような契約構造上の特質は売主の契約違反一般にも考慮されるべきであり、売主に対する特別のチャンス許与からいって、売主の有責判断に関して通常の債務不履行よりも、よりきびしい基準が適用されるとするのが合目的的である」と述べる(18)。

他方星野教授は、売主Yの帰責事由については微妙な面があるとして、具体的な検討を行う。すなわち、Bに代理権があり、あるいは代理権ありと信ずるにつきYに正当事由があったとすれば、YはAから一二万円で買うことができたはずであり、またYが「訴訟提起を怠っていたために地価が上がり、しかも調停に応じてしまったため、Aの申し出た高い価格をのまざるをえなくなったとしたならば」Yの責任といえるが、裁判外の折衝を始めとする経緯如何によっては、Yの責任とするのは気の毒な場合がありうると述べる(19)。

(3)　買主悪意の場合における債務不履行責任承認の当否　買主が事情を知っていた場合における債務不履行責任の承認の可否について、どのように考えるべきか。潮見教授は、権利が売主に属していないことを買主が知っていた場合は、契約不適合状態を基礎として契約に入ったものと評価する。しかし〔1〕判決では既に所有者との契約がなされていたこと、〔9〕判決では共同相続人の一人としての権利は有していたこと、〔7〕判決では財産税納付との関係で、相当な価額であれば所有者に譲渡の意思があったことが前提とされている。したがって、売主が適切な対応をすれば権利の移転が可能であること、すなわち契約不適合状態が克服可能であることが基礎とされていたと評価すべきものと考える。

契約不適合状態が克服可能と評価されるがゆえに、克服しえなかったことについての帰責事由が問題となる。この場合、北川教授が「契約締結前後から履行不能までの両当事者の態度を全般的に考量した中で判断されるべきもの」とするとおり[20]、権利移転についての売主の努力のみを切り離して検討することは必ずしも適切ではない。ただ、北川教授が売主の有責判断についてより厳しい基準が適用されるべきものとし、また調査官解説が、所有者が売渡しの意思を示していた限り、買い受けられなかったことに不可抗力を言うことはできないとして、売主の責任を重いものとする根拠をどのように考えるか。

先に述べたように、権利の取得と移転が可能であったと評価するならば、買主に移転しえなかった以上債務不履行があると考えることができ、次にその不履行について帰責事由なしとしうるか否かが判断される。星野教授は売主・所有者間の取引の経緯を考慮しているが、帰責事由を否定するためには十分な理由にならないと考える。買主との関係から見れば、それは売主側で調整すべき事情だからである。また調査官解説は差益売買のゆえに厳格な責任を認め、北川教授もリスクと表裏の関係にあるチャンスの故に、帰責事由についてより厳しい基準を認めるべきものとしている。民法五六一条・五六三条が問題となる売買は必ずしも差益取得を目的とする場合に限られるものではなく、右の事情は他人物売買一般について厳格な責任を認める基礎としては決定的とはいえないように思われる。

とはいえ、買主が事情を知っているもとで、売主に差益取得の機会があるが故に厳格な責任を認めるとすれば、それは来栖教授が示した「売主が権利移転を請け合った場合」に準じて考えるべきである。問題は権利の移転を実現することであって、売主がいかに努力するかではない（それは売主側の内部事情である）。そこで差益取得の機会の故にそれに伴うリスクも負担すべきであると評価するのであれば、それは故意・過失の問題ではなく、売主にとってはリスクの引受け、買主に対しては一種の結果の保証というべきものである。

すなわち、〔1〕判決のように既に所有者と契約済みである場合には、通常の債務不履行と同様に考えることができ、〔9〕判決・〔7〕判決のような場合については、権利の移転は可能であったと見て通常の債務不履行と同様に考えるか、一種の結果の保証と考えるか、二つの考え方が可能である。いずれにせよ、権利移転が可能かどうか、全く見通しが立たないもとで契約した場合と異なり、権利移転が可能と評価される場合（したがって、売主による履行を期待しえた場合）には、買主が事情を知っていたというだけで債務不履行責任の追及を否定する必要はないと考える。

(4)　帰責事由を問題にする意味　　これらの事例を通常の債務不履行と同様に考えた場合、帰責事由の有無の判断はいかなる意味を有しうるか。右の裁判例を見る限り、売主による権利移転が可能であったと評価された場合、結局移転しえなかったときには原則として帰責事由ありとされているように思われる。買主が事情を知らなかった場合において担保責任によるときは、売主による権利移転を期待しえたか否かを具体的に確定する必要がないが、買主が事情を知っていた場合には、権利移転の客観的可能性を具体的に確かめ、それが認められるときには債務不履行構成により売主の責任を認めるもののようである。

その限りでは、債務不履行構成をする場合も、一般的には売主の努力が尽くされたかどうか、あるいは故意・過失というような形態での帰責事由は明確に問題とはなっていない。ただこの場合にも、**四**(2)で見た〔5〕判決のように、免責立証が可能とされる場合はありうると考えられる。

六　むすび

(1)　本稿の出発点は、他人の権利の売買がなされた場合において、買主が目的たる権利を権利者から直接に取得するために現実に費用を投じた場合、その費用――それは契約によって約束された給付の実現に向けられたものであって、履行利益に属するものである――の賠償が、ある場合には担保責任を根拠とし、ある場合には債務不履行を根拠として、またある場合には帰責事由を問題とすることなく、ある場合には帰責事由を要件として認められていることが何を意味するかであった。

そのため、まず目的たる権利の取得費用相当額の賠償が何を意味するかを検討した。権利の瑕疵なきものとして土地が引き渡され、買主がその上に建築をした場合などにおいて、土地の所有者から建物収去・土地明渡しを請求され、買主がそれに応じたときは、その損害は非常に大きなものになる。それ故に、売買代金よりも高額な費用を投じて所有者から取得することも稀ではない。しかし裁判例が取得費用相当額の賠償を――場合によっては帰責事由を要件とすることなく――認めるのは、そのような事情への政策的配慮にとどまらず、給付の等価性という原則にも根拠があるのではないかと考えられる。すなわち、契約締結とほぼ同時に代金全額が支払われた場合において、それから長期間経過して貨幣価値の変動が生じた後に買主による権利取得がなされたときには、権利取得のために投じられた費用の額が相当である限り、その賠償は給付間の等価的均衡を維持・回復するものであり、買主側に超過利得をもたらすものではない(21)。しかし、物価・地価の変動が生じた場合、取得費用の賠償は、買主を利得させないにしても売主の側に負担を生じさせうる。売主がこの負担を負うことを、いかにして正当化しうるか。

(2)　権利の瑕疵を知らなかったこと、または権利の移転を実現しえなかったことについて売主に帰責事由があれば、右の負担は正当化しうるとも考えられる。しかし検討した裁判例において、売主の帰責事由は、まず担保責任を根拠とする場合にいわゆる信頼利益の制限を破るために、次に買主悪意のため担保責任を根拠としえない場合に一般の債務不履行として責任を認めるために要求されるものであった。そしてその内容としても、売主がどれほどの注意や努力を払ったかという、売主の主観的態様よりは、主として当該事案において権利の取得・移転が可能であったか否かが重視されていた。

したがって責任の根拠づけにつき、通常、売主の帰責事由は、売主の主観的態様という形態では問題とされない。この点、於保博士が履行遅滞責任における帰責事由の立証について述べた事項に関連して「ことに、双務有償契約における等価値交換義務については、過失責任を問題とすべきではあるまい(22)」と指摘していることが想起される。履行不能については、民法四一五条の明文により、帰責事由が要件とされているが、他人の権利の売買において、権利を移転するための努力ではなく、権利の移転自体が義務の内容であること、そして三で見たように、一定の条件のもとでは取得費用相当額の賠償は給付の等価的均衡を維持・回復するものであることからすると、右相当額の賠償は売主の主観的態様に関わりなく認められるようにも思われる。

しかし裁判例によれば、売主の主観的態様という形態ではないにしても、帰責事由はなお問題となる。第一に、おそらく限定された範囲内であろうが、免責立証の余地が認められること、第二に、買主が事情を知っていたため担保責任を問いえず、一般の債務不履行を根拠とするときは、権利の移転が期待しうるものであったことを通じて売主の帰責事由が要件とされることである。他方、権利が第三者に帰属している事態を共通の認識とした上で、売主が権利の移転を引き受ける場合には、帰責事由ではなく一種の保証が根拠となる。とはいえ、右のような保証であれ、民法上の担保責任であれ、一般の債務不履行であれ、責任の第一次的な基礎は、売主の行為や主観的態様ではなく、権利の移転という結果の実現への拘束である。帰責事由等は、その上で、権利移転をなしえなかったことについてリスク配分をするための調整要素として機能している。

(3)　すなわち、検討した裁判例から見る限り、他人の権利の売買における売主の責任は、次のような手順で考えることができる。売主には目的たる権利の移転義務が課せられており、売主が権利を移転することができなかった場合、買主がその権利を取得することは契約目的の貫徹に向けられた行為である。そして、契約締結とほぼ同時に支払われた代金と対価関係をなすものは、目的たる完全な権利の移転であるから、買主が権利取得のために投じた費用相当額は、給付の等価的均衡の維持・回復に必要な費用である。このことは、たとえば売主が目的たる土地を売ることなくそのまま保持していたところ、真の所有者から返還（場合によっては建物の収去）請求を受けたときは、これを避けるために売主自ら費用を支出してはじめて保持を継続しうるものであることからも理解しうる。

右のような理解のもとに売主の責任根拠を検討する。まず担保責任は売買の等価的均衡の維持・回復を目的とする制度であるとするならば、その趣旨自体により、帰責事由を具体的に問題とすることなく取得費用相当額の賠償を根拠づけることができる。但し、売主による権利移転またはそのためのリスク負担を期待しえない場合には、売主からの免責立証を認める余地がありうるが、それは売主が注意を果たしたか否かという主観的態様に係るものではない。

次に、権利が売主に帰属していないことを買主が知っていた場合には、担保責任を問うことはできない。売主が権利移転をなしえない可能性をも考慮に入れて契約したと解すべきだからである。しかし売主による権利移転が客観的には可能であると評価すべき事情があるときには、買主が事情を知っていたことだけをもって売主の責任を否定する必要はない。この場合には通常の債務不履行として、売主の帰責事由が要件となるが、証拠に基づき、売主による権利移転が可能であったと評価されたときは、売主の側から帰責事由なきことを具体的に立証しない限り責任が肯定されることとなる。したがって争点は、まず売主による権利移転が期待しうるものであったか否かに置かれることとなる。

買主が事情を知り、しかも売主による権利移転が可能であったとは言いきれない場合においても、売主において特に権利の移転を引き受けることがありうる。これは一種の保証と捉えることが可能であるが、この場合、売主による権利移転が可能であることを契約の前提としてはいないのであるから、当然に買主による権利取得費用相当額を賠償すべきものとは言いきれない。手付けあるいは違約金の約定がある場合に、その額の限度で保証をしたものと解すべき場合があることになろう。

(4)　以上のように、売主の帰責事由を不可欠の要件とすることなく、権利移転義務と等価関係の維持・回復の原則によって取得費用相当額＝履行利益の賠償を根拠づけることができるとするならば、物に瑕疵ある場合の担保責任についても、同様に瑕疵なき状態の実現に向けた損害賠償を根拠づけることができないか。

(a)　前述のように、ある者が土地を売らずに保持していたところ真の所有者から返還請求を受けた場合、その土地を保持するためにはその者は自ら費用を支出せざるをえない。同様に、物に瑕疵があってそのままでは使用に支障がある場合、適切に使用するためには所有者は自ら費用を支出してその瑕疵を除去せざるをえない。したがって、瑕疵なき状態の実現が可能である限り、そのために投ずべき費用はその物を保持する者の負うべきリスクである。そして権利の瑕疵にせよ、物の瑕疵にせよ、瑕疵なきことを前提として定められた代金と等価関係に立つのは、瑕疵なき状態での目的物（権利）の移転であり、売主が右のリスクを除去して目的物（権利）を移転すること——引渡しの後に右のリスクが現実化したときには、賠償等の形でこれを負担すること——は、等価交換を実現すべき売主の給付義務の内容であって、売主の主観的態様如何にかかわるものではない。したがって、物の性質についても、「瑕疵なき物の給付義務」を観念することができる。[23]

(b)　潮見教授によれば、債務の内容は二重性を持ち、まず「債務者はこの給付結果を実現すべきである」という規範的拘束の外延が確定された上で、それを実現するために債務者に具体的に課される行為（具体的給付行為）の内容の確定が必要となる。[24] そしてさらに、債務ないし給付義務は、具体的給付行為の単なる集合ではなく、合理人の給付能力を超える部分も「担保する給付」としてこれを含みうる、したがって瑕疵担保責任が問題となる局面において「瑕疵なき特定物を引き渡すこと」が給付義務内容に取り込まれうるとされる。[25]

物の瑕疵が問題となる局面においては、瑕疵あるままで目的物を引き渡すことが、部分的ではあるが一定の意味を持ち、質的な不適合については一種の保証としての担保責任によって対処するという、いわば二本立ての構成も不合理ではないように見える。しかし権利の瑕疵の場合、権利を取得するために売主の行う努力は、買主の側からは部分的な意味さえ有するものとはいえず、権利の移転という結果の実現のみが債務の本質的要素である。そうであれば、売主が努力したにもかかわらず権利の移転をなしえなかった場合には、債務は全く履行されなかったのであって、履行不能と評価することになる。この場合、売主が誠実に努力したことをもって、売主に帰責事由なしということができるかが問題となりうるが、売主が権利移転をなしえなかった一方、買主が自らその権利を取得しえた場合には、果して売主に帰責事由なしといえるかどうか、疑問である。この場合、権利の担保責任においては、帰責事由の内容がより厳格であるという理解も不可能ではない。しかし、問題が給付の等価関係の維持・回復に関する限りは、(a)で見たように、少なくとも売主の主観的態様は問題にすべきではないであろう。

潮見教授は、「債務不履行責任においては、不法行為責任におけるのと異なり『過失責任原則』が妥当せず、『契約においていかなる利益の実現が合意されたか』が決定的である」と述べ、五六一条の担保責任が無過失責任であるということの意義に関連して、「かかる契約利益の実現保障が『結果保証』の形で認められるときには（……）、もはや過失責任の妥当性を破るための特別の理由づけをする必要はない」とする[26]。瑕疵担保責任の場合は、目的物の性質や当該契約の目的、当事者の属性等の多様性から、実現されるべき利益や「結果保証」の内容について、具体的な検討が必要となる。これに対して、権利の担保責任については、目的たる権利が移転されるか否かが問題であり、したがって実現されるべき利益（給付結果）の内容が、より単純かつ本質的である。潮見教授の示す給付結果中心の債務構造論は、権利の瑕疵の場合において、より典型的な例証を見ることができるのではないかと考える。

（１）来栖三郎『契約法』（一九七四年）五八頁、石田穣『民法Ｖ（契約法）』（一九八二年）一三四頁。

（２）事案は、Y_1・Y_2からＸが土地を購入してＡに転売、Ａがさらに Ｂに転売したところ、目的土地の一部が国有地であったため、Ｂが一五四万円余で右部分を買い受け、ＸがＢに対して、費用を含めて一五七万円余を支払った上で、Ｙに対して代金減額を請求したものであるが、判決はＡＢ間の関係について本文のように述べ、ＡＢ間におけると同様の理由により、ＸもＹらに対して代金減額請求をなしえないとしている。

（3）　判決は、大正年間から昭和にかけて、数百にも及ぶおびただしい数の分筆・合併が繰り返されているうちに、公図の作製過程での過誤により、公図上の空白地が生じたものと推測している。

（4）　梅謙次郎『民法要義巻之三債権編』（一九一二年）四九二頁は、「売主ハ自己ノ売ラントスル権利カ果シテ自己ニ属スルヤ否ヤヲ究メスシテ之ヲ売リタル過失アルカ故ニ損害賠償ノ責ニ任セサルコトヲ得ス」とするが、梅博士がこの場合に常に過失ありと考えていたかどうか断言できないことにつき、来栖・前掲五八頁参照。

（5）　一において、〔2〕判決が過失の存在を理由に、〔12〕判決が無過失責任であることを強調して、いずれも取得費用の賠償を認めたことは何を意味するかという疑問を提示した。〔2〕判決では、信頼利益限定説の限界を破るにあたって過失が要件とされ、〔12〕判決では、通常損害への限定のために無過失責任が強調されている。それぞれ、損害の構造論のうち別の部分を問題としているのであるが、ひとつには、右のような判断の根拠として過失ないし帰責事由を問題にすることが適切か、もうひとつには、両判決とも認めている取得費用相当額の賠償を実際に根拠づけるものは何かが、問題として表われる。本文は、この後者の問題を検討するために分析道具として立てた作業仮説である。

（6）　一審判決を見ることができなかったため明確ではないが、一審では手付金相当額である三八〇〇万円の賠償を認めたもののようである。また買主が土地の一部が他人の所有に属していることを知った時と、転売契約締結の時とが著しく近接しており（判時九八九号五八頁の「第一審原告の主張」参照）、当該部分を所有者から買い入れる必要があったか否かにも疑問が残る。

（7）　この例の場合、地価が物価以上に上昇しているため、現在の価額に直すと、面積が減少しているにもかかわらず、買主Ａは、より有利な資産価値を享受していることになる。しかし、等価的均衡はあくまでも契約当時を基準にして判断しなければならない。等価交換は、当事者が契約時に、目的物の価値を評価して行なった結果として実現したものであること、また交換の目的は、通常の場合、目的物の使用価値を取得することにあり、資産価値（それは処分しなければ実現しない）が高いことによって、目的物の一部分につき権利を得られない不利益が埋め合わされるものではないことがその理由である。

(8) もっとも、(3)で見たように、物価の変動がある場合には、契約当時の代金の比例的減額によって等価的均衡を維持することはかえって困難である。

(9) 末川博『契約法下（各論）』（一九七五年）四三頁。

(10) 我妻栄『債権各論中巻二』（一九五七年）二七一頁。

(11) 来栖・前掲五八頁。

(12) 賠償請求が斥けられる場合には、たとえば売主を差し置いて買主が自ら取得したために売主による権利移転が不能となったとき、買主が自ら取得することなく、目的不動産の時価相当額を請求したとき（損害の現実性の欠如）、買主が自ら取得する必要性が乏しいにもかかわらず直接の取得をしたり、不相当な高額で取得したとき、またその評価は難しいが、〔5〕判決の事件のように売買の性格に何らかの特殊性があるとき等、別の要素も関連していることがありうる。

(13) 『最高裁判所判例解説民事篇・昭和四一年度』三六八頁（安倍正三）。

(14) 星野英一『民事判例研究第二巻2債権』（一九七二年）四四七～四四八頁。なお起草過程につき、篠原弘志「他人の不動産を売買の目的とした売主の担保責任」『現代契約法大系第三巻』（一九八三年）二九五頁以下も参照。

(15) 来栖・前掲五九～六〇頁。

(16) 潮見佳男『契約各論Ⅰ』（二〇〇二年）一二一頁。

(17) 安倍・前掲三七〇～三七一頁。

(18) 北川善太郎「判批」民商法雑誌五六巻三号四九四頁（一九六七年）。

(19) 星野・前掲四四九頁。また星野教授は、〔7〕判決が、Yが免責のために、不履行が「不可抗力」によることを挙証しなければならないとすることに疑問を呈し、「責ニ帰スヘキ事由」によるのではないという意味で「不可抗力」の語を用いているのであろうと述べる。星野・前掲四五〇～四五一頁。

(20) 北川・前掲四九〇頁。

(21) すなわち、当事者間では目的物と約定代価との間に等価的均衡が設定されたとしても、等価的均衡をその範囲に限定しなければならないものではなく、三で見たように貨幣価値の変動等が生じたときには、代金の返還や減額によっては、かえって不均衡が生ずる場合がある。しかし代金が未だ支払われていない場合には、契約の解除・代金減額が等価的均衡の要請に沿ったものというべきかもしれない。

(22) 於保不二雄『債権総論〔新版〕』（一九七二年）九八頁。

(23) もっとも、物に瑕疵があるため給付義務の違反として履行利益の賠償が認められるとしても、具体的な賠償範囲の決定にあたっては、たとえば瑕疵の除去のために現実に費用が投じられたか否か、また投じられた費用が相当であったか否かが問題となりえ、さらに瑕疵の除去を超える損害（目的物の運用によって得べかりし利益や、買主の他の財産について生じた損害）については、さらに別の諸要素が検討されるべきである。

(24) 潮見佳男『債権総論』（一九九四年）八～九頁。なお潮見佳男『債権総論Ⅰ〔第二版〕』（二〇〇三年）一一八～一一九頁参照。

(25) 潮見『債権総論』一一二頁。なお潮見『債権総論Ⅰ〔第二版〕』三〇～三一頁参照。

(26) 潮見『契約各論Ⅰ』一一三頁。なお、不可抗力免責の余地は認めうるとする。

3　損害賠償と損害の表象

一　はじめに

(1)　損害の定義
――不法行為と債務不履行

民法四一六条は、債務不履行による損害の賠償範囲の決定方法を、債務不履行によって通常生ずべき損害、特別の事情によって生じた損害に分けて規定している。この規定によって行われるのは、債務不履行によって「発生した損害」を債務者に帰責する作業であり、債務者に帰責するのが適切か否かの判断のために、特別事情による損害につき「当事者」の予見可能性が問題とされている。しかし、債務者に帰責されるべきか否かを判断する前提として、いかなる「損害」が発生しているかがまず明らかにされなければならない。すなわち、同条によって賠償範囲を決定する作業とは区別して、その事件において損害をどのように捉えるかという前段階の作業が必要であり、そのためには損害の定義が問題となる。

損害の定義として、於保博士が「法益について被った不利益」とするのに対し[(1)]、奥田教授は「ある人が被った不利益」と規定している[(2)]。於保博士の定義における「法益」が、不法行為において侵害された権利や債務不履行によって得られなかった給付など、直接の保護対象を意味するのか、被害者・債権者のより広い利益をも意味するのかは必ずしも明らかでないが、いずれにせよ責任規範による保護の対象から見ているのに対し、奥田教授の定義は、責任原因によって賠償権利者（被害者・債権者）に生じた状況変化の側から見ているということができそうである[3]。

於保博士は、「債務不履行による損害賠償も不法行為による損害賠償もともに、実損害の塡補を目的としている。それならば、損害の塡補の限りにおいては、両者とも共通の法則に服すべきである」とする[4]のに対し、奥田教授は、「まず、債務不履行による損害賠償について述べ、不法行為に関連する一般的・総論的問題は後に述べる」として、両者をいったん区別する[5]。権利・利益の侵害に着目するか、賠償権利者の状況変化に着目するかという違いは、不法行為による損害の把握と債務不履行による損害の把握とを比較する場合に、特に明らかになる。すなわち、債務不履行については、債務不履行の事実がすなわち損害であると表現することはできないが、不法行為については、かつて権利侵害と損害との区別を否定する見解が主張された[6]ことにも示されるように、権利侵害（法益侵害）の事実がすなわち損害であるという表現も不可能ではない。不法行為は、行為者が被害者の支配領域に介入して、その権利・利益を侵害するものであり、被害者はもっぱら受身の立場にあるが故に、権利・利益の侵害からさらに不利益（損害）の拡大が生じた場合（拡大損害）、侵害された権利・利益に出発点を置き、そこからの因果関係を基礎として賠償範囲を決することは十分に合理的である（もっとも不法行為による後遺症など、被害者の生活に多様な影響が生ずる場合には、被害者の被った不利益の総体が問題となりうる）。

これに対して債務、とりわけ契約上の債務の不履行の場合には、債務者が給付の義務を負う一方、債権者は債務者の給付するものを積極的に自己の支配領域に組み込んで活用するのであるから、その一部分たる給付の欠如は、直ちに債権者の準備していた活動の全体に影響しうる。したがって、債務不履行による損害については、「法益」という把握よりも、債務不履行によって「債権者が被った不利益」と定義することが適切であると考える。しかし同時に、債務者が直接に責任を負うのは給付の実現であり、債権者の準備していた活動については関知するところではないのであるから、被害者の支配領域に介入する不法行為の場合とは異なり、その不利益な影響のすべてを債務者が当然に賠償するべきものか否かは問題でありうる。すなわち、債務者からの給付の受入れに伴う「リスクの配分」を考慮する余地が存しうるが、不法行為の場合には、同様の考慮は原則としては問題とならないであろう。

(2) 債務不履行による損害の把握

(1)で見たように、責任原因たる事実（侵害行為または給付の欠如・不適切）と、それが賠償権利者にとって有する意味に関して、不法行為と債務不履行とでは構造的な違いがある。したがって損害の把握についても、区別して論ずることが適切であると考える。以下、本稿では、債務不履行（並びに瑕疵担保責任）による損害の把握について検討する。

債務不履行の場合、債務者の給付を受け入れてこれを組み込んだ債権者の活動全体にとって、給付の欠如（ないし不適切）はその一部分に生じた不具合であるということができる。この場合において、債権者の被った不利益のうち、債務者によって賠償されるべきものを決するにあたり、一方で、これを欠如した（ないし本来の）給付の価値に限ることは適切ではない。給付の欠如（ないし不適切）によって、債権者の活動の全体に不利益が生じているからである（損害拡大の要素）。他方で、債権者の活動に生じた不利益の全部を、給付の欠如（ないし不適切）との因果関係があれば当然に賠償するべきものとすることも適切ではない。債務者は、不法行為とは異なって債権者の支配領域への介入故に責任を負うものではなく、また債権者の活動の全体については、第一次的には債権者自身が管理・調整するものであって、債務者が全面的に責任を負うものではないからである（損害縮小の要素）。

このように見ると、債務者による給付の欠如（または他の形態による債務不履行）と、債権者の活動全体に生じた不利益との間に因果関係があるとしても、債務者は当然にその全部について賠償責任を負うものではない。このことは、たとえば四一六条二項が、債権者の当該活動に関して、債務者の関知しない「特別の事情」がある場合には、債務者はその事情を予見しえた場合にのみ、その事情から生じた損害を賠償する責任を負うと定めていることにも表れているということができる。しかし、同条はあくまでも債務者への帰責に関する規定である。（1）の冒頭で述べたように、予見可能性の有無によって賠償の可否を判断する「帰責」の作業の前提として、その事情によっていかなる「損害」が発生したかが認識されていなければならない。この作業をどのように行うか。

（3）　本稿の課題
——損害の「現実性」

(1)　難波教授は、その論文において、「従来、損害賠償の範囲については相当因果関係説が支配的地位を保ってきた。しかし、近時、賠償範囲の問題は、端的に四一六条の問題とすればよいという認識が一般的になっていると思われる。そうすると四一六条だけで妥当な賠償範囲の決定をなしうるかが問題である。この点、従来の相当因果関係説は、曖昧であるがゆえに、様々の考慮を盛り込むことができたと思われる」と述べて、「相当因果関係の内部で判断されてきたと思われる、損害の確実性」を検討した。[7] すなわち、フランス法、イギリス法、アメリカ法において、「確実性」が要件ないし基準とされていることを示し、また日本の判例・学説を検討した上で、「すべての損害について確実性の要件を要求すべきだが、得べかりし利益、とりわけ営業利益に関しては、まさに確実性を問題にすべきである」と述べ、さらに「英米法において確実性ルールと予見可能性ルールがしばしば混同されているように、我が国でも確実性がしばしば相当因果関係に吸収されている。しかし、予見可能性による制限とは無関係に、損害の確実性が要求されなければならない。損害の確実性は、契約、不法行為を通じての要件であり、それが決して初めて、債務不履行の特別制限基準である予見可能性（四一六条）が問題となるのである」と指摘する。(8)

本稿は、この難波教授の問題提起を受け、債務不履行に関する具体的な事件において、損害がどの程度確かなものとして発生しているかを、予見可能性の検討や、責任原因を起点とする因果関係からいったん切り離し、独立に判断する必要性について検討する。難波教授は、特に「得べかりし利益」における「損害の確実性」を検討の対象としたが、本稿では対象を「得べかりし利益」に限らず、また、より一般的に「損害の現実性」という用語を用いる。その際、まず「当該事案において」、当事者が「現実に」どのような損害が発生していると観念するかという点に着目する。その上で、当事者がその事実において発生したものと観念する「損害」が、当事者の観念する通りに発生しているといえるか否かを分析・評価する。その際に、「(消極損害における）損害の確実性」、「(積極損害における）損害の不可避性」という基準による評価とともに、(9)当該事案の事実に照らし、事実の次元において「現実に」発生しているといえるか否かをも検討する。

(2)　このように、本稿で行う作業は、当事者が「損害」と観念した不利益に分析を加え、それが当該債務不履行による損害といえるかどうかを判断する過程を検討することである。そのため、損害について、本稿限りの用語として、「表象」、「概念」、「定義」を区別して論じることとする。本稿において「表象（イメージ）」は、観察者がある事柄をそのままに意識した内容であり、分析を加える前のものをいう。これに対して「概念」は、意識された事柄に分析を加えて、その本質を言語に表したものであるが、なおその具体的内容（形成過程、存在理由、他の事柄との関連などをも含む）との繋がりを保つものである。さらに「定義」は、同様に事柄の本質を言語化したものであるが、その具体的な内容を捨象し、本質的な内容の表現を純粋に取り出して、論理的操作の手段とするものである。「定義」を用い、論理的な操作（文言解釈）をするにあたって疑問が生じたときは、その「概念」に立ち戻り（体系的解釈、歴史的解釈等）、さらに「定義」の適正さを再検討することも必要となりうる（定義が数学のように完結した世界で用いられるのではなく、現実に存在する事物を分析するために用いられる場合には、その事物の性質や分析の目的に従って、その作業に相応しく定義を選び直すことが必要である。また本文に示したように、対象に適用して疑問が生じたときは、定義のし直しが必要になる場合も生じうる。この両方の意味において、定義は暫定性を有する）。

かくして、本稿の課題は、債務者に帰責するべき「損害」が、まずその「表象」において捉えられ、事実認定の次元および「確実性」「不可避性」等を考慮してされる分析・評価によって「現実性」あるものと捉えられる過程が、裁判例においてどのように表れているかを示すことにある。**二**においては、賠償されるべき損害の把握が、責任原因からの因果関係、あるいは給付されなかった利益から常に演繹されるわけではなく、損害の「現実性」の有無、すなわち賠償の対象としての評価に価するか否かが、これらの要素とは独立に判断される必要がある可能性を示す。次に**三**においては、瑕疵担保責任に関する裁判例、すなわち賠償されるべき損害の範囲を、債務不履行の帰責事由ないし過失から因果関係をもって導き出すことのできない場合に関する裁判例について、右の「現実性」の評価がどのように行われているか、その際に、損害の「表象」がどのような意味を持つかを観察し、**四**で考察を加えることとする。

二　損害の捉え方――事例による検討

（1）教室設例
――原野商法

債務不履行ではないが、取引的不法行為の場合として、設例をひとつ挙げる。

Aは B から、甲土地を買うように勧められた。Bが言うのには、甲土地は現在は原野であるが、ある筋によれば、最近、工業団地として開発が進められることになった。まだ内部情報なので、甲土地は値上がりしていないが、計画が正式に発表されれば一億円以上に値上がりすることは間違いない。五〇〇万円出してくれれば、自分が地権者と交渉して、今のうちに買い取ってあげよう、ということであった。そこでAはBに五〇〇万円を支払い、甲土地を取得したが、開発計画があるというのは虚偽であり、甲土地の価値はせいぜい一〇万円程度であった。

右の設例で、AはBに対し、第一に、Bの行為によってAは一億円の値上がり益を得ることができると期待したとして、一億円を基準とする損害を主張すること、第二に、存在しない開発計画の情報に惑わされて五〇〇万円を失ったとして、五〇〇万円を基準とする損害を主張することが考えられる。すなわち、損害としての表象（イメージ）が、一応は二種類考えられるのであるが、実際には、第一のものは賠償の対象としては否定される。その理由のひとつは、開発計画が実際には存在しないのであるから、それを根拠とする得べかりし利益は損害としての「現実性」がないということ、もうひとつは、Bの責任の原因との因果関係である。すなわち、Bの責任原因は虚偽の事実を示す行為によってAの判断を誤らせたことにあるところ、Bがそのような行為をしなければ、Aは五〇〇万円を失うことはなかったであろうということはできるが、一億円を得ることができたであろうということはできないからである。
したがって、この設例の場合には、損害の「現実性」の吟味のみならず、責任原因を明らかにし、その責任原因との因果関係によって賠償されるべき損害の内容を確定することもできる。しかし、債務不履行の場合には、責任原因である不履行との因果関係だけでは損害の内容が直ちには明らかにならないことがある。以下、（２）・（３）で検討する。

(2)「債務不履行がなければ、騰貴した価格の目的物を現に保有し得たはず」という定式について

(1)　債務不履行による損害賠償額の算定について、算定の「基準時」が問題とされる場合がある。これは、算定の結果は複数の可能性があるが、（１）の場合と異なり、因果関係の出発点である責任原因の表象は単一である場合である。

大連判大正一五・五・二二（民集五巻三八六頁）の「富喜丸事件」判決において、物の滅失毀損をもたらした不法行為の場合、現実の損害は物の滅失毀損した当時の価格によって定めるべきであるが、騰貴した価格を基準とする賠償の可否については、被害者がその騰貴した価格に相当する利益を確実に取得したと見るべき特別の事情があり、かつ不法行為時にその予見可能性があったことが必要であるとされて以来、履行不能による債務不履行の事例についても、右の定式を用いるのが判例であった。

最判昭和三七・一一・一六（民集一六巻一一号二二八〇頁）は、右の定式を基礎としつつ、不動産の価格が上昇した場合における算定の基準時につき、右の定式を修正する判断を示したものと捉えることができる。

事案は、ＸがＹに、自己所有の宅地を買戻し特約付で売却し、期間内に買戻しの意思表示をしたが、Ｙが当該宅

地をAに売却し、買戻しの債務が履行不能になったため、Xが損害賠償を請求したものである。原審では、Aへの売却時の価格（七七万余円）ではなく、それから一年半後の口頭弁論終結時の価格（一〇八万余円）での損害賠償を認めた。Yが上告したのに対し、最高裁は次のように述べて上告を棄却した。

「債務の目的物を債務者が不法に処分し債務が履行不能となったとき債権者の請求しうる損害賠償の額は、原則としてその処分当時の目的物の時価であるが、目的物の価格が騰貴しつつあるという特別の事情があり、かつ債務者が、債務を履行不能とした際その特別の事情を知っていたかまたは知りえた場合は、債権者は、その騰貴した現在の時価による損害賠償を請求しうる。けだし、債権者は、債務者の債務不履行がなかったならば、その騰貴した価格のある目的物を現に保有し得たはずであるから、債務者は、その債務不履行によって債権者につき生じた右価格による損害を賠償すべき義務あるものと解すべきであるからである。ただし、債権者が右価格まで騰貴しない前に右目的物を他に処分したであろうと予想された場合はこの限りでな」い、と。

また最判昭和四七・四・二〇（民集二六巻三号五二〇頁）は、賃借人Xが居住する建物及びその敷地を賃貸人Yから買ったものの、YがこれをAに二重に売却し、登記を移転したため、XがYに対して損害賠償を請求した事件である。最高裁は右昭和三七年判決を引用した上で、「この理は、本件のごとく、買主がその目的物を他に転売して利益を得るためではなくこれを自己の使用に供する目的でなした不動産の売買契約」の場合にも妥当する、「けだし、このような場合であっても、右不動産の買主は、右のような債務不履行がなければ、騰貴した価格のあるその不動産を現に保有しえたはずであるから、右履行不能の結果右買主の受ける損害額は、その不動産の騰貴した現在の価格を基準として算定するのが相当であるからである」と述べて、履行不能時の価格を基準とした原判決を破棄した。

(2)　奥田教授は、損害賠償の範囲の問題（損害項目によって把握する）と算定基準時の問題は交錯することを指摘し、次のような例を挙げる。すなわち、種類物の売買契約において「買主が売主との契約を解除した上、転売契約を履行するために同種の物を他から一三〇万円（時価）で填補購入し、契約代価（八〇万円）と填補購入費（一三〇万円）との差額五〇万円を損害として請求したとする。填補購入のために現実に支出した費用と解除によって免れた債務額八〇万円との差額を填補購入のための損害としてとらえれば、これは損害項目の問題」であるが、「視点を変えて、目的物を失った（取得しえなかった）ことによる損害を填補購入時を基準時とした目的物の価格（一三〇万円）によって算定したのだと考えれば、これは基準時問題そのものとなる」と。[10] そして、(1)で見た二判決について、基準時問題として捉えた場合、「目的物の喪失という損害を、保有利益の喪失ととらえているのではないか。そうすれば、基準時としては、現在時点が原則ということになるべきではなかろうか」と指摘する。[11]

損害賠償の目的は原状回復であり、受け取った賠償金によって代物を購入することができなければならないのであるから、基準時の問題としては、不能時よりも現在時点を基準とするのが適切であると考えられる。ただ、昭和三七年判決は、もともとXの所有していた不動産をYに不当に処分されたものであるから、不法行為の場合と同様、既存の利益を「喪失した」ものということができるが、昭和四七年判決は、Xが賃借人として居住していたものではあるが、所有していたものではなく、Yの処分によって所有権を「取得しえなかった」ものである。奥田教授は、基準時問題として考える限りでは、「目的物を失った（取得しえなかった）ことによる損害」として両者を同様に扱っているが、常にこれを同視してよいか。

(3)　再び教室設例となるが、次の場合はどのように考えるか。

Aは甲町に居住するため、Bから土地乙を三〇〇〇万円で購入する契約を締結した。ところがBは土地乙をCに売却し、移転登記をしたため、Aに対する履行は不能となった。そこでAは、甲町内にある同規模の土地丙をDから三五〇〇万円で購入し、建物を建てて居住している。他方、土地乙はその後、四〇〇〇万円に高騰した。

右の場合、前述の昭和三七年・四七年判決の定式に従い、履行がされればAが目的物たる土地乙を現に保有していたということができるため、土地乙の現在の額である四〇〇〇万円を基準とすることも考えられる。しかし甲町に居住するというAの目的は土地丙の購入によって充たされているため、その観点から見た現実の不利益は、土地丙を購入するために余分に必要となった五〇〇万円が基準となるのではないかと考える[12]。すなわち、おそらくこの設例では、Aが土地丙を購入するために当初の予定よりも多く支出した額が、Aの被った損害の表象として現実的なものと捉えられるであろう。それでは、Aが結局甲町に居住することをあきらめ、代わりとなる土地を購入しなかった場合はどうか。損害認定の手がかりをどこに求めるか、難しいが、少なくとも土地乙の「保有利益」の喪失として、直ちに四〇〇〇万円を基準とすることにはならないであろう。

すなわち、奥田教授の指摘する通り、賠償範囲の問題と算定基準時問題とは交錯しうる。しかしそれは、履行不能の場合に目的物の時価を損害項目と捉え、その目的物の時価を定める基準時をいつにするかという手順をとった場合である。したがって、手順としてまず賠償範囲、すなわち損害項目をどのように捉えるかという問題を、事案に即して考える必要があり、実際に支払われた填補購入額を損害項目と捉えた場合には、時価を算定する基準時を定めるという問題は、第一次的には生じない。すなわち、その填補購入が適切でなかった場合に、適切に填補購入をすることができた時点とその時点での時価というように、検証段階において機能しうるにとどまる。そうすると、賠償範囲の問題と算定基準時問題とは常に必ず交錯するとは限らないことになる[13]。

したがって、損害項目を決するにあたっては、賠償権利者側の事情をかなり具体的に考慮する必要があるのではないか。またその作業は、賠償義務者側の責任原因の要素とは別に行われる必要があるのではないか。（3）において、具体的な裁判例を素材として検討する。

（3）「完全履行請求」に代わる賠償と債権者による目的物の処分

(1)　最判昭和五八・一・二〇（判時一〇七六号五六頁）は次のような事件である。すなわち、造船業者Xが、曳船業者Yに対してYが本件船舶の造船代金の一部の支払いのために振り出した約束手形金七五〇万円の支払いを請求した。これに対し、Xの設計・施工の不備により著しい騒音・振動が生ずる瑕疵が本船に存したため、Yが損害賠償請求権を主張して右手形金債務と対当額で相殺するとともに、右相殺後の損害賠償残金等二六五三万円余を反訴により請求した。

原審（大阪高判昭和五三・一〇・二六判時九二〇号一三三頁）は、振動解消のためには本船船体を横切断して後部船体を新造のものと取り替える方法が最も容易かつ確実であるが、そのためには二四四〇万円の費用と約七〇日間の工期を要すること、本船はその瑕疵のために作業効率が低下したものの、Yは他の船舶と同様に稼働させ、同程度の収益をあげてきたこと、その後Yは本船を六〇〇〇万円（本船の建造費用は、請負代金三八〇〇万円と主発動機購入代金四二五〇万円の計八〇五〇万円）で他に売り渡したが、その際、瑕疵ゆえに代金が引き下げられることはなかったことを認定した上で、改造工事による利益はそれに伴う不利益と比較して著しく下回るものと予想されるのみならず、「Yは、本船をすでに他に売渡しておりもはや自らの負担で改造工事をなすことは考えられず、したがってY主張の右改造工事に要する費用やその工期中の滞船料は、Yに現実に生じた不利益ではなく、いわば幻の出費および収入減というべく、なお右売渡における売買代金も右瑕疵の故に格別に低廉になったともいえないから、これらを考え合わせると右工事費や滞船料をもって右瑕疵の修補に代る損害とみなすことは到底困難である」とした。

その上で原審は、Yが本件瑕疵によって不便を蒙ってきたことからすれば「その運航、稼働による収益が、Yの努力もあって結果的には他船と比較して劣ることがなく、またその処分価額が右瑕疵の故に低廉となったとはいえないからといって、本件瑕疵の修補に代る損害を否定すべきではなく、むしろ右のような不利益を財産的に評価してその損害性を肯定するのを相当と解すべきである」と述べて、本件請負代金の約一割、建造費用総額の約〇・五割である四〇〇万円と評価するのが相当であるとして、これを損害額と認めた。

Xの上告に対して最高裁は、「本件曳船の原判示瑕疵は比較的軽微であるのに対して、右瑕疵の修補には著しく過分の費用を要するものということができるから、民法六三四条一項但書の法意に照らし、Yは本件曳船の右瑕疵の修補に代えて所論改造工事費及び滞船料に相当する金員を損害賠償として請求することはできない」として、上告を棄却した。

(2)　最高裁の説示によれば、仮に本件においてYが実際に改造工事をしたとしても、民法六三四条一項但書の法意に照らしてその費用につき賠償を求めることはできない。しかし実際に改造工事をしなかった場合にも、一応改造工事費相当額が損害と認められた上で、同条項の法意により、賠償が否定されるのか、それともそもそのような損害は発生していないと考えるのか。

論理的には、第一に、改造工事費相当額を損害と認めることが考えられる。すなわち、請負契約においては請負人が瑕疵のない完全なものを製作することが可能であり、かつその義務を負うのであるから、賠償の内容は本来の完全な状態を実現するために必要な費用であるとする考え方である。

これに対して、第二に、瑕疵ある状態での船舶の価格と瑕疵なき状態での船舶の価格との差額とすることが考えられる。これは、特定物売買における瑕疵担保責任において、いわゆる「履行利益」の賠償を否定する立場から主張される見解である。

右の二つの考え方を本件の事実にあてはめてみる。請負人の義務が瑕疵なき仕事の製作にある以上、理論的には第一の考え方は十分な理由がある。実際にも、修補をするのが一般的であり、かつ相当であれば、まだ現実に修補をしていないことの一事をもって、その賠償を否定することはできないであろう。しかし本件の場合、Yは既に本件船舶を他に売却し、もはやこれを自ら修補する可能性はない。改造工事費相当額の賠償を受けたとしても、それによって瑕疵なき状態を実現することはできないのであるから、適用対象である具体的事実に即して見る限り、これを損害として観念することはできない。

それでは、第二の考え方はどうか。抽象的には、瑕疵ある状態と瑕疵なき状態での目的物の価格の差を観念することは可能であるが、本件では他に売却した際に、瑕疵の故に価格が低下したとは認められなかった。したがって、具体的事実に即して見る限り、これも損害として観念することはできない。

(3)　原判決が、本件の認定事実に即して損害として観念したのは、本件船舶を使用する際に、瑕疵の故にYが支障・不便を蒙っていたという事実である。その金銭評価には困難な面があり、原審は請負代金の約一割という概括的な形で認めたものであるが、それでもこれが、本件の事実から現実的なものとして見出すことのできた損害である。

債務不履行あるいは瑕疵の存在を出発点として、いかなる損害が賠償されるべきかを考えるにあたり、論理的には複数の考え方が可能である。しかし、本件事実への適用の場面では、第一の考え方により、瑕疵なき状態を実現するための修補費用相当額が観念できることを理由に、他への売却の事実を無視して直ちに右相当額の損害が認められるという帰結を導くことはできない。また第二の考え方により、価格差を損害として観念した上で、証拠上価格差が認められないことを理由に、直ちに損害なしという帰結を導くこともできない。当該具体的事実によって損害の表象を見出し、これを損害と捉えた上で、次に、その損害を債務者に帰責させるか否かを判断するという手順をとるにあたり、どのように損害を表象するかということ自体、当該具体的事実の観察・分析を必要とする場合がある。本件の原判決は、右のような作業の構造（分析概念と表象の往復）を示すものではないかと考える。

(4) 小括

（3）で見た船舶の瑕疵の事件において、二審判決は、Yの被った損害について金銭評価をするにあたり、目的物の交換価値を基準とすることはできず、目的物の使用に際してYが被った不利益を損害と把握した。すなわち、「差額」という把握よりもさらに基本的な「ある人が被った不利益」という定義に立ち戻って損害の把握がなされ、その不利益を目的物の「使用価値の減少」に見出したものと考える。仮に、売却において、瑕疵の存在の故に価格が低く評価されたとすれば、その事実、すなわち「交換価値の減少」が損害と評価された可能性もある。

このことは、「ある人が被った不利益」という定義のもとに、現実にどのような不利益を被ったかという点に関する判断の出発点として、当該事実の観察に基づいて表象を得、それを法的に評価するという作業が実際に行われるのであり、したがって、どのような損害項目を立てるかの判断は、具体的な事実に依存しているのではないかという推測を生じさせる。（1）の原野商法の事例では一億円の利益を得る期待が、また（3）の船舶の瑕疵の事例では船体を切断して行う改造費用が、それぞれ当事者の表象となることはありうるにしても、評価の結果、その事実的基礎が存しないが故に、「現実性」のないものとして賠償が否定されることになろう。

このような理解に対して、判断の前提としては一般的に明確な基準が必要であり、事案ごとの具体的な事実に依存することは望ましくないという見方もありうる。確かに、損害項目の判断につき、（2）で見たような目的物の騰貴の事件では、填補購入をしたか否か等による事案の類型化を通じて、とるべき損害項目の原則を立てることが可能であるとも考えられる。しかし、類型的に捉えられた事案ではなく、まさに当該事案において賠償権利者が被った不利益を捉えようとするときは、その原則の適用にとどまらず、さらに具体的な事実に依存する面があるのではないかと考える。そうすると、当該事案における損害＝不利益の表象は、分析の出発点として重要な意味を持つのではないか。

このような問題意識に基づき、三では、瑕疵担保責任の損害賠償に関する裁判例を検討する。瑕疵担保責任は過失を要件とするものではないが故に、賠償されるべき損害の範囲を過失からの因果関係によって導き出すことはできず、直接に損害を把握して、その賠償の可否を判断する必要があるからである。

三　瑕疵担保責任としての損害賠償——裁判例の検討

（1）　はじめに

売主は、過失があるか否かにかかわりなく、目的物に隠れた瑕疵があれば瑕疵担保責任を負う。したがって、売主の過失を起点とする定式、すなわち売主にある不注意があったがゆえに、その不注意と因果関係に立つ損害が賠償されるべきであるというような定式によることは困難である。また、一の（1）で述べたように、買主は給付された目的物を自己の活動に組み込むものであるから、目的物の組み込みの態様やその程度により、これに瑕疵があった場合に、当該買主に生ずる不利益の内容も変わってくるものと考えられる。

そこで三においては、瑕疵担保責任の損害賠償について判断した下級審の裁判例において、どのような場合にどのような損害の賠償が認められ、あるいは拒絶されているかを観察した上で、損害賠償の内容を定める際に考慮されていると考えられる要素の析出を試みる。なお分析の対象として、網羅的ではないが、次の裁判例を参照した。

〔1〕東京高判昭和二三・七・一九高裁民集一巻二号一〇六頁
〔2〕大阪高判昭和三五・八・九高裁民集一三巻五号五一三頁
〔3〕大阪高判昭和三九・五・二八下級民集一五巻五号一二一四頁
〔4〕東京地判昭和三九・一〇・一九下級民集一五巻一〇号二四九四頁
〔5〕札幌高判昭和三九・一一・二八高裁民集一七巻七号五三七頁
〔6〕名古屋高判昭和四〇・九・三〇高裁民集一八巻六号四五七頁
〔7〕福岡地裁久留米支判昭和四五・三・一六判時六一二号七六頁
〔8〕東京地判昭和四五・一二・二六判時六二七号四九頁
〔9〕東京地判昭和四七・一一・三〇判タ二八六号二六七頁
〔10〕東京地判昭和四八・九・二五判時七四〇号七五頁
〔11〕広島地判昭和五〇・七・一八判タ三三二号三一九頁
〔12〕横浜地判昭和五〇・一二・二三判タ三三六号二九四頁
〔13〕札幌地判昭和五三・一一・一五判タ三九八号一四三頁

〔14〕神戸地裁明石支判昭和五四・一〇・二九判時九六一号一〇七頁
〔15〕東京地判昭和五七・一・二一判時一〇六一号五五頁
〔16〕東京地判昭和五八・二・一四判時一〇九一号一〇六頁
〔17〕東京地判昭和五九・九・一二判タ五四四号一六七頁
〔18〕横浜地判昭和六〇・二・二七判タ五五四号二三八頁
〔19〕神戸地判昭和六一・九・三判時一二三八号一一八頁
〔20〕東京高判昭和六二・六・三〇判時一二四〇号六六頁
〔21〕千葉地判昭和六二・七・一七判時一二六八号一二六頁
〔22〕横浜地判平成元・九・七判時一三五二号一二六頁
〔23〕大阪地判平成三・六・二八判時一四〇〇号九五頁
〔24〕千葉地裁松戸支判平成六・八・二五判時一五四三号一四九頁
〔25〕東京地判平成七・八・二九判時一五六〇号一〇七頁
〔26〕東京地判平成九・七・七判時一六〇五号七一頁
〔27〕神戸地判平成九・九・八判時一六五二号一一四頁
〔28〕東京地判平成一〇・一一・二六判時一六八二号六〇頁
〔29〕神戸地判平成一一・七・三〇判時一七一五号六四頁
〔30〕大阪高判平成一一・九・三〇判時一七二四号六〇頁
〔31〕東京地裁八王子支判平成一二・五・八判時一七二八号三六頁

〔32〕京都地判平成一二・一〇・一六判時一七五五号一一八頁
〔33〕仙台高判平成一二・一〇・二五判時一七六四号八二頁
〔34〕東京地判平成一三・六・二七判時一七七九号四四頁
〔35〕東京地判平成一五・四・一〇判時一八七〇号五七頁
〔36〕東京地判平成一五・五・一六判時一八四九号五九頁
〔37〕東京地判平成一六・四・二三判時一八六六号六五頁
〔38〕東京地判平成一六・一〇・二八判時一八九七号二二頁
〔39〕名古屋地判平成一七・八・二六判時一九二八号九八頁
〔40〕東京地判平成一八・一・二〇判時一九五七号六七頁
〔41〕大阪高判平成一八・一二・一九判時一九七一号一三〇頁
〔42〕東京地判平成一九・七・二三判時一九九五号九一頁
〔43〕東京高判平成二〇・五・二九判時二〇三三号一五頁
〔44〕東京地判平成二〇・七・八判時二〇二五号五四頁

(2) 瑕疵の存在による代金減額が問題とされた事例

(1)〔1〕では、「無期限」の地上権として売買された地上権が、実際には期限の定めなき地上権であり、買主が約三年半しか土地を使用できなかった場合において、買主が、当該地上権が永代地上権であれば、その価格は現在二万二七二二円であったとして同額の賠償を求めたのに対し、原審は、本件地上権の売買契約時の価格を残り三年半の地上権として五九〇〇円と評価、代金一万一二五〇円との差額五三五〇円の賠償を認め、東京高裁は次のように述べて原審の判断を支持した。すなわち「この場合の売主の担保責任は、売主の債務不履行その他の義務違反又は特別の担保契約によるものではなく、売買は元来目的物に関する原始的一部不能によって全部若しくは少くとも一部の無効を来たし、売主にはなんら責任がない筈であるが、買主が目的物について瑕疵がないものとしての対価的出捐をしている関係上、衡平の観念に基いて買主を保護するために、法律が特に認めた無過失責任であるから「目的物に瑕疵が存しなかったら買主が得たであらう利益」を標準として賠償範囲を定めることはできない、と（この理由づけを、以下「一部無効定式」と呼ぶ）。

〔6〕は売買目的物である山林が保安林であったため、一般の山林よりも価値が低く、瑕疵ありとされた事例である。判決は「一部無効定式」を用いて、賠償は「いわゆる信頼利益」に限られるとした上で、売買契約時の代金額との差額が問題になるが、この事案では客観的取引価格を超えて支払われてはいないとして賠償請求を否定した。〔8〕は売買目的物である土地の一部が道路指定を受けていた場合につき、「一部無効定式」に触れることなく「民法第五七〇条にもとづき売主が賠償すべき損害は、買主が売買の目的物に瑕疵がないことを信頼したために生じたいわゆる信頼利益の損害であって、かつ同法第四一六条の類推により相当な因果関係を有するものに限られると解すべきところ、売買契約を解除しない場合に通常生ずる損害は買主が支払うべき代金額から売買契約当時における売買の目的物の客観的取引価格を控除した残額であるが、その余の信頼利益についても、売主が損害の発生を予見することが可能であった場合には同条二項を類推し、売主の賠償義務が認められる」と述べ、代金減額分の賠償を認めるとともに、道路指定のないことを前提として支出した建築確認申請の費用について賠償が認められた。〔16〕も、売買目的物である土地内の私道部分に道路指定があって建築ができない事例で、「一部無効定式」には触

れず、「民法五七〇条、五六六条による売主の担保責任は、債務不履行による責任とは異り、売主の過失・無過失を問わず、買主の信頼を保護するための制度であるから、本件私道部分が道路指定により建物を建築できないことを知っていたならば買主において被ることがなかったであろう損害すなわち信頼利益の賠償に限る」として、更地としての売買代金から私道としての価格を差し引いた額の賠償を認めた。〔30〕は、分譲住宅の敷地が接道義務に反していることによる取引価格の減少につき、市場価格把握のための経験的資料が十分ではないが、隣接地の所有者との覚書が存在し、建築確認が得られる可能性がないとはいえないこと、建物の立替えや本件土地建物の売却が緊急の問題として具体化しているわけではないとして、代金の一七パーセントを損害として認めた。

なお〔12〕は、売主が建築確認のおりない土地であることを知りながら、現状のままで建築確認がおりることを保障すると告げて山林を売買した事案であり、詐欺による不法行為を理由に賠償を認めたものである。買主はすでに転売契約を結んでいたが、建築確認がおりなかったために転売契約は解除された。裁判所は「売主が瑕疵ある物件であると知りながら瑕疵がないと相手方に虚偽の事実を告げてその旨誤信させ売買契約を締結した場合の損害賠償額は、目的物に瑕疵があることを知っていたならば買主が蒙らなかったであろう損害即ち信頼利益の賠償であって、目的物に瑕疵が存しなかったら買主が得たであろう利益即ち履行利益の賠償ではない」と述べて、転売利益は履行利益にあたるためその賠償は認められないとし、代金と建築確認のおりない本件土地の価格との差額の賠償のみを認めた。

(2)　また、目的物に心理的な瑕疵がある場合にも代金の減額が問題となるが、その場合には、瑕疵による減価額が、鑑定などを参考にして、金額または率によって直接に評価される。〔25〕は宅地の売買において、近隣に暴力団事務所があった事例であり、減価分として代金の二〇パーセント相当額の賠償を認めた。また〔26〕はマンションの売買において、同じマンションの他の専有部分を暴力団員が区分所有していた事例で、三五〇〇万円の代金に対し、減価分を三五〇万円としてその賠償を認めた。〔37〕は中古建物の売買で、代金は二九八〇万円であったが、かつて小火災にあった事実があり、現在は修理済みであるものの、客観的交換価値が低下したものとして、六〇万円の賠償を認めた。〔41〕は、売買目的物である土地においてかつて殺人事件があり、その事実が近くの住民の記憶に残っている場合に、一切の事情を考慮して、代金の五パーセントに相当する額の賠償を認めた。〔43〕は、売買目的物である宅地上に建物を建てることが、隣人の強迫的言辞によって事実上制限されるという場合に、土地の減価率を一五パーセントと認めて、それにあたる額の賠償を認めた。

(3)　契約が解除された事例 ——無益となった出費の賠償

契約が解除された場合、その効果として代金返還がされることとなるが、そのほかに損害が生じているときには、その賠償が問題となる。

〔2〕は、妊娠中とされた乳牛が不妊症にかかっていた事例である。この判決も〔1〕と同様、「一部無効定式」を示し、「債務不履行に因る損害賠償責任はもとより契約の有効であることを前提とするものであるから、履行利益の賠償を内容とするものであるに反し、売主のかし担保責任は契約の一部無効若しくは失効を前提とするものであるから、信頼利益の賠償を内容とするとの結論に到達するのが順当であって、後者に対し、契約の有効なことを前提とする履行利益の賠償をも含めて考えることは矛盾と謂わなければならない」と述べ、さらに売主に過失がある場合に履行利益の賠償責任を認めるとする有力説に対しては「いわゆる履行利益と信頼利益とが、その前提たる

契約の効力の有無の点において、互に本質的な相違点を持つこととの抵触を避け得ない」としてこれを拒絶する。その上で、代金返還の請求は認めたが、搾乳によって得べかりし利益の賠償請求は斥けた。また〔5〕は立木の売買において、三分の一が腐食木であった事例である。「一部無効定式」を示した上で、損害賠償の範囲は「瑕疵のないものについて売買契約が完全に成立したと信頼したことによる損害」に限られると述べ、転売先に支払った損害賠償額はこれにあたるとしてその賠償を認めたが、転売により得べかりし利益の賠償請求は斥けた。以上の二件では、明確に「一部無効定式」が示されている。

〔20〕は、売買目的物である土地に接する私道が建築基準法上の道路位置指定を受けていなかったために、地上に建築した建物に建築確認を受けられる見込みがないという事例である。裁判所は契約の解除を認めた上で、売買代金の返還に加え、「瑕疵がないと信じたことによって被った損害の賠償（信頼利益の賠償）」として、建物の建築費、登記費用、不動産取得税として支払った額の賠償を認めたが、土地の値上がりによる利益は「履行利益の賠償に当る」として賠償請求を認めなかった。〔27〕は、売買目的物である新築建物の排水設備に不備があり、契約が解除された事例である。瑕疵担保責任に基づく損害賠償の範囲は「買主が売買契約を有効なものと誤信したことにより被った損害」すなわち「信頼利益」の範囲に限られるとした上、売買代金の資金として買主が銀行から借り入れたことにより支払った利息はこれにあたるとして賠償を認めたが、弁護士費用の賠償は否定した。〔27〕は〔20〕と異なり、「信頼利益」の意義を示すにあたって「契約の有効」という表現を用いているが、「一部無効定式」を示しているものではない。

〔11〕は売買目的の土地につき、擁壁の欠陥により建築が困難なため契約が解除された事例であるが、裁判所は、代金返還のほかに所有権移転登記手続費用の賠償を認めた。〔31〕は、高層ビル用地として買った土地が道路

敷地であり、目的を達しえないために契約を解除した事例であるが、売買代金額のほかに、売買時に存在していた地上建物の借家人に対する立退料や建物解体費用、仲介手数料や登記費用など、無駄になった費用の賠償を認めた。〔34〕は、土地付建売住宅において地盤沈下が生じ、瑕疵担保責任として契約が解除されるとともに、登記手続費用等の諸費用の賠償が認められたが、慰藉料・弁護士費用については、瑕疵担保責任の損害賠償は信頼利益に限られるとして認めなかった。

これに対して〔35〕は、新築マンションの一階部分に浸水被害があり、瑕疵担保責任により解除が認められるとともに、建築主である売主が瑕疵を知りながら告げなかった説明義務違反があったものとして、購入に伴って買主が支出した費用、修補に伴う費用等とともに、慰藉料および弁護士費用の賠償を認めた。また〔22〕は、過去に自殺事件があったマンションの売買につき、契約の解除を認めたものであるが、裁判所は、手付金返還とともに、「瑕疵担保責任においては、通常は、信頼利益の賠償で足りるといわれている」としつつ、売主が瑕疵を知りながら買主に告げていないことを指摘して代金額の二〇パーセントにあたる違約金の支払いを命じた。この二件においては、瑕疵担保責任と併存する売主の義務違反が問題とされている。

なお、〔10〕は賃貸借の事例である。飲食店営業のために建物を賃借したところ、所在地が文教地区のため営業ができないことが判明した。判決は、民法五七〇条・五六六条によるときは「少なくとも契約費用については賃貸人側の故意過失にかかわらず（無過失責任）損害賠償を求めることができる」が、原告が求めているのは、許可がおりるものとして大々的に投じた開店準備費用であり、契約費用のような通常の出費をはるかに超える。このような損害の賠償は、被告において、許可が得られること間違いないと保証した場合や、許可が得られないことを知りながら原告に告げなかった場合に限られるとして原告の請求を棄却した。

また〔38〕は、契約が解除された事案ではないが、無駄になった費用の賠償が認められている。分譲目的で買った土地に、隣人と共有共用の配水管・浄化槽が埋設されていたため、分譲が遅れた事例である。買主は売主に対し、①当初の分譲予定額と後に実際に分譲した額との差額（分譲代金の下落分）、②いったん契約した転売先との契約を合意解除して支払った違約金、③土地の上に存在していた建物（取壊し予定であったが、売買契約を解除すれば売主に返還する必要があった）にかけた火災保険料相当額等の賠償を請求したところ、裁判所は「一部無効定式」を示して、②③は信頼利益であるとして賠償を認めたが、①は履行利益であるとしてその賠償を認めなかった。

（4）「得べかりし利益」の賠償が問題とされた事例

右に見た裁判例では、瑕疵担保責任による損害賠償の範囲は信頼利益に限られるとして、転売により「得べかりし利益」や土地の値上がりによる利益については賠償が否定されていたが、目的物に瑕疵がある場合に「得べかりし利益」の賠償を認めた裁判例も存在する。

〔3〕は、売買目的物であるプラスチック加工機械に、製作上の瑕疵による故障が生じた事案である。この売買では売主が修補義務を負う特約があった。故障が発生したのは昭和三三年三月中旬であり、買主が他の業者に依頼して修理をしたのは昭和三四年二月である。その間の「得べかりし利益」の喪失について、裁判所は、売主側に修補約束の履行を期待しえなくなった後、買主が損害避抑義務を尽くさなかった分については売主に賠償を請求することができないとして、昭和三三年五月二〇日までの分についてのみ、「得べかりし利益」について賠償請求権があるとした。

〔7〕は売買目的物である養鶏飼料に有毒物質が混入していた事案である。裁判所は、売主の過失を否定した上

で、瑕疵担保責任により、当該飼料を使用する前の出荷量との比較によって算出した卵の減産額の賠償を認めた。〔9〕は飲食店営業のために賃借したビル地下室の下に浄化槽があったため、小蝿・悪臭の発生によって収益が減少した事案である。裁判所は、開店後間もない四月・五月の売上げと比較して、小蝿・悪臭の発生によって売上げが減少した六月から契約解除の前月である九月までについて収益減を認め、その賠償を認めた。

これに対して〔13〕は、アパートの売買において、賃料収入が月額一二万円であることを前提として価格を決めたが、実際の収入は月八万円にとどまった事案である。買主は賃料収入の差額四万円×一二ヶ月×二四年分の総計を賠償として求めたが、裁判所は賃料収入が月額一二万円とした場合のアパートの売買価格と、八万円とした場合の売買価格との差額の賠償を認めた。また〔17〕は売買目的物である製造機械の稼働能力が低い場合において、瑕疵担保責任による損害賠償は「買主が目的物に不完全な点があることを知ったならば被ることがなかったであろう損害（いわゆる信頼利益）の賠償の限度で認められる」と述べた上で、使用に耐えなかった部分については代金総額中の当該箇所に相当する額、生産効率低下部分については稼働率低下に相当する額、不具合のため取り替えた部分については補修のために出捐した額の賠償を認めた。

（5）　瑕疵の除去・補修費用の賠償が問題とされた事例

「得べかりし利益」がいわゆる履行利益であることは疑いがないが、瑕疵を除去したり、目的物を修補したりすることは、瑕疵がなければあるべき状態を実現するものであるから、そのための費用は履行利益に属すると評価することができる。裁判例においては、瑕疵担保責任を理由に、これらの費用の賠償を認めるものが多い。

⑴　まず、売買目的物の中に利用を阻害する物が含まれているために、これを除去する費用が必要とされた事例

である。以下の裁判例においては、埋設物の存在等が目的物の瑕疵にあたるか否かが争われているが、これを認めたときには、賠償を認めるにあたり、瑕疵担保責任の性質論や賠償範囲論については特に論じられていない。〔15〕は、ビル建設のために売買された土地に埋蔵文化財が存在していたことを隠れた瑕疵と評価し、その発掘調査費用の賠償を認めた。また〔29〕は、中古住宅の屋根裏に多数の蝙蝠が棲息していた事例で、蝙蝠の駆除や建物の補修費用の賠償を認めた（また、被告の対応等を理由に、弁護士費用の一部の賠償をも認めた）。〔28〕はマンション用地として売買された土地中に埋設基礎等の障害物が存在していた事例で、その撤去費用を、〔36〕は売買目的物である土地中にコンクリート殻等の埋設物が存在していた事例で、瑕疵担保責任および売主の説明義務違反による債務不履行責任を理由として、埋設物の除去、地盤改良工事、その他それに伴う費用の賠償を認めた。また〔39〕は、建物建築用地として売買された土地に陶器の破片・屑が埋められていた事例で、その除去費用（除去済み分と残りの除去に必要な分とを含む）の賠償を認め、〔42〕は売買目的物である土地に建築資材等の廃棄物が埋設されていた事例で、除去費用の賠償を認めた。〔44〕は、売買目的物である土地について、有害物質による土壌汚染等があった事例で、土壌・廃棄物等についての調査・対策費用（除去費用等）の賠償を認め、また相当額の弁護士費用の賠償も認めた。

(2)　次に、宅地や建物の補修や復旧のための工事費用並びにそれに伴う諸費用の賠償が問題とされた事例である。〔23〕〔24〕〔33〕以外の裁判例は、「信頼利益」「履行利益」という用語について触れていない。〔4〕は傾斜地にある宅地の売買で、宅地を支えるコンクリート壁が崩壊して建物が損傷した事例である。裁判所は、後片づけ、土止め工事、原状回復に必要な費用の賠償を認めた。〔14〕も宅地の擁壁の瑕疵により崩壊の恐れがあるため、買主が支出した改修工事費用の賠償を認めた。〔21〕は、売買目的物である土地が、条例により崖部分に擁壁を設置しなければ建物を建てることができないものであった場合に、擁壁設置費用の賠償を認めた。〔32〕は、造成土地および地上建物の瑕疵によって地盤が沈下、建物が傾く等の障害が生じた事例で、裁判所は地盤の補強、建物の補修等の工事費用、工事期間中の一時移転費用等の賠償を認めた。(14) また〔40〕は、売買目的物である建物に白アリの侵食があった事案で、補修費用、補修期間中の代替住居の賃借料および引越し費用、並びに弁護士費用の一割の賠償を認めた。

なお〔19〕は、建売住宅の売買で、地盤・基礎工事の欠陥に起因する不等沈下により建物に被害が生じた事例である。裁判所は、中古住宅の場合とは異なり、宅建業者が一般消費者に新築住宅を売却する場合には、瑕疵なき建物を給付するべき義務があるとして、債務不履行を理由に、全面的な立替費用や慰藉料の賠償を命じた。

右のように、原状回復費用や修補費用、さらにそれに伴う諸費用の賠償を認める裁判例が多いのであるが、いくつかの事例では、判決理由中で瑕疵担保責任の賠償範囲の問題に触れている。〔18〕は建売住宅が地盤沈下によって傾斜した事例で、売主については瑕疵担保責任により、造成業者については調査・工事に際しての過失による不法行為を理由として、建物の補修・復旧工事費用等の賠償を認めたが、瑕疵担保責任につき「一部無効定式」を示しつつ「賠償すべき損害の範囲は、本件各土地・建物の売買契約の目的に照らしてこれを判断するのを相当とするところ、原告らによる本件各土地・建物購入の目的が少くとも居住用であったことは明らかであるから」右の損害はこれに含まれると述べた。

〔23〕は、中古建物の売買において、建物の構造上、各所に欠陥があった事例である。これを建築した業者については、不法行為を理由として、補修工事費用、調査鑑定費用、慰謝料等の賠償を認めたが、買主に対して「現状有姿のまま」売った売主については、瑕疵担保責任に基づく損害賠償は「買主が瑕疵がないと信じたことによって

被った損害の賠償（いわゆる信頼利益の賠償）を内容とするものである」が、修補費用等は「瑕疵のない履行がなされたなら買主が得たであろう利益（いわゆる履行利益）についてのものであ」り、瑕疵担保責任を根拠としては賠償を認めることができないとした。

〔24〕は、中古建物およびその敷地の売買で、土地の不等沈下によって建物が傾斜した事例である。裁判所は、〔23〕とは反対に、瑕疵修補費用相当額は「信頼利益」にあたるとし、買主が、対沈下補修工事費、建物補修工事費、消費税として九九〇万円余の損害を被ったことを認めつつ、「公平の見地から、当該物件の売買代金の価格を超えることは許されず、右価格を、最高限度額とすべきである」として、建物の代金に相当する六五〇万円の限度でのみ賠償を認めた。その際、後述するように、信頼利益賠償説と修補費用の賠償との関係について、掘り下げた考察を行っている。

〔33〕は、昭和四四〜四六年に分譲された宅地に、昭和五三年の宮城県沖地震で亀裂、地盤沈下が発生した事例で、これを宅地の瑕疵によるものとして、瑕疵担保責任に基づき損害賠償を認めた。その際、瑕疵担保責任は「売買の目的物に一部原始的不能と評価される劣性部分がある場合に、契約の有償性に鑑みて公平ないし買主保護のために売主の過失の有無を問わずに認められた一種の無過失責任であるから、損害の範囲は、買主が目的物の瑕疵を知っていたなら被らなかったであろう損害、すなわち、信頼利益に限ると解すべき」ものとし（「一部無効」という構成はしていない）、原告が、瑕疵が顕在化したことにより近隣の同程度の土地よりも平均一割程度価格が減少したとして請求した価格減少分については、「本来、買主が瑕疵のない宅地の給付を受けたことを前提にしてこれを他に転売した場合を想定して、瑕疵ある宅地の転売価格との差額を損害として評価するものであることに帰着し、すなわち、履行利益に相当する」として賠償を否定、[15] 他方で、各住宅の修補費用および経済的残存耐用年数短縮によ

る経済的損失については、「買主が宅地の瑕疵を知っていたら、宅地を購入して一般的な工法により居宅を建築するという行動は避けて、他の行動を選択して修理費用等の支出は免れることのできた損害と評価し得るから、信頼利益の範囲に入る」と述べて、その七割につき、瑕疵と相当因果関係ある損害として賠償を認めた。

(3)　〔23〕は修補費用を「履行利益」とし、〔24〕〔33〕は「信頼利益」としている。〔23〕が、修補により「瑕疵のない履行がなされたなら買主が得たであろう利益」を実現することになるのであるから、修補費用は履行利益に属するとするのに対し、〔33〕は、瑕疵を知っていれば修理が必要となるような取引・行動はしなかったであろうというように、「瑕疵を知らなかったこと」との因果関係によって信頼利益であることの根拠づけをしているが、〔24〕は、より基本的に、信頼利益賠償説の矛盾について考察を行っている。すなわち、建物修補費用は履行利益であるため、瑕疵担保責任における賠償の対象たりえないという売主の主張に対して、次のように述べている。「なるほど、瑕疵担保責任の賠償の範囲は、信頼利益に限られるといってよい。しかしながら、本件損害が、信頼利益に該当しないというのは、疑問である。

すなわち、一般的に、信頼利益は、『当該瑕疵がないと信じたことによって被った損害』、或は『当該瑕疵を知ったならば被ることがなかった損害』と、履行利益は、『当該瑕疵がなかったとしたら得られたであろう利益』と定義される。

右の区別は、抽象的には、一見明白である。そして、具体的な適用に当たっても、買主が、契約の目的を達しないとして、当該契約を解除した場合には、信頼利益の範囲を、買主が、当該契約締結のために費やした費用（調査費用、登記費用、公正証書の手数料、印紙代）、受入れ態勢を準備したことによる費用（建築設計費、材料購入費）、請負人等に支払った違約金、瑕疵担保責任を訴求した費用等の損害に限定し、いわゆる転売利益等の得べかりし利益を排除するものであるとして、右の区別は、比較的明瞭である。

しかしながら、本件のように、契約を解除しないまま、買主が、いわば瑕疵の修補に代わる損害の賠償を求めるような場合に、右修補費用相当の損害が、信頼利益又は履行利益の、どちらに該当するかを判断することは、一転して、著しく困難になり、果たして、その区別の意味があるのか否かさえ疑問になる程である。けだし、瑕疵修補費用は、『当該瑕疵がなかったとしたら得られたであろう利益』に該当するだけでなく、まさに、『当該瑕疵を知ったならば被ることがなかった損害』にも該当すると思われるからである（……）。

もし、瑕疵修補費用相当額は、信頼利益に該当しないというのであれば、右のような場合における信頼利益とは、一体、どのようなものをいうのであろうか?想定することが困難である。そうだとすれば、結局、瑕疵担保責任の賠償の範囲は、信頼利益に限られるといっても、それは、転売利益等の得べかりし利益を排除すれば足りるのであって、瑕疵修補費用相当額の賠償責任まで、これを履行利益だとして全面的に否定する必要はないものというべきである。」

(6) 小括

(1)　以上、下級審裁判例を概観すると、瑕疵担保責任としての損害賠償については、次のような判断がされているということができる（なお、ここでは、各裁判例の結論を前提とした上で検討することとする）。

第一に、具体的な算定の仕方は事案の特徴によるが、代金減額に相当する損害賠償が認められていること、そして〔12〕に見られるように、詐欺による不法行為と認められる場合も同様の判断がされていることである。これは、損害の発生については、賠償義務者の非難可能性（故意・過失あるいは帰責事由）とは別の問題であること（二

〔1〕の原野商法の教室設例で見たように、買主が現実に被っている不利益は何かという問題であること）を意味するものと考える。

第二に、契約が解除されない場合の代金減額相当の損害賠償、解除された場合の代金返還を超えて、典型的な信頼利益である無駄になった出費（（5）(3)で見た〔24〕の述べるところを参照）の賠償が、相当とされる範囲で認められていることである（たとえば〔8〕は四一六条二項の類推により、予見可能な限度で認めうるとする）。もっとも、〔10〕では、契約費用を超える開店準備費用等については当然に認められるものではないとしているが、その説明において「飲食店営業の許可を取り付けるのは、本件賃借物件を使用して営業を始めるべき原告にほかならず、その間にあって賃貸人たる被告に協力を求めなければならない事項は何もないはずであ」り、「万一許可が得られないときはそれが無駄になることを賃借人たる原告自ら覚悟してかかるべきであ」ると述べている。

契約に基づく給付の場合、それぞれ独立した活動をする当事者が、相手方の給付を自己の活動に組み込んで利用するのであるから、一定のリスクは自ら負うべきであり、また〔3〕が示すように、給付の実現に不具合が生じた場合に「損害避抑義務」等を通じて、自ら一種の「危機管理」をすることが必要となる。しかし、瑕疵の存在により、買主等に無駄な出費が生じた場合、ここで見た裁判例が行っているように、売主の過失の有無にかかわらず、一定の範囲で賠償されるべきであるとされるのはなぜか。給付目的物の「等価性」の維持という理由づけからは、代金減額または代金返還を根拠づけうるとしても、それを超える賠償は、当然には根拠づけられない。そこには、売主が給付を行うことによって買主に影響を与えるものであることから、自己の給付に直接由来する限りで、買主に生じた不利益な変化に責任をもつという、一種の保証をするべきことが、瑕疵担保責任の規定によって課せられていると考えられるのではないか。

第三に、多くの裁判例は「得べかりし利益」は「履行利益」にあたるとして、その賠償を否定しているのであるが、〔7〕〔9〕のように、その賠償を認めたものもあることである。〔7〕〔9〕の事例では、瑕疵の影響のない状態での営業実績を基礎として、有毒飼料による卵の減産や悪臭等による収益の低下という（瑕疵なき状態で現に存していた状態に比べての）財産の減少をもって、現実の損害が明らかに発生したものと認めたのではないかと考える。もっとも、〔13〕の賃貸アパート、〔17〕の製造機械は、いずれも収益を目的とするものであるから、同様に「得べかりし利益」によって損害を算定することもできるように思われる。ただ、「得べかりし利益」は基本的に将来において得るべき利益であることから、不確定な要素を免れないところ、〔7〕〔9〕の事例では、過去の比較的短い期間に関するものであり、相対的ではあるが、現実に生じたものと評価しうること、〔13〕〔17〕の事例では、収益や費用を勘案して目的物の価格評価に反映させ、「等価性の回復」の形式で算定することも可能であったが、〔7〕〔9〕の事例ではそのような方法によることは困難であり、収益の減少が最も明確な損害表象であったことから、「得べかりし利益」を直接に賠償額の算定に用いたものであると考える。重要なことは、「得べかりし利益」という性質を持つが故に直ちに賠償が否定されるのではなく、瑕疵ある給付の影響として確実なものであるときには、瑕疵担保責任としての賠償の対象となりうるということであり、それは第二点について述べたのと同様、自己の給付に直接由来する限りで、買主に生じた不利益な変化に責任をもつという、売主に課せられている一種の保証責任を意味するのではないかと考える。

第四に、「履行利益」賠償が否定される場合、それは何を意味するか。〔24〕が「転売利益等の得べかりし利益を排除すれば足りる」と述べているように、転売利益の賠償請求を否定するもの（〔5〕〔12〕〔38〕）、値上がりによる利益を否定するもの（〔20〕）があるが、さらに〔33〕は、瑕疵が発覚した現在の段階において、瑕疵がなかったと仮定した目的物の価格と、瑕疵がある現状での価格との差額を、「買主が瑕疵のない宅地の給付を受けたことを前提にしてこれを他に転売した場合を想定して、瑕疵ある宅地の転売価格との差額を損害として評価するもの」であることから「履行利益に相当する」と述べる。一般に、瑕疵なき物として支払った「代金額」と、瑕疵があるために低下した評価額との差額（(2)参照）は信頼利益とされるが、時間の経過によって目的物が値上がりした場合には、値上がりによる利益の一部であることを理由に「履行利益」と評価する余地が生ずるものと考えられる。

第五に、瑕疵ある目的物の修補費用およびそれに伴う諸費用の賠償が認められていることである。〔33〕は、目的物の値上がりを前提とした市場価格による損害額算定を「履行利益」にあたるとして否定し、賠償するべき損害を、住宅の修補費用および経済的残存耐用年数短縮による経済的損失として把握する。これを「信頼利益」というべきか否かについては疑問があるが、この事例においては、後者の方が、買主が現実に被っている不利益をより的確に把握しうると評価されたものと考える。このような評価は、〔18〕が、建物の補修・復旧工事費用等の賠償を認めるにあたり、買主がこれを「居住用」に購入したという事情を指摘していることにも表れているということができる。このことから見るならば、第四で見た転売利益・値上がりによる利益の否定は、いくつかの裁判例が示すように、一面では瑕疵担保責任が無過失責任とされることに基づくものと考えられるが、他面では、(具体的な転売契約がない場合のように)買主が目的物の換価ではなく、利用を目的としていることによる例もあると考えられる。そのことは、第三点で見たように、損害を「得べかりし利益」の減少に見出すことが適切である場合には、「得べかりし利益」の賠償が全く否定されるものではないこととも関連する。

第六に、瑕疵担保責任による損害賠償が「信頼利益」に限られるという命題が、基準としては有効に機能していないことである。〔23〕は修補費用を「履行利益」としてその賠償を否定し、〔24〕〔33〕は「信頼利益」としてその賠償を肯定した。〔24〕が示す定義によれば、修補費用は、当該瑕疵を知ったならば目的物をその価格では買わなかったであろうから（買わないか、または修補に必要な額を差し引いて買ったであろうから）信頼利益にあたるということもできる一方、修補によって「当該瑕疵がなかったとしたら得られたであろう利益」（目的物の完全な状態）を実現することができるのであるから、修補費用は履行利益にあたるということも可能である。しかし〔23〕は、実際に、修補費用を履行利益と捉えたためにその賠償を否定したのか、むしろ、建物を建築した業者（不法行為を理由に損害賠償責任を負う）から当該建物を個人が購入し、四年程度居住した後に宅建業者に売却、この宅建業者から原告が「現状有姿のまま」購入したという、事案の特質によるものではないかという疑問もぬぐえない。多くの事例で修補費用の賠償が認められていること（第五点参照）、また事案によっては「得べかりし利益」の賠償を認めるものもあること（第三点参照）から見ると、「信頼利益」「履行利益」の概念が曖昧であるために基準として機能していないという以上に、瑕疵担保責任による損害賠償は信頼利益に限られるという命題自体が機能していないというべきである。

(2)　翻って考えるならば、瑕疵担保責任による損害賠償は信頼利益に限られるという命題は何を根拠としているか。〔2〕は、「一部無効定式」を示した上で、賠償範囲を信頼利益に限るとしつつ「売主に過失のあるときは、更に一歩を進めて、履行利益の賠償責任を負うものと解するのが、信義則より見て相当でないかとの疑問」に対し、それによるならば「いわゆる履行利益と信頼利益とが、その前提たる契約の効力の有無の点において、互に本質的な相違点を持つこととの抵触を避け得ない」として、あくまでも履行利益の賠償を否定する。しかし、「一部無効定式」は、早い時期に〔1〕〔2〕〔5〕〔6〕において用いられたが、その後は用いられることが稀になり、これが用いられた〔38〕では、履行利益賠償を否定する理由づけとして言及されているが、〔18〕では、「一部無効」としつつも、賠償範囲について売買契約の目的（居住目的）を考慮して、建物の補修・復旧費用の賠償を認めている。契約目的の実現に向けた賠償が認められるということは、瑕疵なき物の給付義務という構成をするか否かは別として、契約の合意内容が解決の基準として機能することを意味するものであり、「無効」という前提とは相容れない。そうすると、「一部無効定式」は既に形骸化し、信頼利益に限られるとする命題は、裁判例に見る限り、理論的な根拠をも既に失っているというべきである。

実際、「一部無効定式」の適否については、早くから、学説においても議論がされていた。目的物に瑕疵が存在することは給付の質的な一部不能であるとし、その結果、契約の一部が無効となるという考え方の矛盾については、北川教授が次のように指摘している。すなわち「類型I〔法定説・特定物のドグマ肯定・原始的一部不能説〕で、給付義務はもちろん、法律行為の内容も性質に及ばず特定の物自体にしか及んでいないことになると、契約は完全に有効なのであり、原始的一部不能による契約の一部無効という局面は生ずる余地がない（……）。また、契約締結時に瑕疵があれば、瑕疵なきことは初めから不能であるという意味とすると、本来的に、原始的不能＝契約の無効という技術的意味をもつ原始的不能論に、かかる意味を与えることは合理的でない。それ故、原始的一部不能を固守する限り、理論構成上、少くとも瑕疵担保の対象となる性質は法律行為の内容になっているとの立場をとることになろう。類型II〔法定説・特定物のドグマ肯定・原始的一部不能否定〕は、かかる問題を内在していない」と。(16)

これに対して法定責任説をとる柚木博士は、自分は「原始的一部不能→契約の一部無効→かし担保責任」ではなく、「かしあるがままの給付の履行性→当事者間の利益の不均衡→かし担保責任」という構成をとるとして、次のように述べる。すなわち「特定物売買においては、たとえ目的物にかしがあっても、かしあるがままの給付によって売主の債務は履行されたこととなるが、その結果として買主の不知により生ずる売主・買主間の利益の不均衡は売買の有償性とマッチしないから、その補正のために法定された責任がかし担保責任なのである。原始的一部不能を問題としたのは、かしなきことは原始的に不能であるから、かしなき物の給付義務を生ぜず、したがって売主に債務不履行なきことを説かんとしたにとどまる。」信頼利益とは「無効な契約を有効であると信じたために被った損害」だといわれるが、自分は「契約無効と信頼利益との直結による誤解を避けるために、契約の無効・有効の表現を避けて、ことさらに信頼利益をもって『買主がかしを知ったならば被むることがなかったであろう損害』、履行利益をもって『目的物にかしが存しなかったならば買主が得たであろう利益』と定義してきた。内容的にはその間に差異は存しないのであるけれども、少なくともかし担保責任の領域においてはかような表現の方が誤解を避けつつしかも両者の区別をより具体化・明確化せしめるものと考えたからであった」と。[17]

この柚木博士の見解に対し、北川教授は、「瑕疵のないことは原始的に不能であるから、瑕疵なき物の給付義務はなく、債務不履行も問題とならない」という主張につき「これはもはやテクニカルな意味での原始的不能ではなく、特定物の給付義務の一つの根拠として援用される論理的な不能にすぎない（特定物ではその性質にかかわりなく、その物しか給付しえないから、給付義務もそれにつきるという見解[18]）」と指摘する。そうすると柚木博士の見解は、原始的一部不能を否定する「類型Ⅱ」に接近することになるが、北川教授は、「類型Ⅱは、瑕疵担保を不存在の不履行責任に事実上代置して給付間の法的不均衡を調整する手段とみる以上、信頼利益との結合は法政策の問題となる（そのまま、政策上、履行利益を与える説はないが）」と述べる。[19]このように、柚木博士の主張する法定責任説（すなわち契約責任に対する法定責任ではなく、債務不履行責任に対する法定責任[20]）をとる場合には、瑕疵担保責任は必然的に信頼利益賠償と結びつくものではないということができる。

(3)　さらに、柚木博士の見解における「信頼利益」「履行利益」の定義が問題である。本稿で参照した裁判例の多くにおいては、この柚木博士の示す「信頼利益」「履行利益」の定義が用いられている。すなわち、〔2〕〔5〕〔6〕〔27〕では、信頼利益の定義を契約の効力または成否に関連づけているが、〔8〕〔12〕〔16〕〔17〕〔20〕〔23〕〔24〕〔33〕〔38〕は、「瑕疵があることを知っていたならば被らなかった損害」「瑕疵がないと信頼したことによって被った損害」というように、事実の不知にのみ関連づけている。特に〔38〕は、瑕疵担保責任を「売買契約がその給付不能の範囲において無効であることを前提とする法定の無過失責任」としつつ、信頼利益を「買主が目的物に不完全な点があることを知ったならば被ることがなかったであろう損害」というように、契約の効力と結びつけることなく定義している。

しかし、契約の有効・無効という両立不可能な前提と結びつけない柚木博士の定義によれば、(5)(3)で見た通り、修補費用は、瑕疵を知っていれば修理費の支出を避けることができた、また瑕疵がなければ修理費用を出す必要がなかったというように、「信頼利益」「履行利益」のいずれにも当てはまりうる。したがって、柚木博士の定義は、博士の意図に反して、「両者の区別をより具体化・明確化せしめる」ことはできず、むしろ瑕疵担保責任においては両者の区別の意味がないことを明らかにする結果になったものと考える。そうであれば、端的に、前述の柚木博士の見解においては、「売主・買主間の利益の不均衡」の是正、「売買の有償性」の回復が本質的な意味をもつものと考えられる。

この点、難波教授は、修補費用は「瑕疵があるために価値が減少し、等価交換が崩れてしまっており、それを回復するために……価値減少分の代金減額相当の賠償が認められるのであるが、逆に代金額に見合うように価値を増加させるための賠償ともみることができそうである」[21]と述べる。この指摘を敷衍するならば、瑕疵ある物に合わせて代金減額をすることと、目的物を代金にふさわしい状態にするべく修補をすることとは、売買の有償性ないし等価性の回復という同一の目的に向けられた二つの方法であり、したがって修補費用を「履行利益」と性格づけるとしても、「履行利益」のうち等価性の回復を超えたもの、たとえば転売利益や値上がり益と区別することが可能となる。すなわち、あらかじめ「信頼利益」「履行利益」という枠組を用意し、修補費用がどちらに当てはまるかではなく、修補費用という「表象」を通じて捉えた損害について、その賠償がどのような意味を持つかを検討することが必要かつ適切であると考える。また〔24〕が述べるように、契約が解除されず、修補費用が支出された場合に、損害の最も明確な「表象」として修補費用が存するにもかかわらず、それが「信頼利益」という枠組を先行させることによって排除されるならば不当であるという判断をするのであれば、そのことから修補費用は「信頼利益」にあたるという位置づけを導くのではなく、瑕疵担保責任においては「信頼利益」のみが賠償されるという前提の当否を問題とするべきである。

四　むすびに代えて

1　債務不履行による損害賠償を考えるにあたり、本稿の課題は、当該債務不履行（瑕疵ある物の給付を含む）による不利益が、債権者にどのように表れ、賠償の対象として認識されるかという問題を、損害賠償における債務者への帰責の作業、すなわち責任原因を起点とする因果関係や予見可能性の検討から切り離し、その前段階の作業として検討することにあった。

まず、不動産所有権移転義務の履行不能に関する最高裁判決を素材として考察した。検討した最高裁判決においては、富喜丸事件の定式を基礎として、目的物の時価を賠償の基準とし、その算定基準時を現在時点とするべきものとされたが、判決理由に示された定式を、（特定物であるから、厳密な意味での填補購入は考えられないが、居住という債権者の活動から機能的に見て）代わりの物を購入した場合に当てはめることができるか否かには疑問が生ずる。そうすると、損害項目を目的物の時価とし、これを基準として判断する方法は、合理的な面を有するものの、債権者の具体的な行動という、かなり偶然的な事情によって適用範囲が限られる可能性がある。したがって、賠償の対象となる損害を定める定式を、責任根拠たる規範だけから演繹することはできないのではないかと考えられる。

次に、造船請負における不完全履行の事例を素材として考察した。責任根拠規範は完全な目的物の完成であるから、第一に瑕疵を除去する修補費用を損害と観念することができ、第二に、目的物の売却において瑕疵ゆえにその価格が低減した分を損害と観念することもできる。また第三に、現実には修補をせず、また売却価格の低減が見られない場合には、利用に際して被った不便を財産的損害として観念することも考えられる。このような場合に、具体的にどのような事実に損害を見出すかを定めるためには、やはり債権者の活動を具体的に見る必要があり、直ちに責任根拠たる規範から演繹することはできないものと考える。

そして、売主等の故意過失を要件としない瑕疵担保責任の場合には、そもそも賠償の範囲を債務者の過失から因果関係をもって定めることはできない。下級審裁判例を検討したところ、目的物が何であるか、また瑕疵による不利益がどのように表れたか等によって、それぞれ特徴のある判断がされている。他方、表面的に用いられている「瑕疵担保責任による損害賠償は『信頼利益』に限られる」という命題は、実際には機能しておらず、現在では、むしろ具体的な判断をするためには障害となっているものと考えられる。しかし同時に、転売利益や値上がり益が賠償の対象とならないという点が裁判例の共通の理解となっているものと思われ、「履行利益」が賠償されると一般的にいってすますこともできない。したがって、瑕疵担保責任という責任根拠規範から、賠償されるべき損害を導き出すことはできず、目的物や瑕疵の内容に即して具体的に、少なくとも類型的に検討することが必要である。

2　以上の検討から、賠償根拠規範から賠償されるべき損害内容を演繹し、あるいは初めに一般的な定式を立ててそれを具体的な事実に適用するのではなく、当該事案で、具体的に何が損害として問題となっているか（問題とすべきか）を確定し、その上で、当該契約の趣旨や担保責任の趣旨などに照らして、その損害の賠償の可否を判断することが必要であると考える。したがって、損害を確定する作業においては、何を損害として把握するかという損害の表象、それを支え、また検証する事実認定の役割が大きい。そうすると、損害の定義あるいは概念の役割、またこれまでの損害論の成果についてはどう考えるべきか。

第一に、損害の定義としては、一（1）で見た奥田教授の示す「ある人が被った不利益」を用いるべきであると考える。前に述べたように、契約の場合には、給付が適切にされなければそれを使って行う債権者の活動全体に影響し、また人身傷害の場合には、後遺症等が被害者の生活全体に影響することから、「ある人」に生じたという要素が重要である。そして、その説明として、損害は「損害原因がなければあったはずの利益状態と、損害原因が生じた現在の利益状態との差」と捉えられる。問題は、賠償によって埋められるべき状態であるから、賠償額算定作業の前提として、これを「差」として把握することが必要であり、給付の欠如または不適切、あるいは加害による「ある人」への影響の総体を把握するためには、「利益状態」の差として説明することが適切である。

従来、損害の把握における「差額説」は、賠償額の金銭評価に直結して理解された。すなわち、一方では総財産額の差として、他方では「個別積み上げ方式」すなわち個々の損害項目を金銭評価したものの総計として説明された。これらは、金銭賠償原則や、実費賠償主義との関係による説明であるが、前者は総財産額の比較が実際上不可能であること、後者は被害の全体を把握するためには不十分である恐れがあることが問題である。これに対して、直接に金額の差によって把握するのではなく、「利益状態の差」として把握することは、前述した不利益の総体を把握するという目的とともに、不利益の「質」を把握するためにも有効である。人身侵害の場合には、逸失利益を基礎として、不利益を交換価値的に把握するのではなく、それがもたらす生活の変化等、使用価値的に把握することが必要であり、債務不履行の場合は、その給付目的を使用することについて被った不利益か、それを用いて収益活動をすることについて被った不利益か、さらにその不利益の発生態様はどうかにより、算定の手掛かりとなる損害項目の立て方も変わってくる。このように、不利益の「質」を把握するためには、実際に生じた具体的な損害の表象を観察・分析することが必要となる。

第二に、この損害表象の観察・分析は、まず、実際に生じた不利益の内容を把握し、それを金銭評価するための手掛かりを得ることを目的とする。さらに、裁判例等において、その不利益を（賠償の対象となる）損害として認めるにあたり、どのような基準が実際に機能しているかを明らかにするためにも必要である。

まず、当該事案の分析により、問題になる表象が、当該事案においてどのような事実と関連しているかを明らかにし、それが損害として把握されるに至る要素を析出する。次に、類例との関連の中での分析により、右のように析出した要素のうち、どれが特殊的・偶然的なものであり、どれが一般的・必然的なものであるかを検討する。それによって、賠償されるべき損害を把握するために実際に機能している基準を、その根拠を明らかにして把握するならば、データとされた多くの経験＝表象から、ある種類の損害について概念を得ることができる。

第三に、右のようにして、損害表象のデータから新たに概念を析出するだけでなく、これまでに抽出され、用いられてきた概念や定式を、動きの中で検証すること、すなわち再びデータをくぐらせることによって、それが有効性を発揮する領域を明らかにすることが必要である。これまで、損害論において蓄積されてきた議論は、具体的な問題を契機としながらも原則や体系に関係づけられ、原則や体系に回収されることによって、そこで用いられる概念は、実際以上に一般的なものとして論じられてきたのではないかという疑問をもつ。1で見たように、賠償の対象となるべき損害や、それを定める定式を、責任根拠たる規範だけから演繹することは困難であり、当該事案における債権者の行動等を考慮しながら、不利益＝損害の表れ方を具体的に見ることが不可欠である。これを、個々の事案に特殊なものの集積としてだけ済ませるのではなく、そこから実際に機能している概念を明らかにするために、現在の段階では、損害の表象を考察の中心に置いてする作業（第二点参照）を加えることが必要であると考える。

3　このように、具体的な事案に即して、不利益の表れ方＝損害の表象を出発点として分析を進める場合には、「債務不履行によってある人が被った不利益」という、最も抽象的な損害の定義が重要な役割を果たす。すなわち、現実に生じた不利益の事実を、右の定義を介して法律上の「損害」として把握する。それによって「当該債務不履行によって当該債権者が被った不利益」が、具体的な内容を持ち、概念として把握された「損害」となる。この「損害」を、たとえば通常損害・特別損害、相当因果関係等の「分析概念」を介してより明確にし、さらに算定単位としての「損害項目」へと分析を進める。

筆者は旧著において、「損害は、たとえば不法行為について論ずる場合、最大公約数的には『不法行為によってある人が被った不利益』というように表現されるが、これだけでは概念として役に立たない[22]」と述べ、しかしこの「狭義の損害概念」は、（人身損害の捉え方をめぐる論争のように）「用いられている損害の種類・損害項目や、それによる賠償の評価方法について、疑問が生じた場合」に論ずる意味があると述べた[23]。しかしこれは、「概念」を名詞としてのみ捉え、対象を「概念的に把握する」という動詞の側面を捉えていない議論であった。すなわち、右に述べたように、「ある人が被った不利益」という最も抽象的な損害の定義は（内容を想定することによって概念となるのであるが）、具体的な事案に即して損害の表象を「損害」として把握し、分析の対象の位置に据えるために重要な役割を果たすのであり、したがって「分析概念として役に立たない」としても、基本概念としては日常的に、すなわち損害概念についての学説上の論争とは別の次元で機能しているというべきである。損害概念のこの機能は、把握の対象である損害の表象を得てはじめて現実化するものであり、従来の分析的な損害概念を機能させる前提として、当該事案における損害表象を確かめる作業は重要であると考える(24)。

（1）於保不二雄『債権総論〔新版〕』（一九七二年）一三五頁。
（2）奥田昌道『債権総論〔増補版〕』（一九九二年）一七一頁。
（3）もっとも於保博士は、本文の定義に続いて「これは、もし加害原因がなかったとしたならばあるべき利益状態と、加害がなされた現在の利益状態との差である。債務の不履行による損害は、債務の本旨にしたがった履行がなされたならば債権者がうくべかりし利益と不履行によって債権者がうけている利益との差額である」と規定し、債権者の状況変化の把握をも重視している（於保・前掲一三五頁）。
（4）於保・前掲一三五頁。
（5）奥田・前掲一七一頁。
（6）髙橋眞『損害概念論序説』（二〇〇五年）一八二頁参照。
（7）難波譲治「債務不履行における損害の確実性」國學院法學三〇巻四号二四九～二五〇頁（一九九三年）。

(8) 難波・前掲二七五頁。
(9) 前田達明『口述債権総論〔第三版〕』(一九九三年) 一九八頁。
(10) 奥田・前掲一八四頁。
(11) 奥田・前掲一九五頁。
(12) 最判昭和三六・一二・八民集一五巻一一号二七〇六頁は、履行遅滞の後に契約が解除されず、遅れて履行がされた場合には、損害の算定にあたって遅れてされた給付を無視するべきではないとして、履行期の市価と契約価格との差額ではなく、履行期と引渡時の市価の差を損害額とするべきものとした。この考え方に照らすと、本文の場合には、代物購入の事実を無視するべきではないという帰結に至りうるのではないか。
(13) 難波・前掲二七六頁は、転売利益についてであるが、「基準時が問題になるのは、通常、物やサービスを価格に置き替える場合である。転売や営業利益の損失といった場合は、原則として問題とならない。ところが、従来基準時を巡る議論において、それが混同されていた。転売利益と物の価格の変動は、直接には関係ない。時価が低くても高く売れることもあろうし、その逆もまたしかりである。このように、従来基準時の問題とされてきたものの中には、転売利益の確実性と位置付けるべきものが含まれるということができる」と指摘する。
(14) 売主、宅地造成者、建築請負業者に対する訴訟であり、それぞれの地位に即して、不法行為、債務不履行による責任も認められているが、複数の被告は、それぞれ複数の原告のうち誰かとの関係で売主としての地位を有するため、瑕疵担保責任を被告ら全員の責任とした上で、本文記載の損害の賠償を認めている。
(15) 近隣の同程度の土地は一平方メートルあたり八万円とされているが、原告らが本件宅地を買い受けた代金は、一平方メートルあたり四九〇〇円〜六九〇〇円程度であった。
(16) 北川善太郎『契約責任の研究』(一九六三年) 三三四〜三三五頁。

(17) 柚木馨『売主瑕疵担保責任の研究』（一九六三年）二〇一〜二〇二頁。
(18) 北川・前掲三三八頁。
(19) 北川・前掲三三六頁。
(20) この点については、北川・前掲一四〇頁参照。
(21) 難波譲治「瑕疵担保の損害賠償範囲」野澤正充編『瑕疵担保責任と債務不履行責任』（二〇〇九年）一四七頁。
(22) 髙橋・前掲一九九頁。
(23) 髙橋・前掲二二八頁。
(24) 原発事故で元の住宅に戻れなくなった場合、あるいは地域の生業の場としての機能が失われた場合に、当該被害者がどのような選択をするかにより、「不利益」の具体的な内容が変わらざるをえない。このような場合には、個別の財産の価額評価や逸失利益の算定（それは、その財産や被害者の生業活動が機能する場が維持されていることを前提とした部分的な算定手段である）以前に、「当該被害者が被った不利益」が何であるかを、事実に即して調べ、それを法律的な「損害」としてどのように把握すればその内容を的確に捉えることができるかを、創造的に（すなわち従来の分析概念に拘束されることなく）明らかにする必要がある。
被害者は、生活・生業活動の場を奪われ、その継続を断ち切られた状態にあり、必要なのは、これから未来にわたって継続する生活の「動態」（比喩的にいえば「水平飛行の状態」）を回復することである。したがって、第一に、被災前の過去の一時点の財産状態と現在の財産状態とを静態的に比較することによっては右の回復をすることができない。第二に、個々の被災者がどこでどのように生活・生業活動を（転職等も含めて）再建するかはそれぞれ異なるのであるから、必然的に個別・具体的な判断が必要となり、一律の定型的な基準を立ててこれによることはできない。過去の状態の回復ではなく、現在の生活の維持と、それに続く未来への生活動態の回復を求めるという点で、創造的な把握が必要である。

Ⅱ　弁済者代位と求償権

1　物上保証人に対する担保権の代位と求償権の時効中断

平成一八年一一月一四日最高裁第三小法廷判決（平成一七年(受)第一五九四号求償金請求事件）民集六〇巻九号三四〇二頁——破棄自判

【判決要旨】

債権者が物上保証人に対して申し立てた不動産競売の開始決定正本が主債務者に送達された後に、主債務者から保証の委託を受けていた保証人が、代位弁済をした上で、債権者から物上保証人に対する担保権の移転の付記登記を受け、差押債権者の承継を執行裁判所に申し出た場合には、上記承継の申出について主債務者に対して民法一五五条所定の通知がされなくても、上記代位弁済によって保証人が主債務者に対して取得する求償権の消滅時効は、上記承継の申出の時から上記不動産競売の手続の終了に至るまで中断する。

【事実】

(1)　G信用金庫は、Tらの所有する不動産にS会社を債務者とする根抵当権の設定を受けていたが、平成七年六月九日、Sに対して三〇〇〇万円を貸し付けた（以下、この貸付金債務を「本件債務」という）。他方、X信用保証協会は、Sからの保証の委託を受けて、Gとの間で本件債務を連帯保証する旨の契約をし、またYは、Xとの間で、右保証の委託に基づきSがXに対して負担すべき求償債務を連帯保証する旨の契約をした。

平成九年一〇月六日、Sは手形交換所の取引停止処分を受けたことから、Gとの約定に基づき、本件債務の期限の利益を喪失した。Gは前記の根抵当権に基づいてTらに対して不動産競売を申し立てたところ、同年一一月二六日、競売開始決定がなされ、同決定正本は同年一二月一一日、Sに特別送達郵便物として送達された。

(2)　Xは、平成九年一二月二五日、Gに本件債務の残元本と利息合計二五〇〇万八四一二円を代位弁済し、同日、Gから本件根抵当権の一部移転の付記登記を受けた。

Xは、平成一〇年一月六日、佐賀地方裁判所に債権届出書等を提出し、Gの差押債権者の地位の一部承継を申し出た。同裁判所の裁判所書記官は、その頃、民事執行規則（平成一五年最高裁判所規則第二二号による改正前のもの）一七一条に基づき、右のとおり承継があったことをSに普通郵便で通知した。この郵便は転居先不明のため到達しなかったが、本件競売はそのまま続行され、Xは、平成一一年九月二九日の配当期日において、三三二万二一九七円の配当を受け、本件競売手続は同日終了した。

(3)　Xは、平成一六年九月九日、Yに対して、求償残元金二一〇四万一二一五円と遅延損害金についての連帯保証債務の履行を求めて訴訟を提起した。第一審ではYが出頭せず、準備書面も提出しないため、Xの請求が認容された。

原審において、Yは、Xの訴訟提起が代位弁済日（平成九年一二月二五日）から五年が経過しているので、Xの

Sに対する求償権は時効消滅し、したがってXのYに対する連帯保証債務履行請求権も時効消滅したと主張した。これに対してXは、Sに対する本件競売開始決定正本の送達は民法一五五条所定の「通知」に該当し、したがって本件貸付債権については平成九年一二月一一日から平成一一年九月二九日までの間、時効が中断した結果、求償権の消滅時効も中断したと主張した。

(4)　原審は、次のように述べて一審判決を取り消し、Xの請求を棄却した。

①　本件連帯保証契約に基づく具体的な債権は、Xが、平成九年一二月二五日、Gに対し、本件信用保証契約に基づきSに代わって二五〇〇万八四一二円を弁済することにより生じ、その権利を行使しうるに至ったところ、XはYに対して、本件訴訟提起に至るまで権利の行使をしなかったのであるから、本件連帯保証契約に基づく債権は、平成一四年一二月二五日の経過により時効消滅した。

②　Xは、本件不動産競売開始決定正本が、平成九年一二月一一日、Sに送達されたが、かかる送達は民法一五五条の「通知」に該当するから、本件貸付債権については時効が中断し、そして「本件連帯保証契約は、XのSに対する本件求償債権の満足を確実なものとするものであるから、本件貸付債権について時効中断事由となるような権利行使をした場合には、それは主債務的存在である本件求償債権を行使することを予定したものとして、本件求償債権についても時効中断〔事由〕にあたる権利行使がなされたと評価できるから、本件求償債権に係る本件連帯保証債権も時効中断する旨を主張する。」

しかし、前記「通知」あるいは「差押え」により、本件貸付債権の消滅時効の進行が中断するとしても、本件求償債権あるいは本件連帯保証債権についても当然に時効中断の効力が生ずると解することはできない。「すなわち、YがXに対して負担する本件連帯保証債権は、SがXに対して負担する本件求償債権について連帯保証することを約したことによるものであり、本件求償債権は、〔S・X間の〕本件連帯保証委託契約を〔Xが〕履行した結果生ずる債権であるから、本件連帯保証契約が、本件貸付に基づく本件貸付債権を実質的に担保するものとして約定されたと解することはできない。」SのGに対する本件貸付債権と、本件求償債権は、「それぞれ別異の法律関係に基づく債権として、消滅時効が進行すると解されるところである」。

③　Xは、代位弁済によりSに対する求償債権を取得したとして、平成一〇年一月六日、佐賀地方裁判所に対して本件地位承継の届出を行ったことにより、本件求償債権ないし連帯保証債権についても「差押え」がなされたものと解すべきであると主張する。しかし、本件地位承継の届出は、Gが本件貸付等に際して設定を受けた根抵当権に基づく本件競売手続に関するもので、これによって本件信用保証契約に係る求償債権あるいは本件連帯保証債権に関する不動産競売手続が行われたとすることは困難である。

④　またXは、最判平成九・九・九（判時一六二〇号六三頁。なお最判平成七・三・二三民集四九巻三号九八四頁参照）を援用し、破産手続の場合にあっては、破産債権（本件貸付債権）の地位承継の申出をしたときは、求償権自体について届出をしなくても、右求償権の全額につき消滅時効は中断すると判示されていることを理由として、Xが佐賀地裁への地位承継の申出をしたことにより、本件貸付債権の消滅時効の進行が中断され、その中断効は本件求償債権ないし連帯保証債権にも及ぶと解するべきものと主張する。しかし、右最高裁判決は破産手続に関するものであり、本件とは事案及び消滅時効の中断にかかるとする債権を異にするもので、前記主張はたやすく採用できない。

(5)　これに対してXが上告し、最高裁は原判決を破棄してYの控訴を棄却、したがってXの請求を認容した一審判決が維持された。

【上告受理申立て理由】

(1)　原判決は、本件貸付債権に基づく差押手続は、あくまで本件貸付債権についてのものであり、これにより当然に時効中断効を求償権に及ぼすことはできないとするが、最判昭和六一・二・二〇（民集四〇巻一号四三頁）は、原債権と求償権は「別個の債権ではあるものの、代位弁済者に移転した原債権及びその担保権は、求償権を確保することを目的として存在する附従的な性質を有し、求償権が消滅したときはこれにより当然に消滅し、原債権の行使は求償権の存在する限度で制約される、と判示しており、一定の場面においては、一方の債権に生じた事由が他方の債権にも及ぶことを認めている。

したがって、同判決が消滅時効の進行について、これを別個独立に進行するものと判示したとしても、時効中断の場面においては、原債権もしくは求償権に生じた中断事由が他方に及ぶことを否定するものではない。

かかる状況で、最判平成七年三月二三日において破産手続参加の場面において原債権の時効中断により求償権の時効も中断すると認定されていることから、時効中断については、広く原債権の中断により求償権の時効中断をも認めるとの認定が判示されていることを示唆している。」

(2)　(1)で示したように、承継申出に関わらず原債権の時効中断の効力が求償権にも及ぶと考えるから、通知の到達は必要がない。また、民法一五五条の通知の趣旨は、時効の利益を受ける者が、時効の中断により時効の利益が得られない状態に置かれたことを認識できず、時効の援用ができると考えて適切な行動を取ることなく不測の不利益を被ることを防止することにあるとされる。しかし本件の場合、競売開始決定はSに到達しているのであるから、Sは少なくとも原債権については時効が完成しないことを認識しており、受領証書を破棄したり、差押えに対して異議を述べる機会を失うおそれはない。また、Sは原債権が信用保証付き債務であることを認識しており、仮にXが代位弁済を行えば、Xから求償を受けてもやむを得ない地位にあることを認識していたものである。したがって、右の「不測の不利益」が生ずる恐れはなく、本件承継申出について、時効中断のための「通知」の必要はない。

(3)　また、①代位弁済後の求償権者にとっては、原債権につき承継申出としての債権届出を行うことが競売手続においてなすべきことのすべてである。②競売開始決定については、通知不到達の場合には公示送達手続等による送達が予定されているのに対し、債権承継に関する申出については、民事執行法上送達が必要とされておらず、不到達の場合に特別な送達方法がとられるわけではない。③承継申出通知が到達するかは、裁判所の送達手続がとられない以上、相手方次第であり、求償権者が結果を左右できるものではない。④通知が到達しなくても競売手続は進行する。以上の理由より、求償権者が権利を行使したというためには、通知の到達は必要がない。

【判決理由】

「債権者が物上保証人に対して申し立てた不動産競売について、執行裁判所が競売開始決定をし、同決定正本が主債務者に送達された後に、主債務者から保証の委託を受けていた保証人が、代位弁済をした上で、債権者から物上保証人に対する担保権の移転の付記登記を受け、差押債権者の承継を執行裁判所に申し出た場合には、上記承継の申出について主債務者に対して民法一五五条所定の通知がされなくても、次のとおり、上記代位弁済によって保証人が主債務者に対して取得する求償権の消滅時効は、上記承継の申出の時から上記不動産競売の手続の終了に至るまで中断すると解するのが相当である。

ア　保証人は、上記代位弁済によって、主債務者に対して求償権を取得するとともに、債権者が主債務者に対して有していた債権（以下「原債権」という。）と上記担保権を代位により取得するところ（民法五〇一条）、原債権と上記担保権は、求償権を確保することを目的として存在する付従的な性質を有するものであり（最高裁昭和五八年(オ)第八八一号同六一年二月二〇日第一小法廷判決・民集四〇巻一号四三頁参照）、保証人の上記承継の申出は、代位により取得した原債権と上記担保権を行使して、求償権の満足を得ようとするものであるから、これによって、求償権について、時効中断効を肯認するための権利の行使があったものというべきである（最高裁平成三年(オ)第一四九三号同七年三月二三日第一小法廷判決・民集四九巻三号九八四頁参照）。

イ　物上保証人に対する不動産競売の開始決定正本が主債務者に送達された場合には、原債権の消滅時効は、同決定正本が主債務者に送達された時から上記不動産競売の手続の終了に至るまで中断するが（最高裁平成七年(オ)第三七四号同年九月五日第三小法廷判決・民集四九巻八号二七八四頁、最高裁平成五年(オ)第一七八八号同八年七月一二日第二小法廷判決・民集五〇巻七号一九〇一頁参照）、このことは、途中で、代位弁済による差押債権者の承継があった場合も異ならないので、差押債権者の承継は、一般に、原債権の消滅時効について主債務者に不利益を生じさせるものではない。そして、上記のとおり、原債権は求償権を確保することを目的として存在するものであるから、このことは、同時に求償権の消滅時効についても当てはまるものである。

また、保証人に保証の委託をしていた主債務者においては、自ら弁済するなどして上記不動産競売の手続の進行を止めない限り、保証人が代位弁済をして差押債権者の承継を申し出るということは、当然に予測すべきことというべきである。

民法一五五条は、時効の利益を受ける者（以下「時効受益者」という。）以外の者に対して時効中断効を生ずる行為がされた場合に、時効受益者が不測の不利益を被ることがないように、上記行為があったことを時効受益者に通知すべきことを定めた規定であるが（最高裁昭和四七年(オ)第七二三号同五〇年一一月二一日第二小法廷判決・民集二九巻一〇号一五三七頁参照）、既に物上保証人に対する不動産競売の開始決定正本の送達を受けて時効中断効を生ずる行為があったことの通知を受けている時効受益者たる主債務者については、上記のとおり、一般に差押債権者の承継によって原債権の消滅時効ひいては求償権の消滅時効について不利益を被ることはなく、また、保証人が代位弁済をして差押債権者の承継を申し出ることは当然に予測すべきことであるから、上記承継の申出があったことの通知を受けなければ不測の不利益を被るということはできない。

そうすると、民法一五五条の法意に照らし、上記承継の申出については、時効受益者たる主債務者に対する時効中断の問題に関する限り、主債務者に通知することを要しないというべきである。」

本件におけるXの求償権の消滅時効は、Xが差押債権者の地位の一部承継の申出をした平成一〇年一月六日から本件競売手続が終了した平成一一年九月二九日まで中断し、本訴の提起時（平成一六年九月九日）の時点ではまだ完成していなかったというべきであり、Xの請求を認容した一審判決は結論において正当である。

裁判官全員一致の意見で、原判決を破棄し、Yの控訴を棄却（上田豊三、藤田宙靖、堀籠幸男、那須弘平）。

〔参照条文〕民法一四七条・一五五条・五〇一条、民事執行規則一七一条

【批評】

一　問題の所在――平成七年判決・平成九年判決との関係

(1)　最判平成七・三・二三民集四九巻三号九八四頁（以下「平成七年判決」という）及び最判平成九・九・九判時一六二〇号六三頁（以下「平成九年判決」という）は、債務者の破産手続において、保証人が代位弁済をして原債権

の届出名義の変更をした場合に、求償権の消滅時効が破産手続の終了に至るまで中断する旨の判断を行った。

本判決も、代位弁済をした保証人が取得した原債権についての権利行使が、求償権の消滅時効に影響を及ぼすか否かが問題となったものである。但し、前記の二判決は破産手続における原債権の行使の事例であったのに対し、本判決は原債権に付された担保権の実行の事例であること、また前記の二判決で問題となったのは債務者に対する破産手続上の権利行使であるのに対し、本判決では物上保証人に対する権利行使であることに違いがある。したがって、前記の二判決の規律が本判決の事例に妥当するか、また妥当するとすれば、どのような手続によることが必要かという点が問題となる。
(2)　右の第一点については判決理由の中の「ア」の部分が、第二点については「イ」の部分が論じているのであるが、まず「ア」の部分については、問題は次のような構造を有する。
平成七年判決による場合、原債権（と担保権）が求償権を確保することを目的として存在する「付従的な性質」を有する結果、時効の中断における両者の関係はどのように理解すべきか。すなわち、(a)原債権について時効中断の効力が生じたときは、その効力が直ちに求償権に及び、求償権についても時効中断の効力が生ずるとする理解が存しうる。これは権利対権利の、いわば物的な関係として捉えるものであるが、この場合には、求償権の原債権に対する影響ではなく、原債権の求償権に対する影響を「付従的な性質」によって根拠づけることができるかどうかが問題となる。

これに対して、(b)平成七年判決が、原債権の行使の過程において「求償権について権利の行使があったもの」と評価している点を重視して、原債権に生じた時効中断効（権利行使の結果）が自動的に求償権に生ずるのではなく、原債権と求償権とが同時に、または原債権の行使を通じて求償権が行使されているとする理解が存しうる。この理解に立つときは、求償権についても権利行使があると認められるのはどのような場合か、すなわち、破産手続等の場合に限られるか否かが問題となる。また、原債権に付された担保権が物上保証人所有の物の上に存している場合、これについての権利行使が求償権についての権利行使と認められるためにはいかなる手続が必要かが問題となる。

(3)　(2)で述べたように、「イ」の部分で扱われている議論が問題となるのは、右の(b)の立場をとった場合である。(a)の立場のように原債権の行使が直ちに求償権に効果を及ぼすと考えるのではないから、求償権者、すなわち代位弁済者によって求償権が行使されるのでなければならない。仮に本件の場合、求償権者による権利行使が、不動産競売を通じて行われると考えるならば、手続上は差押債権者の地位承継が右の権利行使（民法一四七条の「差押え」）にあたり、それが一五五条により、債務者に対して通知されることが必要となりそうである。しかしその通知が到達しなかった場合、時効中断効は生じないと見るべきか。そうすると、Xが上告受理申立て理由の(3)で主張しているように、民事執行法上、債権承継の申出が到達を必要とされていないことをどのように考えるかが問題となる。

二　「付従的な性質」の意味——原債権に生じた効果が求償権に及ぶのではない

(1)　本判決も、また平成七年判決も、原債権（＋担保権）が、求償権の確保を目的とする「付従的な性質」を有する旨を述べて、原債権の行使と求償権の行使との関連性を根拠づけようとしている。両者の関連性はいかなるメカニズムを有し、それについて「付従的な性質」はいかなる意味を持つか。

Xの上告受理申立て理由は、最判昭和六一・二・二〇民集四〇巻一号四三頁（以下昭和六一年判決という）が、「付従的な性質」を理由に原債権の行使が求償権の存在する限度で制約されると判示したことを、「一方の債権に生じた事由が他方の債権にも及ぶこと」を認めたものとして、「原債権もしくは求償権に生じた中断事由が他方に及ぶことを否定するものではない」と述べ、平成七年判決によって原債権に生じた事由の求償権への影響を認めうることが示唆されているとする。

昭和六一年判決は、あくまでも求償権の範囲による原債権行使の範囲の制約を論じたものであるから、もとより、これによって原債権から求償権への「付従性」が根拠づけられるものではない。潮見教授が述べるように「仮に付従性を最大限に広げて理解したとしても、被担保債権に生じた事柄が従たる『担保』にも波及するかどうかが捉えられるだけであって、従たる『担保』に生じたことが被担保債権に影響するということは出てこない[1]」のであり、また担保権の側に生じた事由が被担保債権に影響するメカニズムについては、保証債務と主たる債務の関係に関して、山野目教授が「主たる債務が消滅すれば保証債務が消滅するのは附従性に基づき、また、保証債務が弁済されると主たる債務が消滅するのは、保証債務の弁済が実質的には主たる債務の第三者弁済である性質を兼有するからである[2]」と述べる通りである。

「付従性」の意味については右の通りであり、また昭和六一年判決の趣旨についていうならば、もともと民法五〇一条が「自己の権利に基づいて求償をすることができる範囲内において……債権者が有していた一切の権利を行使することができる」と規定するのは、専ら弁済にあたって支出した額を代位による権利行使の限界とするためであり、いわば「成立の付従性」に関わるものである。したがって、消滅時効など、債権が満足されないまま求償権が消滅した場合にも、「付従性」により原債権も消滅すると考えるべきかについては疑問がある[3]。

(2)　それでは、本判決において「付従的な性質」はいかなる意味で用いられているか。これを判決理由の中から読み取ることは困難であるが、ただ、「イ」の部分で「保証人に保証の委託をしていた主債務者においては、自ら弁済するなどして上記不動産競売の手続の進行を止めない限り、保証人が代位弁済をして差押債権者の承継を申し出るということは、当然に予測すべきこと」であるという記述があり、あるいは、保証委託の関係があることを重視しているのかもしれない。すなわち、保証人の側で行った原債権の行使は、主債務者自ら行った保証委託に基づくものであるが故に、主債務者は、保証人の主債務者に対する求償権への影響という形でこれを引き受ける理由があるという考え方である。

確かに、旧民法債権担保編二七条は、一項で「債務者ニ対シテ時効ヲ中断シ又ハ債務者ヲ遅滞ニ付スル行為ハ保証人ニ対シテ同一ノ効力ヲ有ス」と規定し（現行法四五七条一項にあたる）、二項では「保証人ニ対シタル右同一ノ行為ハ保証人カ債務者ノ委任ヲ受ケ又ハ債務者ト連帯シテ義務ヲ負担シタルトキニ非サレハ債務者ニ対シテ効力ヲ生セス」と規定して、保証委託がある場合には、保証人に対する時効中断の効果が、主債務者にも及ぶ旨を規定している。あるいは、本判決はこの規定を念頭に置いているのかもしれないが、これは保証人に対してなした中断が主たる債務者に効力を及ぼすということはあるべからざることであるとして、立法時に明確に否定されたものである。(4)

(3)　以上のように、「担保」たる権利に生じた時効中断の効力が被担保債権にも及ぶとする解釈の根拠は、「付従的な性質」の意義においても、また実質的な内容においても見出しえない。また、もし「付従的な性質」を理由として原債権（＋担保権）に生じた時効中断効が当然に求償権にも及ぶとしているのであれば、上告受理申立て理由の(2)の冒頭で主張されているように、求償権についての権利行使と、その債務者への通知の有無は初めから問題にならないはずである。しかし本判決においては、原債権（＋担保権）の行使によって求償権の行使があったものとした上で、「イ」において求償権行使における通知の要否を検討している。したがって、「付従的な性質」は、「求償権の確保を目的として」原債権（＋担保権）が行使されるということを意味するのみであるように思われる。

昭和六一年判決においては、求償権——「担保」的に表現するならば被担保債権——が原債権の行使の範囲を限定することを示すものとして、「付従的な性質」と表現しても、少なくとも背理にはならないものであった。しかし、本判決の場合には、その方向が反対であり、一般的な「付従性」の意味からは逸脱するものであること、また一方に生じた効果が直ちに他方に及ぶというのではなく、権利「行使」の関連性が問題であることからすれば、論理的な意味を明確にしないまま「付従的な性質」という用語を用いるべきではなかったと考える。

三　求償権についての「権利の行使」の意味——原債権の行使と求償権の行使の関係

(1)　本判決は、おそらく「付従的な性質」という用語をもって、原債権（＋担保権）が求償権を確保することを目的とすること——すなわち機能上一種の担保としての性格を有すること——と捉える。そして平成七年判決を引用して、代位弁済した保証人による差押債権者の承継の申出を、「代位により取得した原債権と上記担保権を行使して、求償権の満足を得ようとするものであるから、これによって、求償権について、時効中断効を肯認するための権利の行使があったもの」とする。これはどのような論理によるものか。

平成七年判決の解説において、八木調査官は、当該事案における時効中断事由について、求償権自体が破産手続において行使されたわけではないが「原債権が破産手続に参加することが、いわば求償権の担保権の実行があったものと同視したわけで、時効の中断事由としては民法一四七条二号所定の『差押』があったものと同視したものといえよう」と述べ、[5]「破産手続参加（民法一五二条）に準ずる」と解すべきものとする見解に対しては、「求償権自体は破産手続に何ら参加していないわけで、原債権が破産手続に参加することが求償権の関係でその担保権の実行と同視されることが中断効の根拠になるものと思われるので、少なくとも破産手続参加を直接の根拠とするものではない」と反論する。[6]

このような理解を前提として本判決を考えるならば、原債権（＋担保権）の行使が担保権の実行（判例上、民法一四七条二号所定の「差押え」に準ずると認められるもの）であることを示すために、前者が後者の担保権としての意味を持つことを（「付従的な性質」という用語は適切を欠くにせよ）強調する理由がある。そして、求償権が直接に行使される場合でなくとも、その「担保権の実行」としての意味を持つが故に、「時効中断効を肯認するため」という限度においては「権利の行使」ということができると考えるものである。したがって、右の「差押え」ある場合と同様に考えるものである以上、破産の場合に限られるものではないことになろう。

(2)　このような「担保権の実行」構成を前提として考えるとき、本件は、物上保証人提供の担保権の実行であることに特徴がある。この場合、一五五条が適用され、物上保証人に対する競売開始決定の正本が債務者に送達されれば時効中断の効力が生ずることは、判例（最判昭和五〇・一一・二一民集二九巻一〇号一五三七頁）・通説であるが、他方で、債務者以外の者を法律上の当事者として差押え等がなされた場合に、一片の通知をもって当の債務者についても中断の効力を生ぜしめることは、中断の人的相対効の原則（一四八条）を逸脱する解釈であるとして疑問が残るとする見解もある。[7]

これに対して、一五五条の適用の理由を「物上保証人に対し競売手続を進めている債権者に時効中断のために債務者に対して訴えの提起などの措置をとるのを期待するのは無理であること、債務者は差押えの通知を受ければ時効期間の経過前に債権者に対し債務不存在確認訴訟を提起して債務の不成立や消滅につき反証や立証をすることができるから（……）、時効が中断するとしても債務者に酷でないことに求めるのが妥当であろう」とする見解がある。[8]債務者自身に対して強制執行の手続をとって一四七条二号の「差押え」をしている場合には、既に債権の全額について債務者の財産から回収する手続に入っているのであるから、その手続が終了するまでは、確かにそれ以上の措置をとる意味に乏しい。これに対して担保権の実行の場合、それによって担保される額が債権額の一部であるときは、その手続が終了するまで残額が確定しないという問題はあるが、（とりわけ物上保証人に対する競売手続の場合、債務者に）並行して請求することを期待するのが全く無理であるというべきか、多少の疑問がある。

(3)　右の見解は、原債権（＋担保権）を求償権の担保と捉え、「担保権の実行」構成によって時効中断のための「権利行使」を認めるものであるが、「請求」（一四七条一号）による時効中断と同視すべき場合については、山野目教授が、手形授受の当事者間における手形債権の時効中断が原因債権の時効を中断するとした最判昭和六二・一〇・一六民集四一巻七号一四九七頁を援用し、次の三指標によって時効中断の成否を検討すべきものとする。すなわち①二つの債権が当事者を同じくすること、②一方の債権を行使する行為に他方の存在を主張する意味が客観的に含まれている関係が認められること、③二つの債権についてそれぞれ別個の権利主張行為をすることを期待することが法律上または事実上の見地からみて合理性を欠くと認められることの三点である。[9]そして平成七年判決に関しては、事後求償権を独自に破産債権として届け出ることよりも、原債権に係る承継手続によることの方が合理的であるとして、③の指標を満たすものとする。[10]

本件の場合は、担保権の実行の事例であるから、平成七年判決の場合と同じではない。しかし、(2)で見たように、一四七条二号の「差押え」を、強制執行ではなく担保権の実行、さらに物上保証人所有の不動産に対する担保権実行へと拡大するとき、右の③の指標が挙げるような求償権自体の行使の期待可能性について、疑問が生じうる点では同じである。【事実】⑷④に示したように、原判決が平成九年判決は破産手続に関するものであって本件とは事案を異にすると述べたことはこの点に関わるものであり、単に「担保権の実行」構成である以上、破産の場合に限られるものではないとして済まされない面がある。すなわち、破産の場合に原債権の承継手続によらず、あくまでも求償権の届出によるべきものとするのが合理的でないにしても、物上保証人に対する権利の行使と並んで債務者との関係で求償権を確保するための措置をとることが合理的に期待しえないか否かについては別の判断がありうる。したがって、この点の合理性の評価によっては、原判決のような判断は十分に可能であると考える。

四　差押債権者の地位の承継通知の要否

⑴　三⑵で見たように、「担保権の実行」構成をとる場合、一五五条によって、時効中断の効力が生ずるためには物上保証人に対する競売開始決定の正本が債務者に送達されることが必要である。本件ではその送達は行われているのであるが、その後に行われた代位弁済による差押債権者の地位承継の通知が到達しなかった。これをどう考えるべきか。

本判決は、物上保証人に対する競売開始決定の正本が債務者に送達された場合に、原債権の消滅時効が当該不動産競売の終了時まで中断するが、「このことは、途中で、代位弁済による差押債権者の承継があった場合も異ならないので、差押債権者の承継は、一般に、原債権の消滅時効について主債務者に不利益を生じさせるものではない」と述べる。これは、原債権に関する限り、その通りであろう。債権承継に関する申出について、民事執行法上送達が必要とされていないのは、債務者は既に存在する原債権に基づいて競売開始決定が行われたことを知って原債権についての異議事由を主張できれば足り、その後に原債権の帰属が変動しても、債務者にとって特に不利益は生じないためであると思われる。

ただ、本判決はこれに続けて、「そして、上記のとおり、原債権は求償権を確保することを目的として存在するものであるから、このことは、同時に求償権の消滅時効についても当てはまるものである」と述べている。しかし、代位弁済があった場合、原債権の場合にはその帰属が変動するのみであるが、求償権はそれによって新たに発生する。「原債権は求償権を確保することを目的と」するといっても、二で見たように、原債権に生じた効果が当然に求償権に及ぶことはなく、また三で見たように、原債権の担保権を実行することによって確保の対象たる求償権の時効が中断されるとしても、右実行の時点では求償権がまだ発生していないのであるから、「同時に求償権の消滅時効についても当てはまる」とする根拠はない。したがって、判決理由にはこの点において論理の飛躍がある。

この飛躍を補うため、判決理由は、物上保証人に対する不動産競売の開始決定正本の送達を受けた主債務者は、「保証人が代位弁済をして差押債権者の承継を申し出ることは当然に予測すべきことであるから」承継申出の通知がなくても「不測の不利益」はなく、したがって「民法一五五条の法意に照らし、上記承継の申出については、時効受益者たる主債務者に対する時効中断の問題に関する限り、主債務者に通知することを要しないというべきである」という結論を導いている。しかし、物上保証人提供の担保の実行があった場合、迅速に保証人による代位弁済がなされ、保証人の求償権が発生するという事態は、信用保証協会の保証においては予測しうることであるが、保証一般については妥当するものではない。保証一般については、債務者としては、物上保証人からの求償（そして残額について保証人が債権者に弁済し、その額について保証人からの求償を受ける）を予測するのが通常ではないかと思われる。

(2)　(1)で見たように、原債権に付された担保権の実行に関して、債権の承継は「原債権の」消滅時効について特別の意味をもつものではない。したがって、原債権の時効中断に関する限り、承継の申出の通知が債務者に到達する必要はないということもできよう。しかし、それはあくまでも原債権に関する限りのことである。求償権については、一四八条及び一五五条の趣旨から見ても、いつ、誰に求償権が発生したか（競売によって所有権を失った物上保証人の求償権か、途中で代位弁済をした保証人の求償権か）が債務者にわからないまま、時効の成否を論ずることはできないものと考える。

すなわち(1)で見たように、原債権についての通知の有無と、求償権についての通知の有無とを直結させる根拠はない。求償権確保のために原債権（＋担保権）を行使することは、求償権自体の行使と同一ではない。原債権（＋担保権）の行使が求償権確保のためのものであるとしても、一四八条・一五五条の趣旨からすれば、時効中断には権利者が権利を行使したことだけでなく、時効受益者によるその認識が必要である。したがって、求償権を取得した者が、その権利を行使することを債務者が認識することは不可欠であるというべきである。代位弁済によって新たに求償権を取得した保証人につき、物上保証人提供の不動産の競売手続が終了するまで他の措置をとることを期待しえないと見るならば（三(2)で見たように、このことは必ずしも自明とはいえないように思われるが）、右不動産の競売開始決定の通知の後、差押債権者の地位の承継を通知することによって、右不動産の担保権の実行を通じて求償権に関する権利行使が行われていることを債務者に認識させ、それによって求償権の消滅時効の中断を根拠づける必要があると考える。

確かに、郵便による通知が到達しなかった場合（とりわけ受領拒絶の場合）において、その負担を債権者側に負わせることの不当性の問題は残る。これは、実際に通知がなされた場合に、どのような条件があれば到達があったのと同視することができるかという問題（最判平成一〇・六・一一民集五二巻四号一〇三四頁参照）として検討する必要があるが、本判決のように十分な根拠を示すことなく原債権について生じた事情を求償権にも妥当するものとし、また一部の場面でのみ妥当する推測を一般化することによって、通知そのものを不要とすることには大いに疑問がある。

(1)　潮見佳男「求償制度と代位制度――『主従的競合』構成と主従逆転現象の中で――」中田裕康＝道垣内弘人編『金融取引と民法法理』二四三頁（二〇〇〇年）。
(2)　山野目章夫「求償債権と原債権の関係――相互性仮説の検証」ジュリスト一一〇五号一三八頁（一九九七年）。
(3)　髙橋眞「弁済者代位における原債権と求償権――消滅時効に関連して」銀行法務21六五五号一八頁、二一頁（二〇〇六年（髙橋『抵当法改正と担保の法理』一九一頁、一九七頁（二〇〇八年）））。
(4)　前田達明監修『史料債権総則』三五二頁〔和田安夫〕（二〇一〇年）。
(5)　八木良一「解説」法曹時報五〇巻二号二四二頁。
(6)　八木・前掲二四八頁。
(7)　幾代通『民法総則〔第二版〕』五七六頁（一九八四年）。
(8)　石田穣『民法総則』五八一頁（一九九二年）。

(9)　山野目・前掲一四〇頁。

(10)　山野目章夫「判批」判評四四三号五六頁（一九九五年）。

2 「自己の権利に基づいて求償することができる範囲」(民法五〇一条柱書)と民事再生手続――大阪地判平成二一年九月四日を契機として――

一 はじめに

最一小判昭和六一年二月二〇日(民集四〇巻一号四三頁)は、弁済者代位における原債権及びその担保権につき、求償権を確保することを目的とする「附従的な性質」を有すると述べ、また、学説上も両債権の「主従的競合」という捉え方が生じた。大阪地判平成二一年九月四日(金法一八八一号五七頁)は、これを根拠として、倒産処理における求償権の手続法上の制約が、当然に原債権の行使を制約するという解釈を示した。しかし、昭和六一年判決からそのような論理を導き出すことができるか。また、倒産処理における手続法上の制約は、弁済者代位においてどのような影響を与えるか。本稿では、前者の問題に絞り、民法五〇一条柱書の「自己の権利に基づいて求償することができる範囲」の意義について考察を加える。

二 事実の概要

平成一九年九月三日、B社はA社から、断熱材の製造を請け負い、同年一二月二六日、X銀行は、BがAから受け取る報酬前渡金の返還債務について支払保証をした。平成二〇年一月、前渡金がBに支払われたが、同年六月一八日、Bについて民事再生手続開始決定がなされ、Y管財人が選任された。七月一日、Yは民事再生法四九条一項に基づき、Aに対して、本件請負契約を解除する旨の意思表示を行い、AはBに対して前渡金返還請求権（以下「本件請求権」という）を取得した。Xは八月八日、Bに代わって二億六四七七万二〇四二円の保証債務を履行した上、本件請求権を代位取得したとして、Yに対して同額の支払いを請求した。

これに対してYは、①XがBに対して取得した求償権は、Bの民事再生手続開始前の保証委託契約・保証契約に基づいて発生したものであるから再生債権となり、Bの再生計画の定めによらなければ弁済等を行うことができない。そして民法五〇一条によれば、弁済による代位の効果として、求償権の範囲内で原債権を行使しうるにすぎないから、本件請求権が共益債権であるとしても、Xはこれを民事再生手続外で行使することはできない。②本件請求権が共益債権とされているのは、管財人の判断によって一方的に契約を解除される相手方との公平を図るため、特別に優先的地位を付与したものであるところ、相手方Aが既に満足を受けている本件において、再生債務者に与信したXにまでその優先的地位を認めることは必要ではなく、かえって債権者間の公平を害すると主張した。

Yの主張に対してXは、①民法五〇一条柱書の「自己の権利に基づいて求償をすることができる範囲内」とは、求償権の存否及び額による制約を意味するのみであるから、Xは、求償権の性質とは無関係に、その額を上限として本件請求権を民事再生手続外で行使しうる。②XがBに対し、保証契約により与信していたとしても、保証の対象たる本件請求権自体は当初から共益債権として行使することができ、また再生計画によらずに弁済を受けうるものであったのであるから、代位弁済を行ったXがこれを代位取得し、共益債権として行使したとしても何ら他の債権者との公平を害することはない。これに対し、Xの保証債務の履行によりBは本件請求権の弁済を免れたにもかかわらず、一方で、これを全額弁済したXの、民事再生手続外での本件請求権の行使を拒めるとすることは、当事者間の公平を害し、本件請求権を共益債権とした趣旨に反することになると反論した。

三　裁判所の判断

裁判所は次のように述べて、本件訴えを却下した。

ア　「弁済による代位の制度は、代位弁済者の債務者に対する求償権を確保することを目的として、弁済によって消滅するはずの原債権及びその担保権を代位弁済者に移転させ、代位弁済者がその求償権を有する限度で移転した原債権及びその担保権を行使することを認めるものである。それゆえ、代位弁済者が代位取得した原債権と求償権とは、元本額、弁済期、利息・遅延損害金の有無・割合を異にすることにより総債権額が各別に変動し、債権としての性質に差違があることにより別個に消滅時効にかかるなど、別異の債権ではあるが、代位弁済者に移転した原債権及びその担保権は、求償権を確保することを目的として存在する附従的な性質を有し、求償権が消滅したときはこれによって当然に消滅し、その行使は求償権の存する限度によって制約されるなど、求償権の存在、その債権額と離れ、これと独立してその行使が認められるものではない。したがって、代位弁済者が原債権及び担保権を行使して訴訟においてその給付又は確認を請求する場合には、それによって確保されるべき求償権の成立、債権の内容を主張立証しなければならず、代位行使を受けた相手方は原債権及び求償権の双方についての抗弁をもって対抗することができる〔昭和五九年判決、昭和六一年判決〕。

イ　そうすると、代位弁済者による原債権の行使は、求償権とは別異の債権行使ではあるものの、これを行使する場合には、必然的に求償権の存在をも主張立証することになり、その行使の可否及び範囲については求償権を行使し得る範囲を超えては認められないのであるから、民法五〇一条柱書の『自己の権利に基づいて求償をすることができる範囲内』とは、求償権の存在や額を行使の上限とする趣旨にとどまらず、求償権の行使に実体法上又は手続法上の制約が存する場合には、原債権がその制約に服することをも意味しているものと解すべきであり、債務者としては、当該求償権に対抗できる全ての抗弁をもって、原債権の行使にも対抗できると解するのが相当である。

ウ　これを本件についてみるに、前記のとおり、原債権たる本件請求権は共益債権であるが、本件求償権には、再生債権として、民事再生手続開始後は、原則として再生計画の定めるところによらなければ弁済等が許されない（民事再生法八五条一項）という行使についての手続法上の制約が存するのであるから、原債権を求償権と独立して行使することができない以上、原債権たる本件請求権の行使については、再生債権と同様の制約に服することになる。

したがって、Xは、本件請求権を民事再生手続外で行使し、弁済を求めることはできず、本件請求権について給付の訴えを提起することができないというべきである。」

Xは、民法五〇一条が規定する求償権の「範囲」を、求償権の存否及び額のみと解釈すべきであると主張するが、弁済者代位により「移転する原債権の『債権の効力』が求償権によって制約されるのであり、このことは、その制約の『範囲』に求償権の債権の効力を含むと解することと何ら矛盾するものではない。」昭和五九年判決及び昭和六一年判決は、「求償権と原債権とが主従的な請求権競合の関係にあることを明らかにしているというべきである。そうすると、昭和六一年判決が判示する債務者が対抗し得る抗弁を、Xが主張するような狭い意味に解すると、債務者が、求償権の行使に対抗し得る抗弁を主張できるにもかかわらず、代位弁済者が原債権の行使を選択することで当該抗弁の存在を無視できることとなり、原債権の上記附従的な性質に反し相当でない」。

四　問題の限定

弁済者代位においては、弁済によって消滅するはずの原債権及びそれに付された担保権が、弁済者の求償権を確保するために弁済者に移転する。判決理由の中で示された昭和五九年判決（最三小判昭和五九年五月二九日民集三八巻七号八八五頁）及び昭和六一年判決（前掲最一小判昭和六一年二月二〇日）は、このような弁済者代位の構造を明らかにした。しかし、求償権の存否・範囲を超えて、求償権の行使に民事再生手続等の手続法上の制約がかかる場合、原債権の行使に影響があるか、あるとすればその根拠は何か。

本判決の理由のうち、三で示した「ア」の部分の内容は、昭和六一年判決の引用である。ただ、昭和六一年判決が、「ア」末尾の部分に続けて「求償権による右のような制約は実体法上の制約であるから……判決主文において代位弁済者が債務者に対して有する求償権の限度で給付を命じ又は確認しなければならない」と述べて、求償権による制約が実体法上のものであるとしているのに対し、本判決は「イ」の部分で、求償権の行使に「実体法上又は手続法上の制約」がある場合に、原債権の行使がその制約に服するものと述べている。このように本判決は、原債権の行使を制約する求償権の制約を、手続法上のものにまで拡大したのであるが、その当否はどうかが第一の問題である。

次に、そのように考える理由として、本判決は求償権と原債権とが「主従的競合」にあること、また原債権の求償権に対する「附従的な性質」を挙げているが、このような捉え方によって、手続法上の制約による原債権の行使の制約を根拠づけることができるか否かが第二の問題である。

これらは二で示した争点の①にあたる。②として、民事再生法上のリスクを、再生債務者の保証人が負うべきか否かが争点となっているが、この点は評者の能力を超えるものであるため、本稿では扱わないこととする。

五　立法の経緯

寺田正春教授は、その制度史研究において、歴史的に見ると、立場の異なる弁済者のうち、ある者については求償権を与えることにより、ある者については「訴権譲渡の利益」すなわち代位権を与えることによって、実質的な求償の効果が認められてきたこと、すなわち代位権と求償権は同一の機能を有したことを指摘する。(1) このような歴史的経緯を踏まえて、寺田教授は、弁済者代位は「弁済者と被求償者との間の内部的法律関係に基づく固有の求償権の存否を詮索せずに、弁済の事実のみを要件とする求償制度としての機能を内在させている」と説く。(2)

日本の現行民法五〇一条の制定の際にも、まず代位制度の内容が示される。すなわち旧民法財産編四七九条一項本文は「代位ヲ以テ第三者ノ為シタル弁済ハ債権者ニ対シテ債務者ニ義務ヲ免カレセシメ且其債権及ヒ之ニ附着セル担保ト効力トヲ其第三者ニ移転ス」と規定した上で、但書において「但場合ニ従ヒテ第三者ノ有スル事務管理又ハ代理ノ訴権ヲ妨ケス」と規定する。ここでは、代位によって移転を受けた債権と固有訴権とが、主従ではなく並列の関係にある。これを受けた原案四九八条本文は「前〔二〕条ノ規定ニ依リテ債権者ニ代位シタル者ハ債権ノ効力及ヒ担保トシテ其債権者カ有セシ総テノ権利ヲ行フコトヲ得」と規定していた。

弁済者代位を求償権の担保と捉える考え方は、法典調査会の審議において、梅謙次郎委員によって示された。梅委員は、弁済者代位は、代理関係、事務管理、不当利得等から生ずる固有訴権を担保するため、弁済によって消滅した債権を、なお生きているかのように見る「法律のフィクション」である。したがって、金額については固有訴権によって請求できる範囲内において代位が認められる。代位は債権譲渡から変化したものであるが、固有訴権の担保を目的とするものであるから、債権譲渡とは性質が異なる。原案四九九条は「代位者ハ其弁済シタル価額ヲ超エテ債権者ノ権利ヲ行フコトヲ得ス」と規定する。これは債権譲渡の場合には、たとえば額面の半額で債権の譲渡を受け、債務者には全額を請求しても差し支えないが、代位の場合にはそのようなことはできないという趣旨であると述べている(3)。

その後、右の原案四九九条は原案四九八条に組み入れられ、同条に「自己ノ権利ニ基キ求償ヲ為スコトヲ得ヘキ範囲内ニ於テ」が挿入された。その理由は、もとの原案四九八条が一号において「不可分債務者、連帯債務者又ハ保証人ノ一人ハ他ノ共同債務者ニ対シ其各自ノ負担部分ニ付テノミ債権者ニ代位ス」と定めていたところ、この一号と原案四九九条の趣旨は、ともに前記の数文字で尽くされているから、煩わしく書くよりもこのように改める方がよいと説明される(4)。このようにして現五〇一条の表現が確定した。

以上のように立法の際には、五〇一条の「求償ヲ為スコトヲ得ヘキ範囲内ニ於テ」は、求償権の存否及び範囲が代位の範囲を決するという趣旨であったこと、代位が求償権を担保するものであるという理解も、それを根拠づけるものであったことが明らかである。

六　昭和五九年判決・昭和六一年判決

昭和五九年判決は「弁済による代位の制度は、代位弁済者が債務者に対して取得する求償権を確保するために、法の規定により弁済によって消滅すべきはずの債権者の債務者に対する債権(以下「原債権」という。)及びその担保権を代位弁済者に移転させ、代位弁済者がその求償権の範囲内で原債権及びその担保権を行使することを認める制度であ」ると述べて、**五**で見た梅委員の制度理解を継承している。そして、この制度構造を理由に、「したがって、代位弁済者が弁済による代位によって取得した担保権を実行する場合において、その被担保債権として扱うべきものは、原債権であって、保証人の債務者に対する求償権でないことはいうまでもない」と述べ、求償権の内容に関する特約をしても「保証人が代位によって行使できる根抵当権の範囲は右の極度額及び原債権の残存額によって限定される」ため、「物上保証人に対しても、後順位の抵当権者その他の利害関係人に対しても、なんら不当な影響を及ぼすものではない」と説く。この判決は、いわゆる接木説を否定して、代位によって取得された担保権を行使しうる金額の範囲は原債権によって限定され、また原債権及び担保権を行使しうるのは求償権の範囲内であることを示し、代位権行使の範囲の決定方法を明らかにしたものである。すなわち、原債権と求償権との関係を直接に扱ったものではない。

昭和六一年判決は、昭和五九年判決と同様、前述の代位制度の構造を示した上で、「代位弁済者に移転した原債権及びその担保権は、求償権を確保することを目的として存在する附従的な性質を有し、求償権が消滅したときはこれによって当然に消滅し、その行使は求償権の存する限度によって制約される」と説明している。ここで「附従的な性質」という用語が用いられることによって、学説上、原債権と求償権との「主従的競合」さらには「原債権は求償権の法定担保である」という捉え方が生ずるに至った(5)。しかし昭和六一年判決も、事案としては、やはり原債権と求償権との関係を扱ったものではなく、原債権とこれに付された保証債権を行使しうる限度、すなわち代位権行使の範囲（金額）を決するために、求償権の表示が求められたものである。このことについては**四**で見たように、同判決自身が「求償権による右のような制約は実体法上の制約である」と述べている通りである。したがってこの段階では、「附従性」は、求償権の存否及び金額上の範囲が原債権とそれに付された担保手段の行使を制約する旨を意味するにとどまっている。

七　倒産処理と弁済者代位

(1)　以上のように、昭和六一年判決の段階においては、求償権による原債権及び担保権行使の制約は実体法上のものと捉えられていた。それに対して本判決は、求償権行使に対する手続法上の制約をも含むという、新たな解釈を示したものである。そこでは手続法上の制約として、民事再生等、倒産処理手続が問題となっている。そこで次に、弁済者代位における求償権・原債権の関係について倒産処理の中でどのような問題が生じたか、また本判決が手続法上の制約が原債権・担保権の行使に及ぶ根拠としている「附従性」ないし類似の概念がどのように機能しているかを確かめる。

(2)　まず、最一小判平成七年三月二三日（民集四九巻三号九八四頁）で判断された問題を取り上げる。すなわち、債権者Gが債務者Sに対して貸金債権を有し、これについてXが保証した。そしてXがこの債権を弁済することによってSが負担すべき求償債務について、Yが連帯保証した。Sが破産手続開始決定を受けてGが債権を届け出たが、他方でXはGに代位弁済した後に届出名義変更の申出を行ったという場合に、求償権の消滅時効について中断効が認められるかという問題である。

名古屋地判平成四年九月一四日（判時一四七六号一三九頁）は、昭和六一年判決の定式を示した上で、「原債権は求償権の従たる存在として、求償権の満足のための手段的な地位にある」と述べ、原債権が破産債権として届け出られて時効中断し、その後代位弁済者が原債権の承継を破産裁判所に届け出た場合には「求償権自体について直接時効中断手続を講じていなくても、求償権もまたその時効中断の効果を受ける」とした。これに対して大阪地判平成六年一月二六日（金商九六二号三五頁）は、主たる債務に対する時効中断の効果は保証債務に対する時効中断の効果は主たる債務の時効中断効をもたらさないことと対比しても、原債権に対する時効中断の効果が求償権に及ぶと解することはできないと述べた。しかし後者の控訴審たる大阪高判平成六年一一月二五日（金法一四一三号三四頁）は、「代位弁済者に移転した原債権は、求償権確保のための手段的なもの」であるとした上で「破産債権承継届出書の提出ではなく、求償権自体について破産債権の届出をしなければ、求償権の消滅時効中断の効果が認められないとすることは、代位弁済した求償権者の通常の期待に著しく反する結果となる」と述べて、求償権についての時効中断を認めた（最三小判平成九年九月九日（判時一六二〇号六三頁）は、その上告審判決である）。

このような状況の中で、前掲最高裁平成七年判決は、この場合における求償権の時効中断効を認め、その理由として、弁済した保証人が代位によって取得する「債権は、求償権を確保することを目的として存在する附従的な権利であるから〔昭和六一年判決を引用〕、保証人がいわば求償権の担保として取得した届出債権につき破産裁判所に対してした右届出名義の変更の申出は、求償権の満足を得ようとしてする届出債権の行使であって、求償権について、時効中断効の肯認の基礎とされる権利の行使があったものと評価するのに何らの妨げもない」と述べた。[6]

この判決は「附従的な権利」という表現を用いているが、前掲大阪地判平成六年一月二六日が述べる通り、「附従性」によって原債権について生じた事由が求償権に及ぶわけではない。ここでは「附従性」は、それ以前の下級審判決において「原債権は、求償権確保のための手段的なもの」と表現されたのと同様、原債権を代位行使する目的を意味するにとどまる。そして、求償権の時効中断は、原債権の行使を通じて同時に求償権が行使されているという構成によって認められている。すなわち、引用されている昭和六一年判決の示す「附従的な性質」という概念は、一方の権利が他方の権利を制約するという意味では用いられていない。これらの判決では、この概念はむしろ他方の権利の保全に寄与するものとして用いられているということができる。

(3)　(2)で見たケースでは、倒産処理手続の制約を乗り越えて権利を行使するために、原債権についての手続をとる行為と、求償権の行使とを媒介するものとして「附従性」や「手段的地位」という概念が用いられた。これに対して、倒産処理手続により権利行使が制約される場合はどうか。

最二小判平成七年一月二〇日(民集四九巻一号一頁)は、連帯保証人の一人Aについて和議が開始され、和議条件が確定したが、同時期に他の連帯保証人Bが主債務を代位弁済し、Aに対して求償金を請求した事件である。原債権者がAに対して有していた連帯保証債権が和議条件により変更されていたのであるが、このことがAに対する求償権に影響するかが問題となった。最高裁は、和議開始決定の時点で求償権が発生していたときは、その求償権が和議債権となり、和議条件通りに変更されるが、「和議開始決定の後に弁済したことにより、和議債務者に対して求償権を有するに至った連帯保証人は、債権者が債権全部の弁済を受けたときに限り、右弁済による代位によって取得する和議債権(和議条件により変更されたもの)の限度で、右求償権を行使し得るにすぎない」とし、その理由として「和議制度の趣旨にかんがみても、和議債務者に対し、和議条件により変更された和議債権以上の権利行使を認めるのは、不合理だからである」と述べる。

この点について調査官解説は「和議制度においても破産制度と同じく、法律上は、和議開始決定時を基準とするいわゆる宣告時現存主義が採用されており、和議条件もこの宣告時現存主義を当然の前提として作成される。この趣旨に照らすと、和議債権の和議債務者に対する行使は右和議債権につき代位弁済があって弁済者の求償権が発生し、その求償権がそのまま和議債権とはならないとしても、求償権の行使として和議条件で定められた以上の内容を認めると、和議開始決定の時点で和議債務者の更生を図るために計画して作成した和議条件の設定自体が無意味になってしまい、結局、和議制度の趣旨を没却することになってしまう。……このような意味において、和議制度には、和議開始決定の後の弁済による求償権行使に弁済によって取得する和議債権を基準とする制約を課することが制度上内包されている」と説明している。(7)

ここでは、原債権の行使に関する手続法上の制約が、求償権の行使に及ぶか否かという問題が扱われているのであるが、原債権と求償権との関係というのではなく、和議制度の趣旨によって判断されていることを確認しておきたい。

八　まとめ

本判決は、昭和六一年判決が判決理由の中で述べた「附従的性質」を根拠に、求償権の行使に関する手続法上の制約が、原債権及びその担保権の行使を制約するという解釈を示した。しかし、以上に検討したように、昭和六一年判決までの段階では、行使しうる権利の金額的な限度の問題が扱われており、また昭和六一年判決自身、その制約を「実体法上のもの」と明示していたことからすると、昭和六一年判決からはそのような解釈を導き出すことはできない。

また、手続法上の制約という面から、倒産処理の場での弁済者代位の扱いを見てみると、昭和六一年判決の「附従的性質」は、厳密な意味では使われておらず、原債権に関する権利の行使が、当事者の意思において同時に求償権の行使としての意味を有することを媒介するものとして扱われており、また手続法上の制約は、和議制度等の趣旨から導かれている。すなわち、この場面でも、求償権と原債権との関係が解決の基準となっているわけではない。

昭和六一年判決以後、**七**で触れた判例の展開等を踏まえて、両債権の「主従的競合」という捉え方には反省が加えられている。潮見教授は、「『主従的競合』の意味としては、せいぜい、①『求償権が存在しなければ、原債権への代位なし』、②『求償権が弁済その他の事由により消滅したならば、代位制度という手段を用いる必要がなくなるから、原債権への代位も生じない』ということにとどまるのではなかろうか」と述べ、代位制度の捉え方については、**五**の冒頭で見た寺田教授の見解のように「代位制度の中には、求償目的達成に際しての利害関係人間の利益・期待を調節するための考量が取り込まれている（求償制度としての代位制度）。とりわけ、民法五〇一条但書では、そこで挙げられている利害関係人（とりわけ、第三者）の利害が合理的に調節されていると言える。……『求償権と原債権は別債権だ』という点を強調することは、ときとして、この『求償制度としての代位制度』という面を見えにくくする」と述べる(8)。

本判決の結論の当否を判断するにあたっては、**二**で見た②の論点、すなわち民事再生手続の趣旨をも考慮して決するべきである。ただ、これを実体法の側から考えるとき、弁済者代位制度の原則は、昭和五九年判決で示されたとおり、代位がなかった場合と比べて関係者に不利益を及ぼさない限り、代位による権利行使は妨げられないということである。**七**(3)で見た前掲最二小判平成七年一月二〇日の場合は、和議開始決定後に発生した求償権につき、それをそのままの額で請求可能とすると、和議条件の設定が無意味となり、関係者に不利益を及ぼすことになる。それに対して本件では、Aは本件請求権を民事再生手続によらずに行使することができるところ、弁済者代位によってこれをXが民事再生手続外で行使したとしても、A自ら行使する場合に比べて関係者に不利益を及ぼすことにはならない。したがって、Xは民事再生手続によって制約されることなく、本件請求権を行使することができるものと考える。

（1）　寺田正春「弁済者代位制度論序説(1)〜(3)」法学雑誌二〇巻一号〜三号（一九七三〜七四年）。

（2）　寺田正春「弁済者代位の機能と代位の要件・効果」椿寿夫編『担保法理の現状と課題（別冊NBL三一号）』一三六頁（一九九五年）。

（3）　前田達明監修『史料債権総則』六一六〜六一七頁（二〇一〇年）参照。

（4）　『史料債権総則』六三七頁の富井委員の説明参照。

（5）　この動向を批判的に検討するものとして、潮見佳男「求償制度と代位制度――『主従的競合』構成と主従逆転現象の中で――」中田裕康＝道垣内弘人編『金融取引と民法法理』二三五頁以下（二〇〇〇年）が重要である。また消滅時効等により求償権が満足されないまま消滅した場合、当然に原債権及びそれに付された担保権が行使できなくなるかという問題を扱い、「附従性」の意味の限界を論じたものとして、髙橋眞「弁済者代位における原債権と求償権――消滅時効に関連して――」『抵当法改正と担保の法理』一八七頁以下（二〇〇八年）（初出銀法六五五号一六頁以下（二〇〇六年））も参照のこと。

（6）　その後のものとして、名古屋高判平成一三年一月三〇日（金法一六三一号九七頁）も参照。

（7）　『最高裁判所判例解説民事編平成七年度（上）』一二一〜一二三頁〔八木良一〕。

（8）　潮見・前掲（注（5））二五三〜二五四頁。

3　倒産手続と弁済者代位
――二つの最高裁判決に即して――

一　はじめに

最高裁昭和五九年五月二九日判決（民集三八巻七号八八五頁）以来、弁済者代位における原債権と求償権との関係の分析が進み、代位により原債権とそれに付された担保権とが弁済者に移転し、いわばセットになって弁済者の求償権を確保すること、右担保権の行使は、一面では原債権の範囲、一面では求償権の範囲において可能であることが明らかにされた。そして両債権の関係について「主従的競合」という把握や、最高裁昭和六一年二月二〇日判決（民集四〇巻一号四三頁）の示す「原債権及びその担保権は、求償権を確保することを目的として存在する附従的な性質を有」するという把握によって、求償権が原債権を制約し、原債権が担保権を制約するという構造を有するものと理解されてきた。

ところが、最高裁平成七年三月二三日判決（民集四九巻三号九八四頁）、最高裁平成九年九月九日判決（判時一六二〇号六二頁）では、原債権が右最高裁昭和六一年判決の示す「附従的な権利」であることをもって、破産手続において原債権についての届出名義の変更の申し出により求償権の時効が中断される理由としている。ここでは原債権が「求償権を確保することを目的として存在する」という点、すなわち担保としての目的が重視されており、「附従的な権利」ということは、文字通りの意味では使われていない。このように、倒産手続に関連して、弁済者代位の構造論がさらに吟味されるに至ったが、後述の、平成二三年一一月に出された最高裁の二判決は、倒産手続において、原債権を求償権確保のための一種の担保として性格づけつつ、「附従的な権利」という表現を用いないで、弁済者代位の「制度趣旨」をもってその理由づけを行った。

弁済者代位において、原債権及びその担保権は、確かに求償権にとって、担保としての「機能」を有する。そのことから、担保についての諸法理が、両者の関係に直ちに妥当するか。また、「附従的な性質」を認めたとして、それは倒産手続の中でどのように表れるか。本稿では、二件の最高裁判決を紹介した後、関連する下級審裁判例(1)の展開状況を参照しながら、右の問題を考えることとする。なお、引用する裁判例には、以下のように整理番号を付した。

〔1〕東京地判平成一七・三・九（金法一七四七号八四頁）
〔2〕東京地判平成一七・四・一五（金法一七五四号八五頁）
〔3〕東京高判平成一七・六・三〇（金法一七五二号五四頁）
〔4〕大阪地判平成二一・三・一二（金法一八九七号八三頁）
〔5〕大阪地判平成二一・九・四（判時二〇五六号一〇三頁）
〔6〕大阪高判平成二一・一〇・一六（金法一八九七号七五頁）
〔7〕横浜地裁川崎支判平成二二・四・二三（金商一三四二号一四頁）
〔8〕大阪高判平成二二・五・二一（判時二〇九六号七三頁）
〔9〕大阪地判平成二三・三・二五（金商一三六六号五四頁）
〔10〕大阪高判平成二三・一〇・一八（金商一三七九号二二頁）
〔11〕最判平成二三・一一・二二（民集六五巻八号三一六五頁）

〔12〕最判平成二三・一一・二四（民集六五巻八号三二一〇頁）

二　〔12〕最高裁平成二三年一一月二四日判決の内容

(1)　事実関係は次の通りである。B社はA社から、断熱材の製造を請け負い、X銀行は、B社がA社から受け取る報酬前渡金の返還債務について支払保証をした。前渡金がB社に支払われた後、B社について民事再生手続開始決定がなされ、Yが管財人に選任された。Yは民事再生法四九条一項に基づき、A社に対して、本件請負契約を解除する旨の意思表示を行った結果、A社はB社に対して前渡金返還請求権を取得した。XはB社に代わって二億六四七七万円余の保証債務を履行した上、右前渡金返還請求権を代位取得したとして、Yに対して同額の支払いを請求した。これに対してYは、XがB社に対して取得した求償権は、B社の民事再生手続開始前の保証委託契約・保証契約に基づいて発生したものであるから再生債権となり、B社の再生計画の定めによらなければ弁済等を行うことができない。そして民法五〇一条によれば、弁済による代位の効果として、求償権の範囲内で原債権を行使しうるにすぎないから、右の請求権が共益債権であるとしても、Xはこれを民事再生手続外で行使することはできないと主張した。

一審判決（〔5〕大阪地判平成二一・九・四）は前掲の最高裁昭和五九年五月二九日判決および最高裁昭和六一年二月二〇日判決を引用した上で「民法五〇一条柱書の『自己の権利に基づいて求償をすることができる範囲内』とは、求償権の存在や額を行使の上限とする趣旨にとどまらず、求償権の行使に実体法上又は手続法上の制約が存する場合には、原債権がその制約に服することをも意味しているものと解すべきであり、債務者としては、当該求償権に対抗できる全ての抗弁をもって、原債権の行使にも対抗できると解するのが相当である」と述べ、民法五〇一条所定の「範囲」とは求償権の存否および額のみと解するべきであるとするXの主張に対しては、「移転する原債権の『債権の効力』が求償権によって制約されるのであり、」「昭和六一年判決が判示する債務者が対抗し得る抗弁を、Xが主張するような狭い意味に解すると、債務者が、求償権の行使に対抗し得る抗弁を主張できるにもかかわらず、代位弁済者が原債権の行使を選択することで当該抗弁の存在を無視できることとなり、原債権の上記附従的な性質に反し相当でない」として、Xの請求を棄却した。

これに対して原判決（〔8〕大阪高判平成二二・五・二一）は次のように述べて一審判決を取り消した。すなわち、民法が手続法ではなく実体法であることに鑑みると、民法五〇一条所定の「範囲内」とは「求償権が存する場合にその求償できる上限の額の範囲内（……）すなわち実体法上の制約の範囲内を意味していると解すべき」であり、また「民法五〇一条柱書が手続法上の制約についても規定しているとすれば、債権者が原債権に債務名義を有するときは、代位者は承継執行文の付与を受けてこれを行使することができるとされていること（民事執行法二七条二項）と相容れないと解されることなどの点を併せ考慮すれば、民法五〇一条柱書の解釈として、債務者が原債権を行使する代位弁済者に対し、求償権の行使に手続法上の制約が存することをもって対抗できると解するのは相当でない。したがって、本件において、民法五〇一条柱書を根拠として、YがXに対し、本件求償権に存する手続法上の制約（再生債権として、民事再生手続開始後は、原則として再生計画の定めるところによらなければ弁済等が許されない。）をもって対抗することはできないというべきである。」最高裁の昭和五九年判決・昭和六一年判決との関係については、「両判決は、求償権の額による原債権の行使の制限を判断した事案であり、上記の『原債権及び求償権の双方についての抗弁』というのも実体法上の制約を意味するものとして用いられていることが明らかであるから、」右の判示が、両判決が明らかにした「求償権と原債権がいわば主従的な請求権競合の関係にあること」と矛盾しているということはできない、と。

⑵　最高裁は、次のように述べてYの上告を棄却した。なお、金築誠志裁判官の補足意見がある。

「弁済による代位の制度は、代位弁済者が債務者に対して取得する求償権を確保するために、法の規定により弁済によって消滅すべきはずの債権者の債務者に対する債権（以下『原債権』という。）及びその担保権を代位弁済者に移転させ、代位弁済者がその求償権の範囲内で原債権及びその担保権を行使することを認める制度であり（前掲最高裁昭和五九年判決、昭和六一年判決）、原債権を求償権を確保するための一種の担保として機能させることをその趣旨とするものである。この制度趣旨に鑑みれば、弁済による代位により民事再生法上の共益債権を取得した者は、同人が再生債務者に対して取得した求償権が再生債権にすぎない場合であっても、再生手続によらないで上記共益債権を行使することができるというべきであり、再生計画によって上記求償権の額や弁済期が変更されることがあるとしても、上記共益債権を行使する限度では再生計画による上記求償権の権利の変更の効力は及ばないと解される（民事再生法一七七条二項参照）。以上のように解したとしても、他の再生債権者は、もともと原債権者による上記共益債権の行使を甘受せざるを得ない立場にあったのであるから、不当に不利益を被るということはできない。

これを本件についてみると、前記事実関係によれば、弁済による代位により本件前渡金の返還請求権を取得したXは、A社に代位して、再生手続によらないで上記請求権を行使することができるというべきである。」

三　〔11〕最高裁平成二三年一一月二二日判決の内容

(1)　事実関係は次の通りである。新聞販売店A社が破産し、Yが破産管財人に選任された。破産手続開始申立の後、A社は売掛金の回収に難航して従業員の給与の支払いが困難になり、新聞の配達に支障が出る恐れがあった。そのためA社の代表取締役Bが、販促の日用品を供給する業者Xに対して、一ヶ月分の従業員給与の立替えを懇請、Xはこれに応じて立替払いをした後、従業員らに代位して給料債権を取得し、Yに対して、破産手続によらないで右給料債権の支払いを求めた。この経過の中で、BはXの代表者に「給料は優先債権であり、迷惑はかけない」と言って立替えを依頼し、またXの会長Cが、税理士法人事務所に問い合わせて立替払いをしても大丈夫だという返事を得たが、他方で破産申立代理人の弁護士に「勝手なことをしてはいけない、私は許可しない」と言われたという事実がある。

一審（〔4〕大阪地判平成二一・三・一二）は「第三者が給料の立替払をした場合には、労働者保護の観点から給料債権を財団債権とした破産法上の趣旨が達成されたといえるから、特段の事情のない限り、原則として、財団債権には当たらない」が、「本件において、Xは、業務として破産会社の債務の保証等を行ってはおらず、立替払はそのような義務の履行として行ったものではなく、破産会社の代表者から給料は優先債権であり決して迷惑はかけないとして懇請されてなしたものであること、係る状況下において、代位によって取得した給料債権が財団債権に当たらないとした場合、Xが委任ないし準委任契約の錯誤無効を主張し、従業員に対して立替払した給料の返還請求を行い、その場合、結局従業員が財団債権者となる事態も予想され、労働者の保護という破産法の趣旨が達成されたとはいえなくなることからすれば、本件においては、Xが取得した給料債権（原債権）は、なお財団債権としての優先的な効力を付与すべき特段の事情があるというべきである。」また弁済による代位の制度は、求償権の確保を目的として原債権を代位弁済者に移転させ、求償権の範囲内において原債権の行使を認めるものであり、「原債権は、求償権に対して附従的な性質を有しており、Xの求償権（費用償還請求権）は、破産債権としての性質を有するものではあるが（破産法二条五号）、原債権が求償権に対して附従的な性質を有していることと、原債権が財団債権としての性質を有するか否かは直接に結びつくものではない」と述べて、Xの請求を認容した。

これに対して原審（〔6〕大阪高判平成二一・一〇・一六）は、破産法「一四九条一項所定の使用人の給料請求権は、労働債権の保護という政策的配慮に基づき創設的に付与された財団債権であるが、第三者が破産手続開始前の使用人の給料を立替払いした場合には、労働者保護の必要性という上記政策目的は既に達成されていることになる。この場合に、労働者でない第三者が弁済による代位によって取得した原債権をも財団債権として扱うことは、本来は総債権者のための共益費用という財団債権の性質を有しないにもかかわらず、政策的見地から財団債権とされた債権を、当該政策的目的を超えて、総破産債権者らの負担において保護することに他ならないというべきである。」また弁済者代位における原債権・担保権は「求償権を確保することを目的として存在する附従的な性質を有し、……求償権の存在や債権額と離れ、独立してその行使が認められるものではない。そうすると、原債権によって確保されるべき求償権が破産債権（破産法二条五項）にすぎず、破産手続によらなければ行使することができない権利である以上、求償権に対し附従性を有する原債権についても、求償権の限度でのみ効力を認めれば足りることになるから、第三者が弁済による代位によって取得した原債権たる労働債権は財団債権ではなく、一般の破産債権として取り扱われるものと解するのが相当である」と述べて、一審判決を取り消し、Xの請求を棄却した。

(2)　最高裁は次のように述べて原判決を破棄し、Yの控訴を棄却した（Xの請求が認容された）。なお、田原睦夫裁判官の補足意見がある。

「弁済による代位の制度は、代位弁済者が債務者に対して取得する求償権を確保するために、法の規定により弁済によって消滅すべきはずの原債権及びその担保権を代位弁済者に移転させ、代位弁済者がその求償権の範囲内で原債権及びその担保権を行使することを認める制度であり（〔前掲最高裁昭和五九年判決、昭和六一年判決〕）、原債権を求償権を確保するための一種の担保として機能させることをその趣旨とするものである。この制度趣旨に鑑みれば、求償権を実体法上行使し得る限り、これを確保するために原債権を行使することができ、求償権の行使が倒産手続による制約を受けるとしても、当該手続における原債権の行使自体が制約されていない以上、原債権の行使が求償権と同様の制約を受けるものではないと解するのが相当である。そうであれば、弁済による代位により財団債権を取得した者は、同人が破産者に対して取得した求償権が破産債権にすぎない場合であっても、破産手続によらないで上記財団債権を行使することができるというべきである。このように解したとしても、他の破産債権者は、もともと原債権者による上記財団債権の行使を甘受せざるを得ない立場にあったのであるから、不当に不利益を被るということはできない。以上のことは、上記財団債権が労働債権であるとしても何ら異なるものではない。

したがって、Xは、破産手続によらないで本件給料債権を行使することができるというべきである。」

四　関連裁判例

民事再生手続における共益債権、破産手続における財団債権にあたる債権につき、債務者に代わって弁済した第三者が、債権者に代位してこの債権を行使する場合、手続外で行使することができるか、それとも手続の制約を受けて、再生債権、破産債権としてしか行使できないかという問題につき、以下のような裁判例がある。

(1)　まず、租税債権の保証人が債務者に代わって弁済した場合である。

(a)　〔1〕東京地判平成一七・三・九およびその控訴審判決である〔3〕東京高判平成一七・六・三〇は、金融機関XがA会社の依頼により、同会社の関税等の債務を横浜税関等に対して保証したところ、A会社について再生手続が開始され、Xは開始決定後にA会社の関税等を弁済した。その後A会社は破産宣告を受け、破産管財人としてYが選任された。Xは横浜税関等の債権を弁済者代位によって取得したとして、Yにその支払いを請求した事件である。

一審では「関税等の租税債権は、国税徴収法や各種税法等を根拠として、発生する債権であり、民法が予定している債権債務関係と直ちに同列に考えることができないところ、国税通則法四一条及び同施行令一一条は、国税を第三者が納付した場合で国税を担保するため抵当権が設定されている場合に当該抵当権につき国に代位することができる旨及びその手続について定めるが、租税債権そのものの代位を認める規定及び代位の手続に関する規定を何ら定めていないことから、国税通則法四一条及び同施行令一一条は、抵当権に限って代位を認める趣旨であると解されること、租税債権が、倒産法制上優先的な地位を与えられている根拠は、租税が、国又は地方公共団体の存立及び活動の財政的な基盤となるものであり、租税を公平、確実に徴収するという政策的、公益的要請からであることに照らせば、Xが、保証債務の履行として本件租税債権を弁済したとしても、本件租税債権を弁済による代位により取得することはできないと解するのが相当である」と述べて、弁済者代位自体を否定した。

これに対して二審では、次のように述べて弁済者代位自体は認め、しかしその行使は破産手続内でのみなしうるものとした。すなわち、旧破産法四七条二号が租税債権を財団債権としている趣旨は、一審の示したような公益的要請によるものであって、「旧破産法等倒産手続法上付与された優先的な効力は、租税債権の内在的なものとして保有する固有の権利内容ではなく、各倒産手続法の立法政策上の判断によって創設的に付与されたものと解すべきである。そうすると、以上のような同項の趣旨に照らすと、私人が民法五〇一条の代位による弁済によって租税債権を取得した場合には、もはや当該私人にまで租税債権としての優先的な効力を付与すべき理由がなくなる」と述べ、さらに「代位弁済者に移転した原債権は、求償権を確保することを目的として存在する附従的な性質を有し、求償権の存在やその効力と独立してその行使が認められるものではな」く、Xが原債権たる租税債権を行使することによって確保されるべき求償権は「破産債権としてしか行使できない抗弁が附着したものである。そうすると、Xが民法五〇一条の弁済による代位によって取得したと主張する本件租税債権も、破産債権である求償権の限度でのみ効力を認めれば足りるものである」から、Xが代位によって取得した本件租税債権は一般の破産債権にあたり、破産手続によらずに行使することはできないとして、原判決を取り消し、訴えを却下した。

(b)　〔2〕東京地判平成一七・四・一五は、金融機関Xが、Y会社の関税等の債務を東京税関に対して保証、Y会社について民事再生手続が開始された後にこれを東京税関に弁済した後、Y会社に対して、弁済した額に相当する金額を再生手続外で請求した事件である。裁判所は、Xが弁済によって取得した求償権は共益債権ではなく、再生債権であるとし、租税債権については、租税収入の確保を図るという趣旨から一般優先債権であるとされているところ、「Xの東京税関に対する本件代位弁済により、東京税関において、その租税収入の確保を図ることができた以上、租税債権を一般優先債権とした趣旨は既に達成されており、それ以上になおも本件代位債権を、一般優先債権として扱う必要性は、もはやないといわざるを得ない」と述べ、求償権、代位債権ともYの再生計画の定めによらなければ弁済等を行うことができないとして、Xの請求を棄却した。なお、控訴審である東京高判平成一七・

八・二五は公刊物未登載であるが、優先性の否定以前に、代位取得自体を否定したと紹介されている。(2)

(2)　次に、〔11〕最判平成二三・一一・二二と同様、給与債権の立替払いの場合である。

〔7〕横浜地裁川崎支判平成二二・四・二三は、破産手続開始後に、破産者の従業員に対して、Y（独立行政法人労働者健康福祉機構）が立替払いをしたところ、破産管財人Xが、YのXに対する債権が財団債権でないことの確認を求めた事件である。裁判所は、弁済者代位において「求償権の行使に実体法上又は手続法上の制約が存する場合、原債権の行使もその制約に服するかについては議論のあるところである」が、弁済者代位の制度趣旨からして「原債権はその性質を保ったまま代位弁済者に移転すると解するのが相当」であり、「本件代位債権も労働者の未払給料債権という性質は失わないものというべきである。そして、破産手続開始前三月間の破産者の使用人の給料の請求権は財団債権とされる（破産法一四九条一項）ところ、この規定は、使用人（労働者）の保護という政策的目的によるものであり、また、Yは、破産手続開始決定を受けた事業主に代わり、労働者の請求に基づき賃金の立替払をすることが義務づけられているのである（独立行政法人労働者健康福祉機構法一二条六号、賃確法七条）から、事業者の信用不安に関するリスク回避を講じることは予定されておらず、Yによる上記立替払は、最終的には優先的に支払われる賃金債権について、早期に支払うということで上記労働者保護の目的に合致しているものといえる。以上の趣旨からすれば、本件代位債権も、破産法一四九条一項により財団債権とするのが相当である」とし、さらに原債権の行使が求償権の行使に対する制約に服するという考え方をとれば「本件代位債権も、破産債権である求償債権の限度での効力を認めれば足りるともいえる。しかしながら、Yが上記立替払により事業主に対して取得する求償債権は、破産法一四八条一項五号所定の倒産手続開始後の事務管理又は不当利得に基づく請求権として財団債権といえるから、仮に上記のような考え方を取ったとしても本件代位債権の行使が求償権の性質による制約を受け

ることはないと解すべきである」と述べて、求償権自体をも財団債権とし、いずれにしてもXの請求は認められないと判断した。

(3)　最後に、〔12〕最判平成二三・一一・二四と同様、前受金返還債務の代位弁済の場合である。

〔9〕大阪地判平成二三・三・二五は、A会社（右最高裁判決と同一会社）がB会社に船舶を建造して売り渡す契約をし、X銀行がB会社の前受金返還債権の保証をしたところ、A会社について再生手続が開始され、管財人YがB会社との右売買契約を解除したことによってB会社はA会社に対して前受金返還債権を取得した。X銀行はB会社に右債権を代位弁済した上、原債権としての右債権は共益債権にあたるとして、Yに対して右債権の代位行使により、代位弁済額の支払いを請求した事件である。

裁判所は、Xの取得した求償権は再生債権であるとする。そして〔5〕大阪地判平成二一・九・四と同様、最高裁昭和五九年判決・昭和六一年判決を引用して、民法五〇一条所定の求償権による制約は「実体法上の制約」であると述べた上、再生債権について個別的権利行使が禁止されるのは、債権の効力としての給付保持力、請求力、強制力ないし執行力のうち「少なくとも請求力（訴求力）及び強制力ないし執行力が制限されることを意味する。このような制限は、上記のとおり民事再生法を根拠とするものであるが、実体法上認められた債権の請求力（訴求力）及び強制力ないし執行力の制限という意味において、実体法上の制限に当たるというべきである。」「また、本件では……再生計画により免責や権利変更の効果（民事再生法一七八条、一七九条）が生じているから、Xが連帯保証債務の履行により取得した求償権は、再生債権として、実体法上、債権の内容ないし効力が変更されたものというべきである」と述べて、Xは原債権たる本件前受金返還債権を「再生債権として債権の内容及び効力が制限された求償権の限度において……行使し得るにとどまる」から、これを再生手続外で行使することはできないとして、

Xの訴えを却下した。その控訴審判決である〔10〕大阪高判平成二三・一〇・一八も、民法五〇一条の解釈に関しては同様の理由により、〔9〕判決を支持してXの控訴を棄却した。

五　検討

(1)　問題の設定

二・三で見た平成二三年の最高裁の二判決は、一審・原審や関連裁判例で論じられている問題、すなわち民事再生法・破産法上の利益衡量、原債権・求償権の附従性問題、民法五〇一条にいう「自己の権利に基づいて求償をすることができる範囲」の問題を論じることなく、原債権を求償権のための一種の担保と性格づけた上で、その趣旨から、原債権の行使について、求償権に対すると同様の制約を受けないという結論を導き出している。

しかし、これまでの議論を検討する必要がないのは何故か、民法に関する点に限っても、「担保」としての性格づけは附従性の問題を導き出すのではないか、また民法五〇一条の右文言がここで問題にならないのは何故かという疑問も生じうる。そこで、以下では、第一に倒産法上の利益衡量、第二に「担保」としての性格づけと附従性の問題、第三に民法五〇一条の「求償をすることができる範囲」の解釈をめぐる問題について検討する。

(2)　「趣旨達成」論と倒産法上の利益衡量

(1)　「趣旨」の意味するもの　　租税債権に関する〔2〕東京地判平成一七・四・一五は、租税収入の確保を図るという趣旨から一般優先債権とされている租税債権が、Xの代位弁済により「東京税関において、その租税収入の確保を図ることができた以上、租税債権を一般優先債権とした趣旨は既に達成されており、」それ以上に代位者の行使する原債権を一般優先債権として扱う必要はないと述べる（租税債権に関する〔3〕判決、給料債権に関する〔4〕〔6〕判決も参照）。優先権付与の「趣旨」が債権者の保護にあるとして、その達成が弁済者代位にどのように影響するか。

弁済者代位の法理は、第三者の弁済によって当該債権の回収が実現したときは、債権回収（したがって税収の確保）という目的が達成され、消滅したはずの原債権は債権者にとって不要なものとなる、この場合、これを弁済した第三者に求償権確保のために利用させても、代位がなく債権者自身が権利行使する場合と比べて何ら変化が生じないのであるから、利害関係者に不利益を及ぼすものではないというものである。すなわち、債権者にとっての目的が達成された後に、次の段階として弁済者代位が可能となるものであるから、〔2〕判決のいう「趣旨」は、債権者にとっての目的ではなく、租税債権に優先的効力を与える民事再生法の趣旨を意味するのでなければならない。そうすると、ここでの問題は、代位者による原債権の行使に優先性を与えない理由は何かという点にある。(2)～(4)で検討する。

(2)　保護の属人性について　　租税債権に関する〔2〕〔3〕判決では、公益性のある租税収入の確保を理由に代位債権行使の制約を認め、また給料債権に関する〔4〕大阪地判平成二一・三・一二は、原則として「第三者が給料の立替払をした場合には、労働者保護の観点から給料債権を財団債権とした趣旨が達成されたといえる」と述べるが、ここには、国の租税収入や労働者に一定範囲の給料を確保することが破産法・民事再生法の趣旨であり、第三者による弁済によりその確保が実現した以上、国あるいは労働者ではない第三者については保護の理由がない、すなわち保護対象者を限定するという考え方があるように思われる。

このような考え方に対して、前渡金返還債権に関する〔8〕大阪高判平成二二・五・二一は「共益債権とされた理由が相手方の保護を図ることにあるからといって、直ちに代位弁済者がその共益債権を再生手続外で行使することが許されなくなるというのであれば、相手方の請求権が債権譲渡等によって第三者に移転した場合にも、第三者はその共益債権性を主張できないことになりかね」ないと反論している。松下教授はこの点を敷衍して、民事再生法で保護されるべき注文者「Aが自己の債権を現金化する方法として、Yに対して共益債権を行使して弁済を受けるか、債権譲渡により対価を受領するかによって、差を生じさせるべき理由はなく、差が生ずれば相手方の利益を損なうことになり、結局相手方の権利を共益債権とする趣旨が損なわれる、との指摘はもっともである」とし、さらに「Aの債権者Cが既にAに対する権利について債務名義を有しているとして、AのYに対する権利を差し押さえて取立権を行使する事例で考える」とき、「AのYに対する債権を共益債権とする趣旨がAの属人的な保護にある点を強調すると、Cが給付を受領する場合にはその行使する権利は共益債権とは扱われない、ということになるのではなかろうか。そうだとすれば、Aは自己の財産の価値を債権者の満足と自己の債務の軽減のために十分に活かすことができなくなることを意味し、この意味でAの保護を欠くことになる」と述べる。(4)

松下教授は、右の点について「AがYに権利を有しているということは、AがYから給付を受け得ることを意味するのみならず、AのYに対する地位あるいは利益に依存しあるいはこれを承継する者にもAと同じ地位あるいは利益を享受できるようにすることをも意味する」という一般的な観点を示す。(5)すなわち、保護対象者以外の者に同じ利益を認めなければ、対象者の保護を全うすることもできないということであり、直接の保護対象者以外の者が行使することを理由に、倒産法上与えられていた保護を否定することはできないというべきである。

(3)　弁済者のリスク負担について　(2)で見た給料債権に関する〔4〕判決は、立替払いによる「労働者保護の趣旨達成」を原則としつつ、当該事案において「Xは、業務として破産会社の債務の保証等を行ってはおらず、立替払はそのような義務の履行として行ったものではなく、破産会社の代表者から給料は優先債権であり決して迷惑はかけないとして懇請されてなしたものであること」等を理由に「特段の事情」ありとし、代位取得した給料債権を財団債権として行使することを認めた。また、同様に給料債権に関する〔7〕横浜地裁川崎支判平成二二・四・二三は、独立行政法人Yは賃金の立替払をすることが義務づけられ、事業者の信用不安に関するリスク回避を講じることは予定されておらず、Yによる早期の立替払は労働者保護の目的に合致するとして、代位債権を財団債権とするのが相当であるとした。立替払いが義務であるか否かについては逆であるが、いずれにしても、弁済者がリスクを負担する理由はないと評価したものである。このことは、〔4〕判決において、財団債権たることを否定した場合に弁済者が立替払い分の返還を従業員に請求し、結局従業員が財団債権者となる事態も予想されるとしている点も併せ考えると、立替払いによる労働者のより迅速な救済は、給料債権を財団債権とした破産法の「趣旨」に合致する、その趣旨に照らして、弁済者にリスクを負わせるべきではないという考え方によるものと推測できる。

これに対して、弁済者がリスクを引き受けたものと評価する考え方がある。すなわち前渡金返還債権に関する〔5〕大阪地判平成二一・九・四は、右債権が共益債権とされることによって「保護されるべき当事者として想定されているのは、一方的に契約を解除される立場にあるA社であって、B社に対して与信し、本件請求権を保証したXの保護まで目的とするものではない。そして、共益債権者であるA社が自己の債権の回収をどのような手段で行うかは自由であり、同社が本来的な満足を受けている限り、本件請求権の共益債権化の目的は果たされているといえるから、Xによる本件請求権の行使を制限したからといって、当事者間の公平を害するとはいえない」と述べ、Xが保証を引き受けることによって与信した点を重視する。また保証人の地位について、野村弁護士は次のように述べる。すなわち「注文者の前渡金返還請求権につき金融機関が保証を行う際、請負人に対する貸倒れのリスクを考慮し、保証料率を決め、さらに、債務者である請負人から相当額の預金を積ませる等の信用補完を行う。この場合、保証人となる金融機関は、債務者である請負人が破綻した場合のリスクを考慮しているのであって、倒産手続に入り双方未履行双務契約の規律により解除が選択されるという限定された場面を想定しているわけではない。……このような保証人（金融機関）が、請負人が倒産手続に入り、双方未履行双務契約の規律により解除が選択されるという限定された場面において、他の一般の債権者に優先する地位が与えられるという結果は、『望外』の利益と言わざるをえないのである」と。(6)

さらに、弁済者代位の制度的妥当性を理由付けるにつき、原債権を原債権者自身が行使する場合と代位者が行使する場合とで利益状況は変わらないという説明があるが（次の(4)にも関連する）、〔9〕大阪地判平成二三・三・二五は、保証人のリスク管理の観点から、この説明への反論を意味する議論を行っている。すなわち「Xは、本件買主〔B会社〕との間で本件保証契約を締結して連帯保証債務を自ら負担した以上、本件買主が本件前受金返還債権を行使し、Yがその履行をすることを期待し得る立場にはない」とし、「本件買主が、Yに対する本件前受金返還債権を行使するか、Xに対する連帯保証債権を行使するかは、本件買主の自由な判断に委ねられている。他方、Xは、連帯保証債務の履行により発生する求償権の回収のリスクを回避するため、本件保証契約を締結するに際し、再生会社から予め預金等による担保を提供させる等の措置を採ることができる立場にあったこと、民事再生法が、経済的に破綻した債務者に代位して弁済する保証人の求償権について特段の規定を置いていないことを考慮すると、民事再生法はこのような求償権の回収のリスク回避を保証人の自己責任に委ねたものと解するのが相当である」と述べる。

(4) 他の再生債権者・破産債権者の保護について　三(1)で見たように、〔6〕大阪高判平成二一・一〇・一六は、破産法上保護される給料請求権は「労働債権の保護という政策的配慮に基づき創設的に付与された財団債権」であるところ、第三者の立替払いによって上記政策目的は既に達成されており、この場合に第三者が代位取得した原債権をも財団債権として扱うことは「本来は総債権者のための共益費用という財団債権の性質を有しないにもかかわらず、政策的見地から財団債権とされた債権を、当該政策目的を超えて、総破産債権者らの負担において保護することに他ならない」と述べて、他の破産債権者の保護を、代位行使される原債権を財団債権としない理由として挙げる。

これに対して〔8〕大阪高判平成二二・五・二一は、「共益債権者たるAはもともと本件請求権を民事再生手続外で行使することができ、Yとしては、その請求に応じなければならず、他の再生債権者は、本件請求権を弁済した後の財産からの弁済を甘受すべき立場にあったものである。また、代位弁済したXが本件請求権を民事再生手続外で行使したとしても、もともとAが民事再生手続外で行使することができる債権であった以上、財団が不当に減少するわけではなく、他の再生債権者が損失を被るわけでもないのであるから、Aが本件請求権を行使する場合に比べ、関係者に不利益を及ぼすことにはならないというべきである。逆に、Xが本件請求権を民事再生手続外での行使を認めた場合に比べ、共益債権として民事再生手続によらなければ行使することができないとすれば、財団が増加し、他の再生債権者が予想外に多額の弁済を受けることが可能となる反面、Xは損失を被ることになる」と述べて、手続外での行使を認める。

一方、〔8〕判決のような考え方に対して〔9〕大阪地判平成二三・三・二五は、(3)で見たように「Yに対する本件前受金返還債権を行使するか、Xに対する連帯保証債権を行使するかは、本件買主の自由な判断に委ねられて」いるとして、買主がXに対する連帯保証債権を行使した場合、Xが自己の権利を再生手続内でしか行使できないとすると「本件買主が共益債権として本件前受金返還債権を行使した場合に比して、再生債務者財産が上記のとおり減少を免れ、その結果、他の再生債権者は再生債務者財産からの配当が増加するという利益を受けることとなるが、本件買主の債権の選択の結果生じたいわば反射的利益にすぎない」と反論する。

この点について、二件の最高裁判決はともに、他の再生債権者・破産債権者は、もともと原債権者による共益債権・財団債権の行使を甘受せざるをえない立場にあったのであるから、代位者が再生手続・破産手続によることなく原債権を行使したとしても、不当に不利益を受けることはないという判断を示した。

(5)　倒産法上の利益衡量について　〔12〕最判平成二三・一一・二四において金築裁判官は、補足意見として、民法五〇一条柱書きの「自己の権利に基づいて求償をすることができる範囲内」の解釈について、「手続法上の制約を一切含まないものと限定的に解することは、いささか早計のように思われ、問題となる手続法上の制約の性質、効果等を考慮して、個別的、具体的に検討する余地を残しておくことが賢明であると考える」と述べる。(3)で見たように、給料債権の立替払いと前渡金返還請求権とでは、これを保護する政策的な趣旨が異なるとも考えられ、また保証は一種の与信であるがゆえに、保証をすることによるリスクの引受けという要素も否定することはできない。したがって、当該法律関係の具体的な態様に即した利益衡量は必要であるということができる。

しかし、手続費用等のような本来の共益債権・財団債権以外に、政策的見地や公平の見地からどのような債権を共益債権・財団債権に「格上げ」するかについての利益衡量は、すでに民事再生法・破産法において行われているというべきである。高木教授は、〔12〕判決の一審判決である〔5〕判決について、原債権を共益債権として再生手続外での行使を認め、いったん民事再生手続外に押し出しながら「民法という実体法の解釈として、再び、民事再生法の世界に取り込んでいるが、明文の規定がある場合は別として、実体法である民法の一条文〔五〇一条のこと〕の解釈としてこのようなことをするのは、何らかの論理上の無理がある」とし、「民事再生手続内にとどめるか、それとも、その外に出すかを決めるのは、あくまでも民事再生法ではないか」(7)という疑問を示している。

実際、給料債権の立替払いに関する〔11〕最判平成二三・一一・二二の事案において、Bが「給料は優先債権であり、迷惑はかけない」と言って立替えを依頼したことは、破産法の制度、すなわち破産法の利益衡量の結果に基づいて判断したものである。ところがCが税理士法人事務所に問い合わせたときは立替払いをしても大丈夫だという返事を得、他方で破産申立代理人の弁護士がその許可を拒絶するというように、法律の専門家において判断が食い違っている。このような状況のもとで、立替払いの是非を判断するB・Cはどうすればよいか。個別・具体的に、民事再生法・破産法に明文化されていない利益衡量によって代位者の権利行使の取扱いが異なりうるとするならば、事後の判断はともかく、行為を決する基準として民事再生法・破産法が機能しないことになりかねない。したがって、高木教授の指摘のとおり、この点についてさらに利益衡量の必要があるならば、それは民事再生法・破産法の規定を明確にすることを通じて行われるべきであり、民法五〇一条の解釈においてするべきものではないと考える(8)。

(3)　民法五〇一条ないし「附従的性質」の問題

(1)　各裁判例の理由づけ――「附従的性質」の問題　民事再生法・破産法の規定が手続を導く基準である以上、「格上げ」されたものであるとしても、これらの法律により共益債権・財団債権とされた債権については、あくまでも共益債権・財団債権として扱われる。そうであれば、仮に弁済者によって代位行使される場合にその取扱いが変わるとすると、その根拠は弁済者代位の構造に求められることになる。そのため、最高裁昭和五九年判決および最高裁昭和六一年判決が引用されるが、両判決の示す構造論から、どのような準則が読み取れるかが問題となる。

〔3〕東京高判平成一七・六・三〇は、「弁済による代位の制度は、代位弁済者の債務者に対する求償権を確保することを目的として、弁済によって消滅するはずの債権者の債務者に対する債権（以下『原債権』という。）及びその担保権を代位弁済者に移転させ、代位弁済者がその求償権を有する限度でその原債権及びその担保権を行使することを認めるものである。それゆえ、代位弁済者が代位取得した原債権と求償権とは、別異の債権ではあるが、代位弁済者に移転した原債権は、求償権を確保することを目的として存在する附従的な性質を有し、求償権の存在やその効力と独立してその行使が認められるものではない」と述べた上、本件において原債権の行使により確保されるべき求償権は「破産宣告がされている場合は、破産債権としてしか行使できない抗弁が附着したものである。そうすると、Xが民法五〇一条の弁済による代位によって取得したと主張する本件租税債権も、破産債権である求償権の限度でのみ効力を認めれば足りるものである」と判示した。この前半部分は、〔3〕判決は直接に引用してはいないが、最高裁昭和六一年判決の示す理由とほぼ同じである。しかし昭和六一年判決が「求償権の存在、その債権額と離れ、これと独立してその行使が認められるものではない」としているのに対し、「求償権の存在やその効力と独立して」と表現している点が異なっている。

また〔6〕大阪高判平成二一・一〇・一六は、最高裁昭和六一年判決の右定式を示した上で（「求償権の存在やその債権額と離れ」）と表現）、「そうすると、原債権によって確保されるべき求償権が破産債権（破産法二条五項）にすぎず、破産手続によらなければ行使することができない権利である以上、求償権に対し附従性を有する原債権についても、求償権の限度でのみ効力を認めれば足りることとなるから、第三者が弁済による代位によって取得した原債権たる労働債権は財団債権ではなく、一般の破産債権として取り扱われるものと解するのが相当である」と述べる。

これに対して〔4〕大阪地判平成二一・三・一二は、代位において原債権が求償権に対して「附従的な性質」を有していることを認めつつ、「原債権が求償権に対して附従的な性質を有していることと、原債権が財団債権としての性質を有するか否かは直接に結びつくものではない」と述べる。

右のように、〔3〕判決は、原債権の行使にあたり、求償権の行使に対する「抗弁」の対抗を受けることを「附従的な性質」として捉えている。求償権に対する「抗弁」の対抗を受けることが、「附従性」の一内容たりうることは理解できるが、具体的に、「破産債権としてしか行使できない抗弁」が、債権そのものの性質ということができるかは検討の必要がある。すなわち、ある債権に対する倒産手続による制約は、「附従性」により、その債権を保全するための権利行使を制約するかという点がひとつの問題となる。

(2)　各裁判例の理由づけ――「実体法上の制約・手続法上の制約」の問題　右の点は、同時に、民法五〇一条の「自己の権利に基づいて求償をすることができる範囲内」の解釈をめぐる議論となる。

〔5〕大阪地判平成二一・九・四は、最高裁昭和六一年判決を引用した上で（したがって「求償権の存在、その債権額と離れ」という部分はそのままである）、「そうすると、代位弁済者による原債権の行使……の可否及び範囲については求償権を行使し得る範囲を超えては認められないのであるから、民法五〇一条柱書の『自己の権利に基づいて求償をすることができる範囲内』とは、求償権の存在や額を行使の上限とする趣旨にとどまらず、求償権の行使に実体法上又は手続法上の制約が存する場合には、原債権がその制約に服することをも意味するものと解すべきで

あり、債務者としては、当該求償権に対抗できる全ての抗弁をもって、原債権の行使にも対抗できると解するのが相当である」と述べる。昭和六一年判決が、「求償権による右のような制約は実体法上の制約であるから」と述べているのに対して、〔5〕判決は「実体法上又は手続法上の制約」として「手続法上の制約」を付加している。

これに対して〔8〕大阪高判平成二二・五・二一は、「民法は手続法ではなく実体法であることに鑑みれば」、民法五〇一条所定の「範囲内」とは「求償権が存する場合にその求償できる上限の額の範囲内（……）すなわち実体法上の制約の範囲内を意味していると解すべき」であるとし、また代位者が承継執行文の付与を受けて原債権を行使できることとの対比に触れて、「民法五〇一条柱書の解釈として、債務者が原債権を行使する代位弁済者に対し、求償権の行使に手続法上の制約が存することをもって対抗できると解するのは相当でない」と述べる。

右の裁判例では、五〇一条の代位権行使にあたって、求償権の行使に対する「手続法上の制約」が代位取得した原債権の行使を制約するかという問題が論じられたが、さらに、原債権の行使が求償権の行使に対する制約に服するという考え方を前提として、倒産手続上の求償権の性質自体に関して議論がなされる。すなわち〔7〕横浜地裁川崎支判平成二二・四・二三は、仮に原債権の行使が求償権の行使に対する制約に服するという考え方をとったとしても、弁済者が立替払により事業主に対して取得する求償債権は財団債権といえるから、本件代位債権の行使が求償権の性質による制約を受けることはないと述べる。また〔9〕大阪地判平成二三・三・二五は、最高裁昭和五九年判決・昭和六一年判決を引用して、民法五〇一条所定の求償権による制約は「実体法上の制約」であると述べた上、再生債権に対する制限は、「民事再生法を根拠とするものであるが、実体法上認められた債権の請求力（訴求力）及び強制力ないし執行力の制限という意味において、実体法上の制限に当たるというべきである」こと、また本件では再生計画により免責や権利変更の効果が生じているから、「Xが連帯保証債務の履行により取得した求償権は、再生債権として、実体法上、債権の内容ないし効力が変更されたものというべきである」と述べて、「実体法の制約」の枠内において原債権の行使の制約を根拠づけうるものとした。

(3)　検討　それでは、最高裁の〔11〕〔12〕判決のように、弁済者代位制度において原債権が求償権確保のために一種の担保として機能していると捉えた場合、倒産法制による求償権行使の制約が、原債権の行使を制約するか否かを、第一に「附従性」一般、第二に民法五〇一条の解釈論から検討する。

(a)　まず「附従性」一般についてであるが、保証人の責任を例に挙げるならば、主債務者について破産手続が開始し、免責許可の決定があった場合について、破産法二五三条二項は「免責許可の決定は、破産債権者が破産者の保証人その他破産者と共に債務を負担する者に対して有する権利及び破産者以外の者が破産債権者のために供した担保に影響を及ぼさない」と規定する。これは、主債務者が破産した場合のために保証等の担保をとっているのであるから、その目的上当然というべきであって、本来は「附従性」によって保証人に対する権利の行使も制約されるべきであるが、破産法の規定により特別にその制約を排するという趣旨ではないと考える。したがって、両債権の関係を一種の担保として捉えたとしても、「附従的性質」という特徴づけにより、倒産法制による求償権行使の制約を、原債権にも課することはできない。(9)

(b)　しかし附従性とは別に、民法五〇一条が「自己の権利に基づいて求償をすることができる範囲内において」原債権等を行使することができるとしていることから、その文言により、手続上「求償をすることができる範囲」の制約も、原債権を行使しうる「範囲」を限定するのではないかという議論が可能である。(2)で見た「実体法上の制約・手続法上の制約」の問題はこの点にかかわるものであるが、松下教授は、〔8〕大阪高判平成二二・五・二一の「民法は手続法ではなく実体法である」という理由づけは形式的であって説得的ではなく、また承継執行の点についても説得的とはいえないとした上で、「むしろ、求償権は再生債権であって給付訴訟を提起することはできないとしても、額面額で給付保持力のある求償権の満足を確保するための補助的な権利があり、これが個別行使（給付訴訟提起を含めて）可能なのであれば、補助的な権利の存在意義は求償権の満足の確保にあるのであるから、その個別行使を認めるのはむしろ当然である、という一般論を本判決の結論の理由付けとすべきではないかと考える」[10]と述べる。この指摘も、求償権の確保、すなわち一種の担保としての目的から考察するべきことを示すものと考えられる。

さらに高木教授は、〔5〕大阪地判平成二一・九・四に関連して、「原債権の請求は、一般の債権と同じく民事訴訟法上の手続によることができるとしても、求償権の額が再生計画により定まり、その額の影響を受けるのではないかという疑問」（これは(2)で見たように、〔9〕大阪地判平成二三・三・二五が、原債権の行使に対する制約の根拠として挙げる点である）を提示した上で、「債権に対する代位は、当該債権を対象とする担保としての機能を持っている。代位債権の保証人への移転という効果からみて、保証人の求償権担保のための債権の譲渡担保に類似する。とすれば、民事再生法一七七条二項の別除権者としての待遇を本条の類推適用で与え得るのではないか」[11]という提案をしている。再生計画による権利の変更については〔12〕最判平成二三・一一・二四が触れ、そこでは民事再生法一七七条二項が引用されているが、金築裁判官は補足意見において「求償権が再生計画によって変更された場合に、代位行使できる原債権の額等について、付従性の例外を認めた規定は存在しないが、原債権が代位弁済者に移転するのは、求償権を確保するための担保的機能を目的とするものであることなどからすれば、再生計画が担保権等に影響を及ぼさないことを規定した民事再生法一七七条二項を本件の場合に類推適用し、再生計画によって求償権の額や弁済期が変更されても、共益債権を行使する限度ではその変更の効力は及ばないと解するのは、特に無理な類推解釈ではないように思う」と述べている。

(c)　かくして、代位による原債権行使の目的を一種の担保と捉えるときは、その目的に照らして、倒産法制による求償権行使の制約が原債権の行使を制約することは認められない。また(a)で見た通り、それは「附従的性質」という概念を媒介させたとしても変わらない。

それでは、民法五〇一条の「自己の権利に基づいて求償をすることができる範囲」とは何を意味するか。最高裁昭和六一年判決に立ち戻るならば、同判決の趣旨は、原債権が求償権担保を目的とする「附従的な性質」を有し、「求償権の存在、その債権額と離れ、これと独立してその行使が認められるものではない」ところ、「求償権による右のような制約は実体法上の制約であるから」、原債権（およびその担保権）の給付請求を認容する場合にも、判決主文で求償権を表示するべきであるというものであった。すなわち昭和六一年判決は、「求償権の存在、その債権額」による制約が実体法上のものであるが故に、判決主文での表示が必要であると述べたものであって、逆に「求償権による（実体法上の）制約が原債権の行使を制約する」という一般的な命題を立てたものではない。

そして民法五〇一条の右文言の意味については、前稿で示した通り[12]、立法過程において、債権譲渡であれば、額面の半額で譲り受けた債権について債務者に全額請求しても差し支えないが、弁済者代位の場合「代位者ハ其弁済シタル価額ヲ超エテ債権者ノ権利ヲ行フコトヲ得ス」という規定（原案四九九条）を承けたものであり[13]、昭和六一年判決の示す通り、求償権の額を超えて原債権を行使することはできないというにとどまるものであって、右のような一般的命題へと広がる余地のないものである。

六　おわりに

(1)　最高裁判決の意義　二・三で紹介したように、平成二三年の二件の最高裁判決（〔11〕〔12〕）は、①弁済による代位の制度は、弁済者に移転させた原債権（および担保権）を求償権確保のための一種の担保として機能させるものであること、②その趣旨に照らし、求償権行使に対して倒産手続による制約があったとしても、その制約は倒産手続外での原債権の行使に及ばないこと、③そのように解しても、倒産手続上の他の債権者は、もともと原債権者による右原債権の行使を甘受すべき立場にあったのであるから、不当に不利益を被るものではないことを理由として、倒産手続による求償権行使への制約が原債権の行使に及ばないと判示した。

①の点については、最高裁の昭和五九年判決・昭和六一年判決を引用しているが、昭和六一年判決の示した「附従的な性質」をめぐる議論や、民法五〇一条の「自己の権利に基づいて求償をすることができる範囲」の意義については触れられていない。それは、もともと民法五〇一条の右文言が求償権の額による原債権の制約について定めているものであり、昭和六一年判決もその趣旨に関するものであること、また平成二三年の最高裁判決が根拠とした「担保としての機能」が論理上「附従的な性質」の概念を伴いうるとしても、そもそも債務者において倒産手続が開始した場合にこそ担保としての機能が発揮されるものであり、「附従的な性質」を理由に倒産手続による求償権行使の制約を及ぼすことはかえって担保としての機能を害することに鑑みると、ここで問題にすること自体が不適当であると考えられたものと推測される（五(3)参照）。したがって、二件の最高裁判決は、倒産の場面での求償権・原債権の関係を明らかにするとともに、その理由づけについての錯綜した議論を整理したものであるということができる。

(2)　田原裁判官の補足意見について　〔11〕判決には田原睦夫裁判官の補足意見が付されているが、これはこれまでの求償権・原債権関係の議論につき、以下の通り、現在の判例法理からどのような規律を導くことができるかを整理したものである。

(a)　弁済者代位の制度における「求償権を確保するため」という趣旨は、法廷意見の述べるように、原債権を求償権確保のための一種の担保として機能させることを意味するものであり、それは「求償権確保のために原債権が譲渡担保の目的として求償権者に移転したのと同様の関係に立つと解する」のが最も理解しやすい。

①　原債権自体が求償権者に移転するのであるから、原債権それ自体の性質は、移転によって変化しない。

②　求償権と原債権とは、それぞれ別個に時効が進行する。

③　求償権者が原債権を行使する場合、債務者は原債権に対する抗弁を主張することができる。

④　求償権者が原債権を行使する場合、債務者は求償権に対する抗弁を主張することができる。原債権の移転が求償権を確保するものであることによる。

⑤　原債権の保証人は求償権者の原債権行使によって保証責任を追及され、原債権のために設定された担保権は求償権者に移転する。担保目的ではあれ、原債権が求償権者に移転したことによる。

(b)　原債権が「附従的性質」を有するという趣旨は、①求償権が消滅すれば、当然に原債権も消滅すること、②求償権について期限の猶予が与えられる等、その弁済期が未到来のときは、原債権の弁済期が到来していても、原債権を行使することはできないこと、③債権者との関係で、求償権につき不行使特約や劣後特約が締結されている場合等には、原債権自体に何らの制約がなくても原債権を行使することはできないことを意味する。

(c)　倒産手続において、①求償権者は求償権と原債権双方につき、倒産手続に参加（債権届出）することができる。②求償権者が債権届出をしていなくても、原債権の債権届出がなされているときは、要件を満たす限り、求償権者は原債権の届出名義の変更をすることができる。これは、譲渡担保権の行使に類するものと考えることができる。

③求償権が、倒産手続による制約を受けて倒産手続によってのみ行使が認められる場合、原債権は求償権確保のための譲渡担保に類するものであるという観点から見ると、第一に、原債権が財団債権や共益債権である場合には、これを倒産手続による制約を受けることなく行使でき、第二に、原債権が実体法上優先権のある債権である場合、破産手続・会社更生手続では各手続による制約を受けるが、民事再生手続では自由に行使でき、第三に、原債権につき担保権が設定されている場合には、破産手続・民事再生手続では別除権として行使でき、会社更生手続では更生担保権として手続に参加できる。

右のまとめは、①原債権自体が求償権者に移転すること、②求償権とともに、求償権者のもとで独立に併存すること、③求償権を確保するために一種の譲渡担保として機能すること（「附従的性質」は、担保としての機能の一現象形態であること）から、実体法上の、また倒産手続での原債権と求償権の関係がどのように表れるかを示したものである。これまでの議論において、一方では、「附従的性質」という抽象的な概念に過度の内容を読み込み、そこから結論を導く姿勢、他方では、当事者の具体的なリスク配分のあり様を読み込んで個別的な利益衡量に傾く姿勢が見られたことからすると、蓄積した判例から一般性のある規範としてどのようなものを導き出せるか、学説の側においても整理を試みる必要がある。

(3)　問題の展開――「担保権である」ことと「担保として機能する」こととの違い　右の田原裁判官のまとめによる、原債権が求償権者に移転し、求償権と併存しつつ、一種の譲渡担保として機能するという理解を前提としたとき、「求償権が消滅すれば、当然に原債権も消滅する」という命題が、求償権の消滅時効の場合にも妥当するかという点をあらためて考えてみる必要がある。

たとえば、まず不動産譲渡担保について考えると、Aが自己所有の不動産甲の所有権を、譲渡担保のためにBに移転し、所有権移転登記も済ませているとする（被担保債権額と不動産甲の価額とは均衡していることを前提とする）。Aが債務の弁済ができず、Bは弁済を受けられなければ甲不動産を確定的に取得すると考えて特に請求もしないまま、時効が完成した場合にどのように処理することになるか。ひとつには、弁済期の到来とともにBは甲不動産を処分することが可能となり（最判平成六・二・二二民集四八巻二号四一四頁）、ここで所有権は一応Bに移転しているとした上で、この段階ではまだAの受戻権があるものの、被担保債権は既に消滅しているので、時効による消滅は問題にならないとする考え方がありうる。これに対して、譲渡担保はあくまでも担保であり、被担保債権に対して附従性を有するとすると、時効の完成により被担保債権が消滅し、譲渡担保権も附従性によって消滅する。そうすると、譲渡担保とは担保のために所有権を移転するということであるから、所有権の移転が否定されて、Bは登記をAに戻さなければならないということになりそうであるが、はたしてそれで良いか。譲渡担保を、確立した「担保権」と見るのではなく、貸付けと同時に所有権を移転し（したがって債権者は「物権」を取得している）、弁済＝債権を満足させることを条件として返還するものであり、それが担保としての「機能」を有していると捉えるならば、債権の満足がなかった場合に返還する理由はないのではないか。

同様に、代位弁済者と債務者との間に、代位によって求償権と原債権とが並立した場合、弁済者は必要に応じてどちらを行使することも可能であるが、もはや原債権だけを切り離して他人に移転させることはない。また求償権が弁済によって消滅した場合にも、移転する前の債権者（原債権者）が原債権を回復するということはない。この場合、代位弁済者に移転していた原債権は、附従性によってではなく、目的の実現によって消滅するのではないか。そうすると、求償権が時効によって消滅した場合に、原債権が消滅するというのは当然だとはいえないのではないか。

いずれの場合においても、所有権の移転や債権の移転が「担保としての機能」を有することは、それによって「担保権」が成立したことを直ちに意味するものではなく、したがって「担保権」の通有性である「附従性」を必然的に有するということにはならないのではないか。最高裁の〔11〕〔12〕判決は、民法五〇一条の「自己の権利に基づいて求償をすることができる範囲」の解釈につき、「附従的性格」という概念の媒介により求償権による制約の性質を論ずることをせず、「一種の担保」という性格づけから求償権行使の際の制約を否定したが、両判決を契機に、ひとつには支払いを確保されるべき債権と支払い確保の手段としての権利とが同一主体に帰属している状態の法的な意味、もうひとつには「担保としての機能」と「担保権であること」との関係を再考してみる価値があるのではないかと考える。

（1）　一連の裁判例に対する研究・解説として、高橋眞「『自己の権利に基づいて求償することができる範囲』（民法五〇一条柱書）と民事再生手続」金法一八八五号一〇頁（二〇〇九年）〔本書一三九頁以下〕、高木多喜男「民事再生手続中における共益債権への弁済と再生債権である求償権の関係」金法一八九〇号二〇頁（二〇一〇年）、伊藤眞「財団債権（共益債権）の地位再考」金法一八九七号一二頁（二〇一〇年）、高部眞規子「民事再生法上の共益債権を弁済により代位した者が民事再生手続によることなくこれを行使することの可否」金法一八九七号二六頁（二〇一〇年）、間宮健介・倉賀野伴明「保証人が、主債務者について民事再生手続が開始された後に保証債務を履行した場合に、当該保証人が、法定代位によって取得した民事再生法上の共益債権たる債権を、民事再生手続外において行使することは許されないとされた事例」民事研修六三九号一四頁（二〇一〇年）、遠藤元一「未払給与債権を立替払いした弁済者の求償権・代位取得する原債権の法的性質」金商一三四七号二頁（二〇一〇年）、上原敏夫「民事再生手続が開始された主債務者に代わって保証債務を履行し、再生債権となる求償権を取得した保証人が、民法五〇一条に基づいて代位取得した共益債権たる原債権を、民事再生手続外で行使することの可否（消極）」判評六一八号一一頁（二〇一〇年）、宮下央「民事再生法上の共益債権を保証契約に基づいて代位弁済した者が代位取得した当該債権を民事再生手続外で行使することの可否」銀法七二二号一六頁（二〇一〇年）、松下淳一「共益債権を被担保債権とする保証の履行と弁済による代位の効果」金法一九一二号二〇頁（二〇一〇年）、吉岡伸一「民事再生手続による担保権、特約等の変更（三）」岡山大学法学会雑誌六〇巻三号四九五頁（二〇一一年）、野村剛司「弁済による代位と民事再生」銀法七二七号三〇頁（二〇一一年）、田頭章一「民事再生法上の共益債権を弁済により代位した者が再生手続によることなくこれを行使することの可否（積極）」金法一九二九号五二頁（二〇一一年）、山本研「再生手続における共益債権の代位弁済と求償権による手続法上の制約」判例セレクト（法教別冊）二〇一〇年〔Ⅱ〕三四頁（二〇一一年）、杉本和士「代位弁済者が原債権を共益債権として再生手続外で行使することの可否」金商一三六一号五四頁（二〇一一年）、加藤哲夫「再生債務者の連帯保証人が保証債務の履行により債権者にとっては共益債権となる債権を代位取得したが、再生債務者に対する事後求償権は再生債権となるに過ぎない場合において、代位取得した債権を共益債権として民事再生手続外で行使することの可否（積極）」判評六三二号一六七頁（二〇一一年）、富永浩明「財団債権・共益債権が代位弁済された場合についての二つの最高裁判決」NBL九六七号四頁（二〇一一年）、阿多博文・丹羽浩介「再生債権者が代位弁済により取得した共益債権の行使方法・範囲」銀法七四〇号八頁（二〇一二年）等がある。

（2）遠藤・前掲五頁。

（3）松下教授は、ここで伊藤・前掲二一頁を引用する。

（4）松下・前掲二六頁。

(5)　松下・前掲二六頁。

(6)　野村・前掲三五頁。

(7)　高木・前掲二一頁。

(8)　杉本・前掲五六頁は、民事再生法が予め定型的な規律をしている以上、個別具体的に実質的な要保護性を考慮すべきではないと説く。なお、〔11〕判決の補足意見において田原裁判官は、代位によって原債権が求償権者に移転した場合に、原債権自体の性質は移転によって変化することはないとしつつ、「なお、租税債権のごとく、弁済による代位自体がその債権の性質上生じない場合は別である」という留保を付している。**四**(1)(a)で見たように、〔1〕判決は国税通則法の解釈から、抵当権の代位行使以外の代位を否定しているが、その実質的な根拠についても明らかにする必要があろう。

(9)　倒産手続における原債権と求償権との関係において、判例上、「附従的性質」という概念は、一方の権利が他方の権利を制約するという意味ではなく、むしろ、他方の権利の保全に寄与するものとして用いられていることにつき、髙橋・前掲一五～一六頁〔本書一四八～一四九頁〕参照。

(10)　松下・前掲二四～二五頁。

(11)　高木・前掲二二頁。

(12)　髙橋・前掲一三頁〔本書一四四～一四五頁〕。

(13)　なお、原案四九八条一号の「不可分債務者、連帯債務者又ハ保証人ノ一人ハ他ノ共同債務者ニ対シ其各自ノ負担部分ニ付テノミ債権者ニ代位ス」という規定をも承けている。髙橋・前掲一三頁〔本書一四五頁〕。

4　事前求償権を被保全債権とする仮差押えと事後求償権の消滅時効の中断

平成二七年二月一七日最高裁第三小法廷判決（平成二四年(受)第一八三一号求償金等請求事件）民集六九巻一号一頁
――棄却

【要旨】

事前求償権を被保全債権とする仮差押えは、事後求償権の消滅時効をも中断する効力を有する。

【事実】

(1)　Y₁は、A銀行との間で極度額五〇〇〇万円の貸越契約を締結、この契約に基づいて借入れをした（平成六年一〇月当時の借入残元本の金額は四九九万九五四八円であった。また、この貸越契約には、Y₁がAに対する債務の一部でも履行を遅滞したときは、Aの請求によって期限の利益を失う旨の特約があった）。これより前に、X信用保証協会は、Y₁との間で締結していた信用保証委託契約に基づいて、Aに対し、Y₁の右貸越契約に基づく債務を保証した（なお、右信用保証委託契約においては、特約によりY₁が借入金債務の一部でも履行を遅滞したときは、Xは求償権の事前行使をすることができるとされていた）。また、Y₂は、Xとの間で、右信用保証委託契約に基づきY₁がXに対して負担すべき債務について連帯保証する旨の契約を締結した。

平成六年八月一二日、Y₁が約定分割返済の履行を遅滞したため、平成六年一〇月一七日、XはY₁を債務者として、Y₁所有の不動産につき、本件信用保証委託契約に基づく事前求償権を被担保債権とする不動産仮差押命令の申立てをし、同日に仮差押命令を得て、仮差押登記をした。同年一一月四日、Y_1がAの請求により、Aに対する期限の利益を失ったため、同月一八日にXは元本および約定利息の合計額五〇四万七〇〇九円を代位弁済、Y_1に対する求償権を取得した。

平成二二年一二月二四日、XはY_1・Y_2に対し、右求償権に基づき、連帯して五〇四万七〇〇九円および遅延損害金の支払いを求める本件訴訟を提起した。Yらが、Xの代位弁済日の翌日から既に五年が経過しており、本件求償権について消滅時効が完成していると主張したのに対し、Xは、本件信用保証委託契約による事前求償権を被保全債権とする仮差押えを申し立て、平成六年一〇月一七日付の仮差押登記がされているところ、仮差押えによる事前求償権に対する時効中断の効力は、事後求償権にも及んでいると主張した（なおXは、右事前求償権に基づく請求と、代位弁済によって取得した事後求償権に基づく請求とを行い、一審裁判所は両請求を単純併合した上で、前者については平成二四年一月一三日、後述〔【批評】三(1)〕の通り請求棄却の判決を、後者については次に示すように、平成二三年九月一四日、請求認容の判決を下した。これに対して原審においては、両者について選択的請求に併合態様を変更した上で、事後求償権に基づく請求を認容したことにより、事前求償権に基づく請求に関する一審判決は失効するものとした）。

(2)　第一審判決（大津地判平成二三年九月一四日民集六九巻一号五頁）は、事前求償権と事後求償権とは別個の債権であるが、両者は「究極の目的と社会的効用を同じく」するものであり、「主債務者に対する免責行為前に事前求償権に基づく不動産仮差押命令を得る目的は、信用保証委託契約により発生した求償権を保全することにある。そして、事前求償権が、免責行為後に求償権を行使したのでは主債務者からの回収ができない恐れがあるという政策的見地から認められた趣旨からすると、まさに、事前求償権に基づく不動産仮差押えは、免責行為後の事後求償権を保全するためになされたものであると認められる。さらに、事前求償権に基づく不動産仮差押命令を得てその旨の登記手続を経由した者が、事後求償権を得たことによって、その保全のために再度不動産仮差押命令を得てその旨の登記をする〔こ〕とは、事前求償権と事後求償権の究極の目的及び社会的効用の同一性からして考えられず、むしろ、事前求償権に基づく不動産仮差押命令及びそれに基づく登記手続を経由することによって、事後求償権も、その発生後、同様に保全されたと考えるのが相当である」と述べて、事後求償権の消滅時効の中断を認め、Xの請求を認容した。

⑶　原判決（大阪高判平成二四年五月二四日民集六九巻一号一七頁）は、第一審と同様、事前求償権が事後求償権を保全するために認められた権利であることから、「両者は、たとえ法的性質が異なる別個の権利ではあっても、密接な関係にあるというべきであり、事後求償権の発生後であっても、その保全の必要性があれば、事前求償権について認められた権利の行使を事後求償権についても認めるのが相当である」と述べた上、さらに次のように述べて、消滅時効の中断を認めた。

「仮差押命令は、当該命令に表示された被保全債権と異なる債権についても、これが上記被保全債権と請求の基礎を同一にするものであれば、その実現を保全する効力を有する（最高裁平成二三年(受)第二六八号同二四年二月二三日第一小法廷判決・裁判所時報一五五〇号一七頁）。

本件仮差押えの被保全債権は、本件信用保証委託契約に基づく事前求償権であるが、本件信用保証委託契約に基づく事後求償権とは請求の基礎を同一にするものであり、本件仮差押命令は、本件信用保証委託契約に基づく事後求償権の実現も保全する効力を有するから、本件仮差押命令に基づく消滅時効中断の効力は、本件求償権（事後求償権）にも及び、消滅時効が中断したと解するのが相当である。」

Yらが上告。

【上告理由】

原判決は、事前求償権が認められた趣旨から、当然論として時効中断の効力を認めたが、事前求償権と事後求償権とは発生要件・利率が異なり、別々の権利であるから、両者の間に安易に同一性を認めた原判決の結論は正しくない。

【判決理由】

「事前求償権を被保全債権とする仮差押えは、事後求償権の消滅時効をも中断する効力を有するものと解するのが相当である。その理由は、次のとおりである。

事前求償権は、事後求償権と別個の権利ではあるものの（最高裁昭和五九年(オ)第八八五号同六〇年二月一二日第三小法廷判決・民集三九巻一号八九頁参照）、事後求償権を確保するために認められた権利であるという関係にあるから、委託を受けた保証人が事前求償権を被保全債権とする仮差押えをすれば、事後求償権についても権利を行使しているのと同等のものとして評価することができる。また、上記のような事前求償権と事後求償権との関係に鑑みれば、委託を受けた保証人が事前求償権を被保全債権とする仮差押えをした場合であっても民法四五九条一項後段所定の行為をした後に改めて事後求償権について消滅時効の中断の措置をとらなければならないとすることは、当事者の合理的な意思ないし期待に反し相当でない。」

裁判官全員一致の意見で、Yの上告を棄却（木内道祥、岡部喜代子、大谷剛彦、大橋正春、山崎敏充）。

〔参照条文〕民法一四七条二号・一五四条・四五九条一項・四六〇条

【批評】

一　問題の設定
――検討の順序

事前求償権を被保全債権とする仮差押えが、その事前求償権について消滅時効を中断するものとしたとき（民法一四七条二号）、この仮差押えにより、事後求償権についての消滅時効も中断されるか。本判決は、これを肯定したものであるが、その根拠を考えるために、次のような順序で検討を進めることとする。

第一に、事前求償権と事後求償権は同一の権利か、別個の権利かという問題である。同一の権利であれば、事前求償権に対する仮差押えは、すなわち事後求償権に対する仮差押えであるから、消滅時効の中断は当然である。しかし別個の権利であるならば、事前求償権に対する仮差押えが事後求償権についての消滅時効を中断する理由を明らかにする必要がある。

第二に、両求償権が別個のものであるとした場合、①代位弁済などの免責行為の後、事前求償権と事後求償権は併存するか、事前求償権は消滅するかという問題がある。併存するのであれば、代位弁済をした求償債権者は、仮差押えによって保全された事前求償権を行使すればよいが、事前求償権が消滅するのであれば、保全の効力が事後求償権に及ぶ理由を明らかにしなければならない。また、事前求償権は未発生の事後求償権を確保する目的でのみ存在する補助的なものであるとしたとき、②事前求償権は独自に時効消滅しないのではないかという疑問がある。

第三に、事前求償権を保全する行為を、同時に事後求償権を保全する行為として評価することができるとすれば、それはなぜか。そのように評価することができるのはどのような状況下のどのような行為であり、またその理由は何かという問題である。

二　事前求償権と事後求償権は同一の権利か

(1)　この問題については、最判昭和六〇年二月一二日民集三九巻一号八九頁が、両者は発生要件・性質を異にする別個の権利であるとした上で、事後求償権は受託保証人が免責行為をした時に発生し、かつ、その行使が可能となるものであるから、その消滅時効は右免責行為時から進行するものであり、このことは、受託保証人が主債務者に対して事前求償権を取得した場合であっても異なるものではないとした。この事案では、主債務者に対して信用保証協会が取得するべき求償権について連帯保証をした者が、代位弁済をした保証協会の履行請求に対し、民法四六〇条所定の求償権は、四五九条に規定された免責行為後の求償権を、一定の場合に代位弁済前に行使することを認めるものであって、本質上同一の請求権であるがゆえに、既に時効消滅していると主張したが、右判決はこれを斥けたものである。

両者を同一の求償権と考え、その事前行使が可能な時点から消滅時効が進行するとすれば、保証債務自体が（主債務の時効中断により）時効消滅しないうちに右求償権が時効消滅した場合、保証人は、その後に保証債務を履行しても既に求償権が時効消滅しているためこれを行使できないという不合理が論理上生じうる。したがって、免責行為をしたことによる事後求償権の消滅時効は、免責行為時から進行すると解するべきであり、その前提として、両者は別個の権利であると考えるべきである。

(2)　しかし、消滅時効以外の問題についてはどうか。最判昭和三四年六月二五日民集一三巻六号八一〇頁は、民法四六〇条二号について「求償権の事前行使」という表現を用いた上で、受託保証人が将来免責行為をしたときに取得するべき求償権を担保するために、主債務の額を極度額とする根抵当権が設定されていた場合、その保証人は、主債務の弁済期の到来後は、まだ免責行為をしていなくとも、先順位抵当権による競売手続において、極度額まで配当要求をすることができるとしたものである。

この判決は、両求償権の同一性に関する議論が本格化する前のものであるが、「求償権の事前行使」という表現をとっていることは措くとして、この結論を導くためには、両求償権は同一であると考えることが必要ではないかという疑問が生ずる。すなわち、被担保債権は「将来免責行為をしたときに取得するべき求償権」であり、免責行為がなされていない段階では、この求償権は発生していない。にもかかわらず、民法四六〇条二号の要件がある場合には、免責行為前であっても配当要求をすることができるとすれば、同条二号のもとに発生する求償権は、被担保債権となっている免責行為後の求償権と同一のものであると考えざるをえない。もし両者が別個のものであるとするならば、代位弁済をしなければ被担保債権は発生しないので、配当要求をすることはできないはずである、と。

この判決について林教授は、事前求償権と事後求償権とが同一債権といえるかどうかには疑問があるとした上で（林良平「保証人の求償権を担保する根抵当権の民法第四六〇条第二号の場合における効力」同『金融法論集――金融取引と担保』（有信堂高文社、一九八九年）三〇八頁、論叢六七巻一号（一九六〇年）九六頁）、「代位弁済せねば求償ができないとすることには賛成できない。それは今日における求償担保の必要性と実益を無視し去ることとなろう。しかし、事前求償権に名を借りて、……免責行為前に配当し終わることにも賛成できない。また根抵当権一般の附従性をさらに緩和することもいきすぎと考える。むしろ額の浮動性をしばらく不問に付して本件のような求償担保の場合には期限未到来の債権についても通常の抵当権と同様に考え、つまり一応極度額までの債権担保をみとめて、配当を保留するべきではないかと考える」と説く（林・前掲三〇九～三一〇頁）。すなわち、問題を、事前求償権と事後求償権の関係としてではなく、本来免責行為によってはじめて発生する求償権（事後求償権）が被担保債権である場合、これが未発生の段階で、根抵当権の実行に際してどのような扱いを受けるべきかということとして捉えるものである（林教授は、根抵当権における附従性の緩和を、成立時のみならず実行・配当の段階にまで及ぼすことができるかという問題に言及する。林・前掲三〇九頁）。このことは、事後求償権・事前求償権が機能する「場」の問題、すなわち一で示した第三の問題（四(5)で後述）を示唆するものということができる。

三　事前求償権
――補助的性質の二つの表れ

(1)　右のように、両求償権が別個のものであるとした場合、免責行為の後、事前求償権と事後求償権とは併存するか、それとも事前求償権は消滅するか。この点につき、本件においてXが事前求償権に基づいて行った請求に対し、第一審判決（大津地判平成二四年一月一三日民集六九巻一号一三頁）は、代位弁済がされたことにより事前求償権は消滅していると判示した。もともと、事前求償権は、主債務者が破産したにもかかわらず債権者がその財団の配当に加入しない場合（民法四六〇条一号）や、債務が弁済期にある（同条二号）にもかかわらず債権者が請求しない間に債務者が無資力になる恐れがある場合など、まだ免責行為をしていないため本来は求償権の行使ができない場合に、保証人保護のために法が特に認めた権利である。したがって、事後求償権が発生した以上、独立に存在する意味はない。

(2)　ただ、本件のように、事前求償権について仮差押えにより保全をしている場合、その保全の効力を生かすために、免責行為後も事前求償権が存続すると考える余地はないか。弁済者代位における原債権と求償権との関係においては、代位弁済によって消滅したはずの原債権（およびその担保権）を、求償権確保のために弁済者に移転させ、代位弁済者がその求償権の範囲内で原債権（およびその担保権）を行使することを認めており、代位弁済者が右担保権を実行する場合にその被担保債権として扱うべきは、求償権ではなく原債権である（最判昭和五九年五月二九日民集三八巻七号八八五頁）。すなわち求償権を確保するために、担保権の基礎たる原債権が求償権と併存するのであるから、同様に保全の効力を伴う事前求償権が事後求償権と併存する理由があるのではないかという疑問である。

この点を検討すると、まず弁済者代位の場合、原債権発生の実体的根拠は、求償権発生の根拠とは別の（また別主体間の）取引であるため、原債権は、内容において求償権とは異なり、また別の取引による担保権など、代位弁済前からの独自の権利関係を伴いうる。したがって、とりわけ右権利関係に関わる第三者に対して、代位弁済がなかった場合と同じ地位が維持されなければならない（代位弁済によって第三者に不利益が生じてはならない）がゆえに、求償権を確保する役割を果たすにあたり、原債権は従前の関係を維持したまま求償権と併存する必要がある。

これに対して事前求償権は、事後求償権と同一の保証委託関係において、法（または当該保証委託契約）に基づいて生ずるものであり、その発生について別個の社会的実体を基礎とするものではない。また両求償権の内容は、代位弁済した（あるいはすべき）額の金銭の給付であり、質的・量的な違いは存しない。すなわち、事前求償権は、(1)で見たような補助的性質をもって成立したものであるだけでなく、事後求償権から独立して併存するについての実体的基礎を有しないものであるから、事後求償権が成立すれば消滅するものと解するべきであり、事前求償権の保全的効力を事後求償権に及ぼさせるメカニズムは、別途考える必要がある（四で後述）。

(3)　反面、事前求償権がそのように独自の実体的基礎を持たない補助的なものであり、専ら事後求償権の確保を目的として成立したものであるならば、その使命を果たす必要がある限り、独自の時効消滅を考えるべきではないのではないか。東京高判平成一九年一二月五日判時一九八九号二一頁は、この点について判断した判決である。

事案は次の通りである。Y会社がA信用金庫から融資を受け、Yの経理を担当していたXは、Yの委託を受けてこれについて連帯保証をした。当初の弁済期は平成三年七月三一日及び同年九月三〇日であったが、その到来後、融資契約の変更契約という形式で、残元本の猶予を含む分割弁済の合意が繰り返された。Xは、平成一六年にYを退社した後も、この変更契約に加わってきたが、Yの返済資力への不安から、平成一八年一〇月一七日の変更契約に加わらず、事前求償権を行使することにした。第一審判決は、当初弁済期の到来により事前求償権が成立し、この時点から消滅時効が進行するとして、消滅時効の完成を認め、Xの請求を棄却した。これに対して、右高裁判決は、次のように述べて第一審判決を取り消し、Xの請求を認容した。

「事前求償は、事後求償と同一の経済的給付を目的とし、事後求償権の不履行への不安を除去し、事後求償権の履行をあらかじめ保全する機能を有するものであるから、保証債務が存在し、その履行により保全されるべき事後求償権の発生が見込まれる場合に、事前求償権の消滅を認めることは相当ではない。……したがって、委託に係る事務である保証債務が存在し、その債務の履行により事後求償権の発生が予定されている限り、履行前の請求あるいは事後求償権の保全が許されなくなる理由はないというべきであるから、受託保証人の事前求償権は、受託事務である保証債務の履行責任が存在する限り、これと別個に消滅することはない（その消滅時効が進行を開始することもない）と解すべきである」。

民法四六〇条二号において、主債務の弁済期が到来したときに事前求償権の行使ができるのは、弁済期到来後も債権者が請求しない場合、放置すれば債務者が無資力になる危険があるが、債権者は保証人があるために安心して、あるいは利息を稼ぐために長期間請求しないという場合がある、これに対して保証人の利益を保護するため、免責行為前の求償権行使を認めたものと説明される（梅謙次郎『民法要義巻之三債権編〔大正元年版完全復刻版〕』〔有斐閣、一九八四年〕一八五～一八六頁）。保証人が債権者から請求を受ける可能性がある以上、免責行為後の求償権を確保する必要があり、事前求償権はそのために存在するのであるから、保証債務が存在する以上、事前求償権が独立して時効消滅することはないとする右判決の判断は正当であると考える。

(4)　(2)で述べたように、弁済者代位における原債権は、それに伴う担保権を弁済者に利用させることを通じて求償権の履行を確保しようとするものであるから、求償権発生後もこれと併存することが必要である。同時に、原債権はもともと別の取引によって発生したものであり、既に他の利害関係者が存在しうるものであるから、本来の時効によって消滅する実質的理由がある。

これに対して事前求償権の内容は、債権者に弁済すべき金額の支払請求権であり、債権者に弁済した後の事後求償権と同一である。求償権の履行を確保するために、それと同内容の請求を弁済前に、すなわち事後求償権が存在しない状況下ですることを認める以上のものではない。したがって、事後求償権が成立すればもはやその役割を終え、さらに併存する意味はない反面、事後求償権が発生しない間に消滅するならば、その役割を果たすことができないため、独立の消滅時効を認めることは、その趣旨に適合しない。消滅に関するこの二つの態様は、弁済者代位における原債権のように一面では自立的な側面を有する場合と異なり、事前求償権が事後求償権の純粋の補助手段として成立したことの帰結である。

四　求償権確保のメカニズム
――特に弁済者代位に関する判例の展開について

(1)　以上、①事前求償権と事後求償権は別個の権利であるため、前者に対する仮差押えが直ちに後者に対する仮差押えであるとはいえないこと、②弁済がなされれば、未発生の求償権を保全することを目的とする事前求償権は消滅するため、仮差押えによる保全的効力を伴う事前求償権が事後求償権と併存して後者を保全するということはできないこと、③反面、事前求償権はその手段としての役割を果たす必要がある限り、独自に時効消滅することはないと考えるべきであることを示した。

そうすると、事前求償権に付せられた保全的効力が事後求償権に及ぶものと考えざるをえないが、そう考えることができるとすれば、それは何故か。本判決は、事前求償権を被保全債権とする仮差押えをもって「事後求償権についても権利を行使しているのと同等のものとして評価することができる」とし、その理由を、事前求償権が「事後求償権を確保するために認められた権利である」ことに求めている。別個の権利のうち、一方の行使を他方の行使と同等のものとして評価することは、どのような場合に、どのようなメカニズムによって可能となるか。

(2)　この問題を考えるために、一般的に、同一当事者間で同一の経済的給付を目的とする二個の債権がある場合において、（満足された場合を除き）一方について生じた事由が他方にも影響を与えるのはどのような場合かという問題を立てて検討する。

まず、手形債権と原因債権が併存する場合について、最判昭和六二年一〇月一六日民集四一巻七号一四九七頁は、「債務の支払のために手形が授受された当事者間において債権者のする手形金請求の訴えの提起は、原因債権の消滅時効を中断する効力を有するものと解するのが相当である」と述べ、その理由を次のように示す。

「手形債権は、原因債権と法律上別個の債権ではあっても、経済的には同一の給付を目的とし、原因債権の支払の手段として機能しこれと併存するものにすぎず、」原因債権の時効消滅は手形金請求の訴えにおいて人的抗弁になるが「右訴えの提起後も原因債権の消滅時効が進行しこれが完成するものとすれば、債権者としては、原因債権の支払手段としての手形債権の履行請求をしていながら……更に原因債権についても訴えを提起するなどして別途に時効中断の措置を講ずることを余儀なくされるため、債権者の通常の期待に著しく反する結果とな」る、と（この法廷意見に対して島谷裁判官は、そもそも原因債権の時効消滅は人的抗弁とはならないため、時効中断を論ずるまでもないと説く）。

右の理由には、一方の権利の手段性の指摘と、あらためて時効中断の措置を要求することを不相当とする評価において、本件判決と共通する面がある。手形上の債権は、原因債権の支払いの手段として機能するものであっても、手形法により、法的な自立性が認められている（島谷裁判官はこれを貫くものと思われる）。しかし、手形債権につき訴えの提起をしたときは「時効中断の関係においては、原因債権自体に基づく裁判上の請求に準ずるもの」としたことは、機能の面から手形債権を手段として捉え、それを行使することにより、債権者において時効中断に必要なことはなされたものと評価したものと考える。

(3)　次に、弁済者代位における原債権と求償権の関係に関する判例の展開を見る。

最判昭和六一年二月二〇日民集四〇巻一号四三頁は、「代位弁済者に移転した原債権及びその担保権は、求償権を確保することを目的として存在する附従的な性質を有し、求償権が消滅したときはこれによって当然に消滅し、その行使は求償権の存する限度によって制約される」と述べて、「附従的な性質」という表現をとった。この判決で直接に示されたのは、原債権に付された保証債権を行使しうる量的な限度が求償権によって画されていることであり、原債権と求償権の関係それ自体が問題となったものではない。しかし理論的に、両者の関係が、原債権が求償権を確保するために「附従的な性質」を有するというものであれば、求償権について生じた変化は原債権に影響するが、原債権について生じた変化は求償権に影響する理由はないことになりそうである。

この点につき、最判平成七年三月二三日民集四九巻三号九八四頁は、債務者の破産手続において、保証人が代位弁済をして（既に届出のされた）原債権の届出名義の変更をした場合に、求償権の消滅時効が破産手続の終了に至るまで中断するという判断を示している。その理由として、保証人が代位弁済によって取得する原債権は「求償権を確保することを目的として存在する附従的な権利であるから（昭和六一年判決を参照）、保証人がいわば求償権の担保として取得した届出債権につき破産裁判所に対してした右届出名義の変更の申出は、求償権の満足を得ようとしてする届出債権の行使であって、求償権について、時効中断効の肯認の基礎とされる権利の行使があったものと評価するのに何らの妨げもない」と説明する（最判平成九年九月九日判時一六二〇号六三頁も参照）。また最判平成一八年一一月一四日民集六〇巻九号三四〇二頁は、担保不動産の競売開始決定正本が主債務者に送達された後に、保証人が代位弁済をした上で差押債権者の承継を裁判所に申し出た場合につき、昭和六一年判決・平成七年判決を引用して、原債権と担保権の「付〔附〕従的な性質」に触れた上で、右申出が原債権と担保権の行使により求償権の満足を得ようとするものであるから、求償権について権利の行使があったものとして時効中断効を認めている。

(4)　これを見ると、原債権についての権利行使をもって求償権につき権利行使ありと認める理由として、原債権につき「付〔附〕従的な性質」と表現されているのは、厳密な意味での附従性ではなく、原債権が求償権を確保するための手段であり、原債権の行使は求償権の確保を目的として行われるものであることを意味するものと考える。すなわち、原債権・求償権間の影響関係如何ではなく、これらの権利を行使する行為に着目し、その意味が問題にされているということができる。

実際、最判平成二三年一一月二二日民集六五巻八号三一六五頁は、弁済者代位の制度は「原債権を求償権を確保するための一種の担保として機能させることをその趣旨とするものである。この制度趣旨に鑑みれば、求償権を実体法上行使し得る限り、これを確保するために原債権を行使することができ、求償権の行使が倒産手続による制約を受けるとしても、当該手続における原債権の行使自体が制約されていない以上、原債権の行使が求償権と同様の制約を受けるものではないと解するのが相当である」と述べて、「弁済による代位により財団債権を取得した者は、同人が破産者に対して取得した求償権が破産債権にすぎない場合であっても、破産手続によらないで上記財団債権を行使することができるというべきである」と判示している。すなわち、原債権を求償権確保のための「一種の担保として機能させる」ことを認めた上で、もはや「附従的な性質」という語を用いることなく、権利行使の意味に着眼しつつ、制度趣旨から端的に判断を導いている（なお、民事再生手続に関する最判平成二三年一一月二四日民集六五巻八号三二一三頁も参照）。

(5)　以上、弁済者代位における原債権と求償権との関係を検討すると、前者が後者の担保手段としての意味を有する結果、一方で、原債権に付された担保手段（抵当権・保証債権等）の行使は、求償権の額の限度で可能とされる（昭和六一年判決）。他方で、求償権確保の目的を達するため、求償権の行使について制約があったとしても、原債権はその制約を受けることなく行使することができ（平成二三年判決）、さらに、原債権の行使は求償権の確保を目的とするものであるが故に、時効中断のための原債権の行使は、求償権について権利行使があったものと評価することができる（平成七年判決・平成一八年判決）。

すなわち、判例において当初問題になっていたのは、原債権に付された担保権を行使しうる範囲であった。そこでは、担保権とその基礎にある原債権が、求償権確保を目的としていることから、求償権の額が権利行使の量的な枠となっていることが示され、その枠による制約が「附従的な性質」という用語で説明された。この場面では、求償権の枠が「存在」する結果が説明されているのであり、どちらの権利を「行使」するかという問題は表れていない。これに対して、倒産手続の場面では、どちらの権利を行使するかという問題として表れ、「附従的な性質」という用語から脱却して、端的に、原債権が求償権確保を目的とするという「制度趣旨」から結論を導くに至ったものと考えることができる。すなわち、代位弁済後に弁済者に移転した原債権は、専ら（事後）求償権を確保するためにのみ存在しているのであるから（「制度趣旨」）、（事後）求償権確保のために原債権について権利を行使したときは、その存在理由に照らし、（事後）求償権を保全する効力を有するというものである。

もっとも、倒産手続や担保権の実行など、右の権利が行使される「場」が、原債権の行使をもって求償権の確保を認めることを許すか否かという問題は存しうる。(4)で引用した平成二三年判決をめぐって、優先的効力のある原債権の行使を代位弁済者に認めることは、弁済者代位の法理によれば、原債権者自身が行使する場合と変わらない以上、利害関係者に不利益をもたらすものではないと説明される一方、これに対して、倒産法上の制度趣旨・政策目的に抵触するのではないかという議論もされている（髙橋眞「倒産手続と弁済者代位――二つの最高裁判決に即して――」法雑五八巻三＝四号〔二〇一二年〕四五六頁以下〔本書一六五頁以下〕参照）。この点は、それぞれの「場」の制度趣旨に即して考える必要があり、原債権と求償権との関係だけで判断できるものではない。

五　事前求償権の場合はどう考えるか――本判決の検討

(1)　本判決は、ひとつには、事後求償権発生後にあらためて時効中断の措置をとることを要求する合理性がないこと、ひとつには、事前求償権が事後求償権の確保を目的として認められた権利であることを理由に、事前求償権を被保全債権とする仮差押えをすることは、事後求償権について権利を行使するのと同等であるとする。この判断は、権利行使の意味に着目し、端的に「制度趣旨」を理由として、一方についての権利行使を他方についての権利行使と同等に評価するという点で、弁済者代位に関して展開した判例の理論と同様の考え方をとるということができる。

ただ、弁済者代位の場合は、原債権についての権利行使を、これと併存する求償権についての権利行使と同等のものと評価するのに対し、事前求償権の場合は、これについての権利行使を、未発生の事後求償権についての権利行使と同等に評価する点に違いがある。しかし原債権は、本来消滅するべきところその存続が、事前求償権はそもそもその成立が、いずれも(事後)求償権を確保するために認められているのである。その「制度趣旨」に照らすならば、これを行使する必要性が、(事後)求償権の直接行使による実現に困難が伴うことによるか、そもそも求償権が未発生であることによるかによって違いは生じないと考える。

(2)　次に、仮差押えという「場」において、事前求償権に基づく仮差押えを事後求償権についての権利行使と同等のものと評価することが許されるか。この点につき、原判決は、最判平成二四年二月二三日民集六六巻三号一一六三頁を引用する。この判決は、債務者が担保物件を無断で取り壊したことにより、貸金債権の回収が困難になり、損害を被った債権者が、損害賠償債権を被保全債権として仮差押えをしたところ、本案訴訟において貸金債権に基づく請求は認められたが損害賠償債権の存在は否定された場合について、「保全命令は、一定の権利関係を保全するため、緊急かつ必要の限度において発令されるものであって、これによって保全される一定の権利関係を疎明する資料についても制約があることなどを考慮すると、仮差押命令は、当該命令に表示された被保全債権と異なる債権についても、これが上記被保全債権と請求の基礎を同一にするものであれば、その実現を保全する効力を有する」としたものである。

この判決について、調査官解説は「保全命令の被保全権利と本案訴訟における請求債権とが、訴訟物は異なるものの、前者の発生原因事実が後者の発生原因事実を完全に包含しているという本件のような事案は、事実上生ずることは稀であると考えられ、本判決は、かなり特殊な事例について請求の基礎の同一性の有無が判断されたものである」と説明している（市川多美子「判解」曹時六七巻二号（二〇一五年）四八一頁）。これによれば、本件において右判決を引用するのは適切ではないというべきであろう。ただ、「発生原因事実」についていうならば、事前求償権と事後求償権とは、常に同一の保証委託契約を基礎として発生するものである。前述のように、事前求償権に基づく仮差押えが事後求償権についての権利行使と同視できる根拠は、前者が専ら後者を確保するための手段であり、その手段の行使により後者の保全の効力が生ずることが「制度趣旨」に合致することに求められ、したがって、その根拠づけに右判決を援用することは適切ではない。しかし、右判決のような事案において「発生原因事実」の同一性に鑑み保全効が認められるのであれば、まして本件のような場合に、時効中断の関係に関する限り、事前求償権に基づく仮差押えを事後求償権についての権利行使と同等のものとして評価することは妨げられないものと考える。

〔付記〕本判決の研究として、村田利喜弥「判批」銀法七八七号（二〇一五年）三〇頁、下村信江「判批」金法二〇二五号（二〇一五年）二九頁、鈴木尊明「判批」立正法学論集四九巻一号（二〇一五年）一四一頁がある。

5　保証人の主債務者に対する求償権の消滅時効中断事由と共同保証人間の求償権の消滅時効

最高裁平成二七年一一月一九日第一小法廷判決（平成二五年(受)第二〇〇一号求償金等請求事件）民集六九巻七号一九八八頁、判時二二八二号六三頁、判タ一四二一号一〇八頁

【事実の概要】　A会社はB銀行から計八四九〇万円を借り入れ、この債務については、X信用保証協会、C、Yが連帯保証人となった。Xは平成六年二月二三日、Bに対して、残債務全額を代位弁済した。Aは平成六年一二月三〇日から平成一三年五月一六日までの間に、Xに対して、右代位弁済によって発生した求償金債務を一部弁済したが、Xは平成一四年五月二〇日、Aに対して、求償金残額の支払いを求める訴訟を提起、同年九月一三日にXの請求を認容する判決が言い渡され、その後この判決は確定した。

Xは平成二四年七月二五日に、共同保証人間の求償権（民法四六五条一項）に基づいて、Yに対してその負担部分、すなわちXの代位弁済した額の三分の一の支払いを求めて本件訴訟を提起した。原判決は、XのYに対する求償権は、代位弁済の翌日である平成六年二月二四日から行使できたのであるから、同日から五年（商法五二二条）の消滅時効にかかったとして、Xの請求を斥けた。

Xは上告受理申立理由において、共同保証人間の求償権は、主債務者に対する求償権の担保的性格を有し、これに対して附従的性質を有すると解すべきであるから、主債務者求償権について時効の中断があるときは、その効力

が共同保証人求償権にも及ぶと解するべきであるとした上で、右起算日から五年を経過する前である平成一〇年一二月二四日にAからXに対して求償金の一部弁済がなされたため、債務の承認により主債務者求償権が時効中断し、さらに右弁済日から五年を経過する前である平成一四年五月二〇日に、XからAに対する求償金請求訴訟が提起され、裁判上の請求によって主債務者求償権が時効中断したことにより、Yに対する共同保証人求償権も時効中断したと主張した（判決により確定した権利の消滅時効期間は、民法一七四条の二により、一〇年となる）。

【判旨】　上告棄却

「民法四六五条に規定する共同保証人間の求償権は、主たる債務者の資力が不十分な場合に、弁済をした保証人のみが損失を負担しなければならないとすると共同保証人間の公平に反することから、共同保証人間の負担を最終的に調整するためのものであり、保証人が主たる債務者に対して取得した求償権を担保するためのものではないと解される。

したがって、保証人が主たる債務者に対して取得した求償権の消滅時効の中断事由がある場合であっても、共同保証人間の求償権について消滅時効の中断の効力は生じないものと解するのが相当である。」

【解説】

一　民法四六五条の趣旨

(1)　本条による保証人間の求償権の根拠につき、梅謙次郎博士は「若シ保証人ノ一人カ全額其他自己ノ負担部分ヨリ多額ノ弁済ヲ為シタルトキハ為メニ他ノ保証人ハ其義務ノ全部又ハ一部ヲ免ルヘキヲ以テ之ニ対シテ求償権アルヘキハ固ヨリ論ヲ竢タス」と説明している（梅謙次郎『民法要義巻之三債権編〔大正元年版復刻版〕』二〇〇頁）。数人の保証人がいる場合、債権者に対する関係では債務額全部について弁済する義務を負うとしても、保証人相互の間では、自己の負担部分についてのみ責任を負うことの帰結である。

確かに、主債務者に対する求償が奏功すれば他の保証人に求償する必要がないという点では、共同保証人間の求償権は主債務者に対する債権の担保という機能を果たすものということができる。しかし連帯債務に関する四四二条は専ら連帯債務者が各自の負担部分を有することに基づく調整を定め、四六五条もこれを準用しているのであるから、四六五条それ自体からは、保証人間の求償権が主債務者に対する求償権との間で主従の関係にあるということはできない。本判決は、この点を確認したものということができる。

(2)　債権間に主従の関係があるか否かが議論されるのは、弁済者代位における求償権と原債権についてである。しかし弁済者代位の場合、原債権およびそれに付された担保権は、本来は弁済によって消滅するはずのところ、弁済者の求償権を確保するために、法律によって弁済者に移転するものとされたものであり、それ自体、専ら一種の担保として機能させるために認められたものである。そして（本来は消滅したはずの）原債権は、弁済者と債務者との間で求償権と並立して、求償権を確保する役割を果たす。

これに対し、四六五条に基づく共同保証人間の求償権は、(1)に示した根拠により、主債務者に対する求償権とは無関係に、しかも主債務者とは別の者同士の間で成立するものである。したがって、弁済者代位における求償権と原債権との関係とは異なる。

(3)　共同保証人間の求償権が各自の負担部分に基づくものであるならば、自己の負担部分を超えて弁済した保証人が、弁済後、直ちに他の共同保証人に求償することには何らの妨げもない。しかしXは上告受理申立理由の中で、「共同保証人においては、主債務者による弁済が続いているにもかかわらず自己を被告とする訴えが提起されることを良しとは考えない」が故に、代位弁済保証人が、主債務者からの一部弁済を継続的に受けているために求償権行使を控えていることをもって「権利の上に眠るもの」とされることは酷であると述べる。

これは、信用保証協会保証のように、保証協会を含む共同保証人の間に役割の違いを設ける場合には妥当する。しかし四六五条は、共同保証人間の違いを前提としてはいない。数人の保証人のうち、ある保証人が第一次的に主債務者に求償するというシステムをとるのであれば、それにふさわしい特約によって時効を管理するべきであろう。

二　消滅時効の中断と「担保の目的」

(1)　一で見たとおり、四六五条は求償権の「担保」を目的とするものとはいえないが、五〇〇条・五〇一条の弁済者代位は、「求償権を確保するため」のものであることが、判例において確認されている（最判昭和五九・五・二九民集三八巻七号八八五頁）。しかし、弁済者代位における原債権と求償権の関連において、一方に生じた事実により他方について消滅時効が中断するのは、どのような理由によるものか。原債権が求償権の「担保」として位置づけられることから、時効の中断を導き出しうるものかどうか、検討する必要がある。

最判昭和六一・二・二〇（民集四〇巻一号四三頁）は、「代位弁済者に移転した原債権及びその担保権は、求償権を確保することを目的として存在する附従的な性質を有し、求償権が消滅したときはこれによって当然に消滅」すると述べている。この判決は、直接には原債権と求償権の存立についての影響関係を扱うものではないが、「附従的な性質」という評価を文字どおりにとれば、求償権に生じた変化は原債権に影響するが、原債権に生じた変化は求償権に影響する理由はないことになりそうである（もっとも、求償権について承認により時効中断があった場合、主債務と保証債務の関係〔四五七条一項〕と同様、原債権について時効が中断されるかどうかは自明ではない）。

⑵　しかし判例では、原債権について権利を行使した場合に、求償権についても権利の行使があったものとして、求償権について時効の中断を認めるものがある。

最判平成七・三・二三（民集四九巻三号九八四頁）は、債務者の破産手続において、保証人が代位弁済をして（既に届出のされた）原債権の届出名義の変更をした場合に、求償権の消滅時効が破産手続の終了に至るまで中断するという判断を示しているが、その理由として、前掲昭和六一年判決を参照した上で、「保証人がいわば求償権の担保として取得した届出債権につき破産裁判所に対してした右届出名義の変更の申出は、求償権の満足を得ようとしてする届出債権の行使であって、求償権について、時効中断効の肯認の基礎とされる権利の行使があったものと評価するのに何らの妨げもない」と説明する（最判平成九・九・九判時一六二〇号六三頁も参照）。

また最判平成一八・一一・一四（民集六〇巻九号三四〇二頁）は、担保不動産の競売開始決定正本が主債務者に送達された後に、保証人が代位弁済をした上で差押債権者の承継を裁判所に申し出た場合につき、右承継の申出について主債務者に対して民法一五五条所定の通知がされなくても、保証人の取得する求償権の消滅時効は、右不動産競売の手続の終了に至るまで中断すると判示し、その理由として、前掲昭和六一年・平成七年判決を参照して、保証人の右承継の申出が「代位により取得した原債権と上記担保権を行使して、求償権の満足を得ようとするものであるから、これによって、求償権について、時効中断効を肯認するための基礎となる権利の行使があったものというべきである」と述べている。

(3)　さらに、弁済者代位の事例ではないが、最判平成二七・二・一七（民集六九巻一号一頁）は、事前求償権を被保全債権として仮差押えをした場合に、事後求償権の消滅時効が中断されるとし、その理由として、事前求償権は「事後求償権を確保するために認められた権利であるという関係にあるから、委託を受けた保証人が事前求償権を被保全債権とする仮差押えをすれば、事後求償権についても権利を行使しているのと同等のものとして評価することができる」と述べている。

これらの判決を見ると、両債権の関係そのもの、すなわち一方の債権が他方に対する「担保の目的」を有するものであるがゆえに、一方の債権について行った時効中断の措置が他方に及ぶという理解ではなく、権利の行使、すなわち一方の債権の行使が、同時に他方の債権をも行使するものと評価され、それによって時効が中断するという理解をしているということができる。

この点については、山野目教授が、前掲平成七年判決の評釈の中で、ある権利を主張する行為が別の権利の時効を中断するといいうる指標として、①同一当事者間で進められる手続において、②時効を中断させるべき権利が合わせて主張されていることが客観的に肯認でき、③当面の権利主張行為とは別に時効中断手続をすることが合理性をもって期待しえないことを挙げている（山野目章夫・判評四四三号〔判時一五四六号〕五五～五六頁）。原債権が求償権の「担保」として位置づけられうることは（もともと原債権は、弁済によって消滅したはずのものが、求償権確保のためにのみ存在しているものである）、この②の内容に関連するものといえよう。

三　民法四六五条と弁済者代位との関係

四六五条の趣旨に照らすとき、共同保証人間の求償権を主債務者に対する求償権の担保ということはできないとしても、保証人は債権者に弁済することによって、主債務者に対する求償権を確保するために、債権者の有していた原債権ならびにそれに付されていた担保、したがって他の保証人に対する保証債権を取得したということができないか（五〇〇条・五〇一条による弁済者代位）。そうだとすると、他の保証人に対する保証債権は、直接の被担保債権である原債権とともに、主債務者に対する求償権の担保として理解することができるのではないか。

そのように考えることは、一応可能である。ただ、債権者が有していた担保権は、代位によって弁済者に移転することとされるのでなければ、弁済者はこれを行使することができないものである。そのため、五〇一条は、弁済者に原債権ならびにその担保権を取得させた上で、その権利行使の範囲につき、代位者相互間の調整を行っているのである。

しかし、保証人相互間については、四六五条・四四二条によって、権利を行使しうることならびにその範囲について規定がされている。他方で、五〇一条には保証人相互間の調整についての規定が設けられていない。したがって、弁済者代位により回り道をすることなく、弁済した保証人の他の共同保証人に対する権利は確保されるのであるから、四六五条・四四二条とは別に、五〇〇条・五〇一条の法定代位を観念する必要はない。そして、右のような民法典の条文配置に即して考えるならば、ある保証人の他の保証人に対する弁済者代位は、四六五条・四四二条が設けられることによって、五〇〇条・五〇一条に基づく権利としては否定されたものであると考える。

〔参考文献〕本判決の評釈・解説として、秋山靖浩・法教四三〇号一三五頁、石井教文・金法二〇四三号四頁、今枝丈宜・金法二〇三八号八八頁、亀井隆太・速判解一八号七九頁、河津博史・銀法七九六号六一頁、斎藤毅・ジュリ一四九五号九六頁、同・曹時六八巻一〇号二六六二頁、下村信江・金法二〇四九号三七頁、中川敏宏・法セ七三七号一二〇頁、奈良輝久・銀法七九七号一四頁、松久三四彦・判評六九四号（判時二三〇八号）二一頁、渡邊力・民商一五二巻三号二七一頁。

Ⅲ　相殺の担保的機能

1　「相殺の担保的機能」について
――判例を読み直す――

一　はじめに――問題の設定と用語の整理

(1)　「相殺の担保的機能」は、一般に用いられる観念であるが、それは、とりわけ判例において、いかなる内容を有するか。「相殺の担保的機能」を軸として判例を位置づける場合、債権譲渡と相殺の問題及び差押えと相殺の問題が、区別されつつも連続して記述されるのが常であるが、これら二つの問題において「相殺の担保的機能」と呼ばれるものの実体は何か。

長期間にわたる判例の推移を観察する場合、複数の判決を比較する中から論理の展開を読み取り、読み取った内容を分析して中心的な概念を立てた上、それに照らして各判決の論理の構造をより明らかにすることは有益な作業である。しかし「相殺の担保的機能」はそのような中心的概念として十分なものか。そもそも各判決の中から、その根拠となるものをどの程度まで読み取ることができるか。このような問題意識に基づいて、差押えとの関係で

「無制限説」を確立した昭和四五年の大法廷判決並びに関連する諸判決を読み直し、「無制限説」の確立の意味を検討して、「相殺の担保的機能」と呼ばれる問題の実際の姿を明らかにすることが、本稿の目的である。

(2)　初めに、「相殺の担保的機能」及びこれとの連続性を有する用語の整理をしておきたい。機能の実体の違いと、その表現方法の違いとの、二つの側面を見た上で、本稿における「相殺の担保的機能」の意義を確定するためである。

(a)　「公平維持の機能」　まず、相殺の機能として、簡易決済の機能の外に、公平維持の機能が挙げられる。すなわち、相互に債権を有し債務を負担している者の間で、一方当事者が、自己の負担する債務の履行を強制される一方、相手方の無資力等のために相手方に対して有する債権の実現をなしえず、結局一方的に自己の債務の履行のみを強制される結果となることは不当であるため、相殺を認めるというものである。これは当事者間における相殺の機能として異議なく認められており、両当事者は互いに「相殺の期待・利益」を有する。

(b)　「相殺の期待・利益」　この相殺の期待・利益としては、ひとつには、既に相殺適状になっている場合は、個々に援用をしなくても既に消滅したものとして扱うことができるという「現在の期待・利益」が、もうひとつには、未だ相殺適状は成立していないが、将来において自己の債権を相手方に対して自己の負担する債務と相殺することによって消滅させるという「将来の期待・利益」が考えられる。前者は、(a)で示した「公平維持の機能」を当事者の側から表現したものであるが、自己の債権の確実な回収を確保するという点で「担保的機能」と呼ばれる一応の理由がある。後者は「将来における」自己の債権の回収にかかわるものであるが故に、信用の確保手段という意味で「担保的機能」として捉えることが一応可能である。

(c)　「相殺の担保的機能」　相殺の期待・利益という観念が、債権を有する当事者の側から見た表現であるのに対し、相殺の担保的機能という表現は、相殺という制度に客観的に属するものという響きを持つ。そして実際、相殺という制度に「担保的機能」が客観的に備わっていると捉えるときは、(a)及び(b)で示した当事者相互の相殺の期待・利益にとどまらず、「担保的機能」を有するものである以上、第三者の介入（差押え、債権譲渡等）に対して、相殺を通じて自己の優先権を主張しうべきものとする考え方が生じうる。差押えであれ、債権譲渡であれ、「担保的機能」が実際に問題となるのは、このように自己の債権確保の期待を実効あるものとする「第三者に対する担保的機能」の意味においてである。本稿においては、特に示さない限り、「担保的機能」は(a)及び(b)に示した当事者間における相殺の期待・利益を超えて、第三者に対する優先的効力を有するものとして用いる。

しかし、相殺という制度に備わっているのは、現在または将来に相殺適状が生じた段階で相殺により債権・債務を消滅させる機能である。したがって、相殺適状が生じていない（ないし、期限の利益の放棄によって相殺適状を作りだすことができない）段階において特約により債権・債務を消滅させる機能は、「相殺の担保的機能」ではなく「相殺予約の担保的機能」として、両者を区別して論ずる。

(d)「相殺権」　「担保的機能」を、相殺という制度に客観的に属するものと捉えることができるとしても、それはまだ「機能」以上のものではない。この「機能」に対して法律または特約により法的根拠が付与されたとき、「相殺権」という観念を立てることが可能となる。当事者間においては、相殺適状が生じた後において相殺の意思表示をすることのできる法律上の地位の外に、自働債権の弁済期が受働債権のそれよりも後に到来する場合において、一定の事実が生じたとき、特約（相殺予約）によって相殺をすることのできる「相殺権」を観念することができよう。この場合、相殺ないし相殺予約に「第三者に対する担保的機能」があるとした上で「相殺権」という「権利」の観念を立てるときは、第三者に対して主張しうる「担保権としての相殺権」を認めうるか否か、また第三者に対する公示の要否が問題となる。

(3)　問題は、「相殺の期待・利益」を認めることが直ちに「相殺の担保的機能」を認めることを意味し、さらに「相殺の担保的機能」を認めることが、相殺を、第三者に対抗しうる一種の担保権たる「相殺権」として扱うべきことを意味するかどうかということである。「相殺の期待・利益」という観念は、債権譲渡に関する最判昭和三二・七・一九民集一一巻七号一二九七頁で用いられ、差押えとの関係に関する二件の大法廷判決に引き継がれている。この観念に着目するならば、「相殺の期待・利益」、「相殺の担保的機能」、さらに「(担保権としての)相殺権」へという一種の概念の自己展開を想定することもできるであろうが、ここではそれぞれの判決においてどのような理由づけがなされ、判例として何が定着したのかを具体的に見るという作業をする。したがって、差押えとの関係、債権譲渡との関係において、それぞれ「相殺の期待・利益」がどのように考慮されたのかを別々に見ることとする。

二　差押えと相殺をめぐる二つの大法廷判決

(1)　「制限説」「無制限説」の意味──予備的確認事項

(1)　差押えと相殺については、最大判昭和三九・一二・二三民集一八巻一〇号二二一七頁（以下「昭和三九年判決」という）と、最大判昭和四五・六・二四民集二四巻六号五八七頁（以下「昭和四五年判決」という）とにおいて、多くの補足意見・反対意見が付せられた濃密な議論が行われている。そして昭和四五年判決において「無制限説」が確立したとされ、また同判決が「相殺の制度は……受働債権につきあたかも担保権を有するにも似た地位が与えられるという機能を営むものである」と説示したことから、「無制限説」と「相殺の担保的機能」という用語とが、結びつけられることも多い。しかし、「制限説」「無制限説」とは、何の制限をめぐる用語なのか。また、昭和四五年判決による昭和三九年判決の克服は、どのような論理によって行われたのか。このことを、まず前掲の二つの判決を読むことによって考えてみたい。

(2)　「制限説」「無制限説」とは何を意味するか。奥田教授は、無制限説とは昭和四五年判決を支持するものであって「法定相殺につき、差押前に反対債権（自働債権）が取得されておりさえすれば、両債権の弁済期の到来や、その先後関係を問わず、相殺適状に達すれば、その時点で相殺をなし、これを差押債権者に対抗することができる」とするものであり、制限説とは、昭和三九年判決の立場を支持するものであって「反対債権が差押前に取得されていることに加えて、その弁済期が受働債権のそれよりも早く到来する場合に限って、相殺の対抗を認めるもの」であると説明する。(1) この説明は、差押えとの関係につき、両判決が行った判断の具体的な内容を示すものであるが、「制限」の対象は何か。奥田教授も、次に引用する部分で示しているところであるが、中田教授は、無制限説は「(民法) 五一一条を制限せずに文言通りに適用する見解」、制限説は「五一一条の文言にはない制限を付するもの」と特徴づけている。(2)

差押えと相殺に関しては「民法五一一条の反対解釈」が問題とされるが、その意味するところは、奥田教授によれば「民法五一一条は、『支払ノ差止ヲ受ケタル第三債務者ハ其後ニ取得シタル債権ニ依リ相殺ヲ以テ差押債権者ニ対抗スルコトヲ得ス』と定めているから、その反対解釈として、『支払ノ差止』つまり、差押命令・仮差押命令の送達を受ける前に取得した債権でありさえすれば、その後に相殺適状を生じた場合でも、相殺適状を生じた時点で相殺することができ、この相殺をもって差押債権者に対抗することができる、との解釈が導かれえよう。民執一四五条・民法四八一条は、単に、差押によって処分権を失った債権者への弁済を禁じているのみであって、第三債務者は、その代わりに差押債権者（取立権取得者・転付債権者）に弁済をなすべく命ぜられ（したがって、弁済をなすべき点では何ら変りなく、また、不利益もない）、そのさい、差押債権者に対しては、債権者に対して主張しえたあらゆる抗弁事由を対抗しうることには、少しも変りがないといえるのであり、民執一四五条・民法四八一条は、五一一条を制約する性質のものではないといわねばならない。したがって、民法五一一条に制約を加えるとするならば、それは文理解釈から生ずるものではなく、別の利益衡量からであるといわねばならない」と説明される(3)。

この説明の前半によれば、五一一条の反対解釈によって無制限説が根拠づけられることになるが、後に触れるように、制限説を説く昭和三九年判決においても「民法五一一条の反対解釈」という用語が用いられている。そうすると、確かめるべき問題は、奥田教授の説明の後半に示されているように、同条の反対解釈の前提として、両判決においてどのような制度理解ないし利益衡量が行われているかということである。以下、昭和三九年判決、昭和四五年判決の多数意見の説くところを確かめた上で、その前提に関する補足意見・反対意見による分析を見てゆきたい。

(2)　昭和三九年判決・昭和四五年判決の多数意見

昭和三九年判決は「制限説」をとり、昭和四五年判決は「無制限説」をとるとされる。両者の判断はどこで分かれているのか。それぞれの前提と、論理構成を比較する必要がある。以下、両判決の説示を、適宜コメントを挟みながら読んでみることとする。

(1)　昭和三九年判決の多数意見——差押えによる相殺の制約　　まず、相殺に関する規定の解釈として、法定相殺の場合についての両判決の説示を比較する。昭和三九年判決の多数意見は、次のように述べる。「旧国税徴収法……による債権の差押は強制執行による債権差押と同じく、債務者に対してはその履行を禁止し、滞納者に対しては債権の取立その他の処分を禁止する効力を有するものであって、差押の結果、被差押債権の債権者および債務者は右債権につき弁済、取立等一切の処分が禁止されるものと解すべきである。従って、別段の規定がなければ第三債務者は相殺を以って差押債権者に対抗することもできないのである。」

ここでは、差押えが債権者（滞納者）の取立て等の処分を禁止するとともに、債務者の弁済をも禁じていることから、第三債務者（すなわち被差押債権の債務者）による相殺をも制約するものと解している。差し押さえた債権が消滅してしまうという点においては、債務者による弁済も相殺も変わりがない。しかし、判決は、相殺については例外を認めうるとする。すなわち、

「然るに、民法五一一条は『支払ノ差止ヲ受ケタル第三債務者ハ其後ニ取得シタル債権ニ依リ相殺ヲ以テ差押債権者ニ対抗スルコトヲ得ス』と規定するが故に、その反対解釈として、差押前に第三債務者が取得した債権による相殺は例外として差押債権者に対抗し得るものとしていると解せられる。そして、その理由は、第三債務者が差押前に取得した債権を有するときは、差押前既にこれを以って被差押債権と相殺することにより、自己の債務を免れ得る期待を有していたのであって、かかる期待利益をその後の差押により剥奪することは第三債務者に酷であるからである」と。

ここにおいて「民法五一一条の反対解釈」は何を意味するか。同条が差押え後に取得した債権をもって相殺を対抗しえないとするということは、逆にいえば、差押え前に取得した債権による相殺は否定されないということである。ただ、昭和三九年判決の理解によれば、前に見たとおり、他の債権消滅事由と同様、差押えによって相殺が制

約される。しかし、相殺の期待が既に形成されているときは、その後の差押えという偶然的な理由によって制約されるのは妥当でない。したがって、保護に値する相殺の期待が存する限りにおいて、相殺を対抗することができる。すなわち、判決は次のように続ける。

「かかる立法趣旨に徴するときは、第三債務者が差押前に取得した債権であるからといって、その弁済期の如何に拘らず、すべて差押債権者に相殺を対抗し得るものと解することは正当ではない。すなわち、差押当時両債権が既に相殺適状にあるときは勿論、反対債権が差押当時未だ弁済期に達していない場合でも、被差押債権である受働債権の弁済期より先にその弁済期が到来するものであるときは、前記民法五一一条の反対解釈により、相殺を以って差押債権者に対抗し得るものと解すべきである。」

差押え前に取得した債権による相殺が可能であることは民法五一一条の反対解釈によって明らかになるが、このように相殺が認められる場合が制限されるということは、同条の反対解釈以前に、昭和三九年判決が、本来、差押えによって相殺が制約されているという前提をとることの帰結である。

そして、自働債権の弁済期が受働債権のそれよりも先に到来する場合にのみ対抗を認める理由については、「けだし、かかる場合に、被差押債権の弁済期が到来して差押債権者がその履行を請求し得る状態に達した時は、それ以前に自働債権の弁済期は既に到来しておるのであるから、第三債務者は自働債権により被差押債権と相殺することができる関係にあり、かかる第三債務者の自己の反対債権を以ってする将来の相殺に関する期待は正当に保護さるべきであるからである。」

「これに反し反対債権の弁済期が被差押債権の弁済期より後に到来する場合は、相殺を以って差押債権者に対抗できないものと解するのが相当である。けだし、かかる場合に被差押債権の弁済期が到来して第三債務者に対し履行の請求をすることができるに至ったときには、第三債務者は自己の反対債権の弁済期が到来していないから、相殺を主張し得ないのであり、従って差押当時自己の反対債権を以って被差押債権と相殺し自己の債務を免れ得るという正当な期待を有していたものとはいえないのみならず、既に弁済期の到来した被差押債権の弁済を拒否しつつ、自己の自働債権の弁済期をまって相殺を主張するが如きは誠実な債務者とはいいがたく、かかる第三債務者を特に保護すべき必要がないからである。」

と述べる。受働債権の弁済期が先に到来する場合に、自働債権の弁済期が到来するまで自己の債務の弁済を拒絶するのが不当であることは説示のとおりである。しかし、後述の昭和四五年判決の示すところと対比して考えたとき、仮に被差押債権につき弁済の請求がないまま自働債権の弁済期が到来したとすると、その時点で相殺適状となるが、その場合に相殺をすることはできるのかどうか。両当事者の有する「相殺の期待」が問題であるならば、相殺適状となった以上、相殺を否定する理由はないと思われる。もし相殺を否定するのであれば、相殺の期待よりも、差押えの時点で差押債権者が確保した利益を害してはならないという、差押えの実効性が考慮されているものというべきことになろう（後述（3）⑶参照）。

その反面、自働債権の弁済期が先に到来する場合には、相殺予約がない限り、直ちに相殺することはできないが、受働債権の弁済期以前に相殺が可能であり、その限りで差押債権者の利益は否定される。この場合、まだ相殺適状になっていない以上、差押え時点で相殺の「抗弁権」が存するということはできず、正当な「相殺の期待」が害されてはならないと説明される。すなわち、差押えがあるにもかかわらず「将来（自働債権の弁済期到来後）において」相手方の債権から自己の債権を回収する期待が保護され、その限りで「相殺の期待」は「第三者に対する（将来の）担保的機能」を有することになる。

(2)　昭和四五年判決の多数意見――差押えは相殺を制約する効力を持たない　これに対して、昭和四五年判決の多数意見は、次のように述べる。

「相殺の制度は、互いに同種の債権を有する当事者間において、相対立する債権債務を簡易な方法によって決済し、もって両者の債権関係を円滑かつ公平に処理することを目的とする合理的な制度であって、相殺権を行使する債権者の立場からすれば、債務者の資力が不十分な場合においても、自己の債権については確実かつ十分な弁済を受けたと同様な利益を受けることができる点において、受働債権につきあたかも担保権を有するにも似た地位が与えられるという機能を営むものである。相殺制度のこの目的および機能は、現在の経済社会において取引の助長にも役立つものであるから、この制度によって保護される当事者の地位は、できるかぎり尊重すべきものであって、当事者の一方の債権について差押が行なわれた場合においても、明文の根拠なくして、たやすくこれを否定すべきものではない。」

「あたかも担保権を有するにも似た地位」とは具体的に何を意味するか。それが「債務者の資力が不十分な場合においても、自己の債権については確実かつ十分な弁済を受けたと同様な利益を受けることができる点において」とされていること、また相殺について「互いに同種の債権を有する当事者間において……両者の債権関係を円滑かつ公平に処理する」ものであることとしていることからすれば、当事者間において一方的に自己の債務の履行のみを強制されないという公平維持の機能と同義であるとも考えられる。ただ、この段落の主旨は、相殺に関する当事者の地位は「一方の債権について差押が行なわれた場合においても、明文の根拠なくして、たやすくこれを否定すべきものではない」という点にある。すなわち、判決はこれに続けて次のように述べる。

「およそ、債権が差し押えられた場合においては、差押を受けた者は、被差押債権の処分、ことにその取立をすることを禁止され（民訴法五九八条一項後段）、その結果として、第三債務者もまた、債務者に対して弁済することを禁止され（同項前段、民法四八一条一項）、かつ債務者との間に債務の消滅またはその内容の変更を目的とする契約、すなわち、代物弁済、更改、相殺契約、債権額の減少、弁済期の延期等の約定などをすることが許されなくなるけれども、これは、債務者の権能が差押によって制限されることから生ずるいわば反射的効果にすぎないのであって、第三債務者としては、右制約に反しないかぎり、債務者に対するあらゆる抗弁をもって差押債権者に対抗することができるものと解すべきである。すなわち、差押は、債務者の行為に関係のない客観的事実または第三債務者のみの行為により、その債権が消滅しまたはその内容が変更されることを妨げる効力を有しないのであって、第三債務者がその一方的意思表示をもってする相殺権の行使も、相手方の自己に対する債権が差押を受けたという一事によって、当然に禁止されるべきいわれはないというべきである。」

昭和三九年判決が、差押えによって相殺が制約されると解していたのに対し、昭和四五年判決は、差押えは相殺を制約するものではないとする。すなわち、昭和三九年判決が、差押えの結果、被差押債権の債権者、債務者とも一切の処分が禁じられるものであり、相殺もその処分の中に含まれると解したのに対し、昭和四五年判決は、差押えは債務者（被差押債権の債権者）による被差押債権の処分を禁じ、第三債務者も当該債権を処分する行為については同様に禁じられる（したがって、新たな相殺契約は許されない）が、法定相殺については抗弁の主張であって、何ら当該債権を処分するものではないから、制約されるものではないと解する。これによれば、相殺に関する当事者の地位の尊重は、相殺が第三者の権利と競合し、これに優先する効力を有することを理由とするものではない。

そうすると、民法五一一条の解釈はどのような意味を持つか。昭和三九年判決では、民法五一一条の反対解釈は、相殺に対する差押えの制約を解く根拠とされていたが、昭和四五年判決は次のように述べる。

「もっとも、民法五一一条は、一方において、債権を差し押えた債権者の利益をも考慮し、第三債務者が差押後に取得した債権による相殺は差押債権者に対抗しえない旨を規定している。しかしながら、同条の文言および前示相殺制度の本質に鑑みれば、同条は、第三債務者が債務者に対して有する債権をもって差押債権者に対し相殺をなしうることを当然の前提としたうえ、差押後に発生した債権または差押後に他から取得した債権を自働債権とする相殺のみを例外的に禁止することによって、その限度において、差押債権者と第三債務者との間の利益の調節を図ったものと解するのが相当である。したがって、第三債務者は、その債権が差押後に取得されたものでないかぎり、自働債権および受働債権の弁済期の前後を問わず、相殺適状に達しさえすれば、差押後においても、これを自働債権として相殺をなしうるものと解すべきであ」る。

昭和三九年判決とは異なり、昭和四五年判決は、「第三債務者が債務者に対して有する債権をもって差押債権者に対し相殺をなしうることを当然の前提」とするのであるから、民法五一一条の反対解釈をするまでもなく、差押えは反対債権による相殺を制約しない。同条は、その中で差押え後に取得された債権による相殺のみを例外的に禁ずるものとして、文言通りの理解をすれば足ることになる。あるいは、反対解釈によって、本来、差押えは相殺を制約しないという当然のことが確認されるということになろうか。したがって、差押えとの関係のみを問題とする限り、「(第三者に対する）相殺の担保的機能」を論ずるまでもない。

しかし、実際に相殺が可能になるのは相殺適状に達した後であるから、それ以前に転付命令によって債権が移転されれば、自働債権の弁済期においてはもはや相殺適状は生じないことになる。この場合に相殺の優先、すなわち「相殺の担保的機能」を認めるためには、債権譲渡と相殺の関係において、いかなる場合に「担保的機能」ないし「相殺の期待・利益」が認められうるかを確かめる必要がある。この点は、**三**で検討する。

(3) 相殺予約の効力に関する両判決の多数意見　以上に見た通り、昭和三九年判決と昭和四五年判決との対立点は、専ら差押えの効力、すなわち差押えが反対債権による相殺を制約するか否かという点である。昭和三九年判決のいう「期待利益」、すなわち自働債権の弁済期が先に到来する場合の相殺の期待利益も、差押えによる相殺の制約を前提として、これを例外的に排除するために考慮されるものである。これに対して昭和四五年判決では、そのような制約を否定するにあたって、相殺の当事者が「あたかも担保権を有するにも似た地位」を有すると述べるが、相殺が可能なのは相殺適状が生じた時点であることを認めているのであるから、これは事実上「公平維持の機能」を意味する。同判決は差押えが相殺を制約しないことを言うのみであるから、相殺の「第三者に対する担保的機能」を言う必要はなく、また相殺についての「将来の期待・利益」（一(2)(b)）を言う必要もない。したがって昭和四五年判決は、相殺そのものの属性として明確に「担保的効力」を根拠づけたものとは言いがたい。第三者に対する関係で相殺の「担保的効力」が実際に問題とされるのは、相殺予約の効力をめぐる議論においてである。

相殺予約の効力につき、昭和三九年判決は次のように述べる。

「ところで、債権者債務者間に生じた相対立する債権債務につき将来差押を受ける等の一定の条件が発生した場合に、右双方の債権債務の弁済期如何を問わず、直ちに相殺適状を生ずるものとし、相殺予約完結の意思表示により相殺を為し得るという原判示の如き相殺の予約は、差押当時現存していた債権につき、差押を契機として、当時相殺適状に達していないのに拘らず、また、両債権の弁済期の前後を問わず、直ちに相殺適状が発生したものとして相殺により被差押債権を消滅せしめんとするものであるが、かかる特約は前示民法五一一条の反対解釈上相殺の対抗を許される場合に該当するものに限ってその効力を認むべきである。すなわち、差押前第三債務者が取得した反対債権につき、その弁済期が受働債権である被差押債権の弁済期より先に到来する関係にある自働債権と受働債権との間においては、前記の如き相殺予約は、第三債務者の将来の相殺に関する期待を正当に保護するものであるから、かかる場合に限り、前記相殺予約は有効に差押債権者に対抗し得るものと解するのが相当であるが、然らざる場合、すなわち、民法五一一条の反対解釈を以ってしても相殺の対抗が許されない場合に該当する相殺予約は、差押債権者に対抗し得ないものといわなければならない。けだし、後者の場合にも右相殺予約の効力を認めることは、私人間の特約のみによって差押の効力を排除するものであって、契約自由の原則を以ってしても許されないといわねばならない。」

(1)で見た「相殺の期待」が正当と認められる限りで相殺予約が許され、自働債権の弁済期が先に到来するものであれば、それが差押え時に到来していない場合でも、これを待つことなく差押え時に相殺による債務の消滅が可能とされる。これは、特約がなければ自働債権の弁済期の到来後に受働債権から回収しうる「相殺の期待」を、差押え時に実現するものであるから、将来の回収時まで第三者（差押え債権者等）の介入を排除しうるという「相殺の担保的機能」の延長として理解しうる。これに対して、このような「相殺の期待」が存しない場合に相殺予約の効力を認めることは「私人間の特約のみによって差押の効力を排除するもの」であるとして、差押えの実効性確保が考慮されている。

これに対し、昭和四五年判決は次のように述べて相殺予約の効力を無制限に認める。

「右特約は、訴外会社またはその保証人について前記のように信用を悪化させる一定の客観的事情が発生した場合においては、被上告銀行の訴外会社に対する貸付金債権について、訴外会社のために存する期限の利益を喪失せしめ、一方、同人らの被上告銀行に対する預金等の債権については、被上告銀行において期限の利益を放棄し、直ちに相殺適状を生ぜしめる旨の合意と解することができるのであって、かかる合意が契約自由の原則上有効であることは論をまたないから、本件各債権は、遅くとも、差押の時に全部相殺適状が生じたものといわなければならない。」

昭和四五年判決では差押えは相殺を制約せず、差押えがあっても相殺適状に達しさえすれば相殺は可能であるとされる。相殺適状に達した以上、両債権のいずれが先に弁済期に到達したかは問題とならないため、昭和三九年判決のように弁済期の前後関係で区別することはない。すなわち昭和三九年判決のような制限をしないという意味では「無制限」である。しかし、差押え時に直ちに相殺適状を生ぜしめる合意が有効であることについては「契約自由の原則上……論をまたない」とされているのみであって、その根拠が示されているとはいえない。

昭和三九年判決は、自働債権の弁済期が先に到来する場合には差押債権者に相殺を対抗しうるとして、この場合の「相殺の期待」を保護に値するものとし、そうである以上、差押え時に直ちに相殺をなしうるとしても第三者（差押債権者）との関係で問題はないという論理をとる。しかし昭和四五年判決は、差押えは相殺を制約しないという理由で「相殺適状に達しさえすれば相殺は可能」としたのであり、「相殺の期待」が差押え時点で第三者（差押債権者）に優先することを示したものではない。すなわち、昭和四五年判決の場合、第三者との関係は相殺予約の場合に初めて問題となる。したがって、（受働債権＝被差押債権の弁済期が先に到来する場合には）相殺適状に達する前に取立て等をすることのできる差押債権者に対して、その権利の行使を制約し、差押え時に相殺適状に達したものとして自己の債権の回収を優先させるためには、この相殺予約の「（第三者に対する）担保的機能」の根拠を直接に示す必要がある。

(3) 昭和三九年判決・昭和四五年判決の補足意見・反対意見

(1) 問題の設定　(2)で検討したところによれば、昭和三九年判決は、差押えが相殺を封ずることを前提として、民法五一一条がその例外を定め、「相殺の期待」が認められる限りで差押え後においても相殺が認められるとするとともに、正当な「相殺の期待」がない場合には、差押え後に両債権の弁済期が到来しても相殺を認めないという帰結を導くことにより、差押債権者の利益を保護する立場をとる。これに対して昭和四五年判決は、差押えが相殺を封ずる効力を有しないものとするのであるから、法定相殺に関しては、「相殺の期待」に何らかの効果を認めるかどうかという問題に入るまでもなく、相殺を認める立場をとる。

他方、相殺予約に関して、昭和三九年判決は、「相殺の期待」と差押債権者の利益との間に法定相殺と同様の利益衡量を行う。これに対して昭和四五年判決は、直接には「契約の自由」を根拠としているが、その説示は、信用が悪化した場合に銀行が貸付債権について期限の利益を放棄せしめ、自らの預金契約上の債務については期限の利益を放棄する合意が「契約自由の原則上有効であることは論をまたない」とするものである。このことから、相殺予約に関する昭和四五年判決の説示は、銀行取引における相殺予約の問題に関するものであって、昭和三九年判決とは異なり、相殺予約一般の問題ではないのではないかとも考えられる。

このことは、最高裁民事判例集における判決要旨が、昭和三九年判決においては「債権者と債務者の間で、相対立する債権につき将来差押を受ける等の一定の事由が発生した場合には、両債権の弁済期のいかんを問わず、直ちに相殺適状を生ずる旨の契約および予約完結の意思表示により相殺することができる旨の相殺予約は、相殺をもって差押債権者に対抗できる前項の〔法定相殺の場合の規律――筆者注〕場合にかぎって、差押債権者に対し有効である」として、相殺予約一般に関する判断であることを示すのに対し、昭和四五年判決においては「銀行の貸付債権について、債務者の信用を悪化させる一定の客観的事情が発生した場合には、債務者のために存する右貸付金の期限の利益を喪失せしめ、同人の銀行に対する預金等の債権につき銀行において期限の利益を放棄し、直ちに相殺適状を生ぜしめる旨の合意は、右預金等の債権を差し押さえた債権者に対しても効力を有する」として、銀行の貸付債権と預金債権の相殺に関して述べていることも、そのような推測を裏付けるもののように思われる。

かくして、両判決の多数意見からは、第一に、差押えが相殺を封ずる効力を有するか否か、第二に、弁済期の前後を問わず相殺予約の効力を認める実質的根拠は何であり、それを考慮した場合、その射程をどのように考えるべきかが問題として浮上する。多数意見においては、結論的な部分のみが示されているが、その根拠となる実質的な議論を、両判決の補足意見・反対意見の中に見ることとする。

(2)　差押えの効力とドイツ民法三九二条　その前に、「制限説」において言及されるドイツ民法三九二条について見ておきたい。同条は「債務者が債権者に対して有する債権の相殺は、債務者が自己の債権を差押え後に取得し、又はその債権の弁済期が差押え後に、かつ、差押えを受けた債権の弁済期より後に到来したときにのみ、債権の差押えによって排除される」と規定する。

そして、相殺に対する差押えの効力については、次のように解説されている。すなわち「債権の差押えは、ZPO〔ドイツ民事訴訟法〕第八二九条第一項によれば差し押さえられた債権者にとっては処分禁止となり、債務者（第三債務者）にとっては給付禁止となる。相殺も債権の経済的価値がそれによって債権者に供給される履行代用であり、特別規定がなければ、差押え（ZPO §829）は相殺を禁じることになる。しかし、相殺適状は、債務者に相殺によって遡及的に債務を免れる期待と反対債権を満足させる期待とを与える。……そこで、債務者の相殺権は、債務者が相殺することのできる債権の差押えによって排除されないとする本条の原則が生じる」が、本条に規定されている場合には、「第三債務者の相殺の期待が害されることにはならないので、例外として相殺が許されない」[4]と。同時に、「当事者が一方の債権の期限到来と同時に他方の債権を消滅させる趣旨で締結した差押え前の相殺契約は、一般に本条の制限に服さず、有効であるとされる。ただし、争いがあるとの指摘もある。これは、たとえば金銭を受領することを許されている労働者に対する雇傭者の請求権が将来の給料債権をもって相殺される場合に意味がある」という記述もある。[5]

この規定については、「ドイツにおける差押えには債権質権設定と同じ効果が与えられるのであって、わが国の差押制度と異なる」という指摘もあり、[6]もとより日本法の解釈の直接の根拠とはならないのであるが、「制限説」が自己の利益衡量の内容を定めるにあたって参考にしたものとして記憶にとどめ、その利益衡量の根拠を、両判決の補足意見・反対意見の中から捜し出すこととしたい。

(3)　差押えの効力に関する諸意見の相違

まず、差押えが相殺を封ずる効力を有するか否かという点である。

(a)　昭和三九年判決における奥野補足意見は、債権の差押えにより「被差押債権につき債権者及び債務者は弁済、取立等の一切の処分が禁止されるものと解すべきであって、かかる差押債権者の地位は当該債権につき処分禁止の仮処分をした仮処分債権者の地位に酷似する。従って、差押債権者が……納税者に代位して被差押債権を行使する場合においても前記差押債権者たる地位を失うものではない。これは差押を伴わないで単に被差押債権の債権者自身がその債権の履行を請求する場合と異り、第三債務者は債権者自身に対抗し得る事由であっても、差押債権者には対抗し得ない場合のあることはむしろ当然である」と述べた上で、「民法五一一条の反対解釈として第三債務者は差押前に取得した反対債権による相殺だけは例外として差押債権者に対抗できることとしているのであるが、かかる例外規定は差押制度の実効性、信用性を参酌して、第三債務者と差押債権者の双方の利益を衡平に考慮して解釈すべきである」とし、昭和三九年判決の多数意見の基準を示して、「独逸民法三九二条は正にこの法理を宣明した規定であって、わが民法五一一条の解釈に当り参考に値するものというべきである」と述べる。

この「第三債務者は債権者自身に対抗し得る事由であっても、差押債権者には対抗し得ない場合のあることはむしろ当然である」という立場に対しては、昭和三九年判決の山田反対意見が反対の論拠を示す。直接には「既に担保に差入れられている（相殺契約に服している）預金」についてであるが、「差押債権者は、差押えにより債務者が第三債務者に対してもっていた債権以上のものを押えるのではなく、その債権そのものを押えるに過ぎないものであるから、右債権につき、差押えられる以前から附着している瑕疵、もしくは、抗弁等は、右差押債権者にも、当然引継がれ対抗さるべき筋合である」と述べて、「相殺権」は差押債権者にも当然対抗しうるものとし、この理は民法五一一条の反対解釈並びに債権譲渡に関する民法四六八条二項に鑑み、同様に解せられると説く。

(b)　山田反対意見の示す「抗弁」権という考え方は、債権譲渡にも共通するものとして、「相殺の期待」ないし「相殺権」の存在形態たりうる。ただ、昭和四五年判決における松田意見は、「差押の一事によって被差押債権の内容自体は何等の変化を受けることはない。すなわち、たまたま差押があることによって、第三債務者は、従前に比し利益も不利益も蒙るべきではなく、被差押債権は、もし差押当時負担をもっていたときはその負担付のままの状態で存続することとなるのである。したがって、第三債務者は、差押当時債務者に対し主張し得た抗弁をもって差押債権者に抗弁し得、したがって、又、第三債務者は、差押当時債務者に対し主張し得なかった抗弁をもって差押債権者に対抗し得ないのである」と述べて、「抗弁」の内容が差押えの時点で拘束されるものとする。

昭和四五年判決における岩田補足意見は、昭和三九年判決の多数意見によれば「もし、第三債務者において被差押債権（受働債権）の存在自体を争い、訴訟となり、その結果、差押債権者主張どおりの債権の存在を認める裁判（第三債務者がその被差押債務の存在を争うことは、常に必ずしも不誠実であるとはいえない。）はあったが、その訴訟の間に第三債務者の有する反対債権の弁済期も到来し、相殺適状を生じた場合でも、第三債務者が差押以前から有していた反対債権をもって被差押債権と相殺することは許さないとすることになるであろう」が、民法は「双方の債権が共に弁済期に達していることをを相殺の要件としているのであって、そこにおいては、同種の債権が相対立してさえいれば、相殺に対する正当な期待が肯定されているのであ」り、「この期待は、差押によって無視されるべきものではない」と述べる。

これに対して前記松田意見は「『差押の時点』において第三債務者の有する反対債権の弁済期が被差押債権の弁済期より後であるときは、第三債務者は、相殺を主張し得ない。このことは、差押の時点においてのみならず、その時点の以後においても同様であって、被差押債権が取立てられることのないまま、反対債権の弁済期が到来した場合においても、なお、第三債務者は相殺を主張し得ないものと解すべきである。けだし、前述のごとく、被差押債権は、『差押の時点』の状態において拘束されたものとなるからである」と述べる。

(c)　岩田補足意見と松田意見との対立点は、相殺に対する期待が双方の債権に付着すると考えたときに、それが差押えの時点の状態で拘束されるものと見るかどうかという点、すなわち、自働債権の弁済期が受働債権のそれよりも後に到来する場合において、差押えの後に相殺適状が成立したときに、差押えにもかかわらず相殺することができるか、差押え時点では相殺の期待が存しなかったものとして相殺が封じられるかという点にある。したがって、問題は、担保的機能等、相殺の特別の機能というよりも、差押えがその後の相殺適状成立時における相殺を封ずるか否かという、差押えの効力の点にある。

これを肯定する立場は、(a)で見た昭和三九年判決における奥野補足意見が「差押制度の実効性、信用性」と述べ、昭和四五年判決における入江・長部・城戸・田中反対意見が、被差押債権が「債務者（被差押債権の債権者）の一般財産として、右債権者らの債権のひきあてとなっていることも、また看過すべきではなく、これら差押債権者らの利益も、第三債務者の利益と並んで平等に保護すべきものといわなければならない。もし、この後者の点に対する配慮を怠るならば、債権者間の平等を害するのみならず、一般債権の実現を困難にし、ひいては、強制執行制度の実効をも損なうおそれなしとしないのである」と述べているように、差押え・強制執行制度の実効性を重視しているものと考えられる。

これに対して、昭和三九年判決における横田反対意見（それが昭和四五年判決の多数意見となるのであるが）は、差押えの効力として、差押えを受けた債務者による債権の処分（相殺も含む）、ことにその取立て、第三債務者の弁済、両者の間で債務の消滅・変更をする契約をすることが禁止されるが、「それは、債務者の権能が差押により制限されることによる、いわば反射的効果に過ぎない。差押の効力は以上に尽きるのであって、第三債務者は、右制約に反しないかぎり、債務者に対して有するあらゆる抗弁をもって差押債権者に対抗することができるのであり、相殺権の行使についても同様であって、「相手方の自己に対する債権が差押えられたという一事により、相手方に対する債権による相殺が当然に禁止されるべき本来のいわれはない」と述べて、差押えの効力の限界を示す。

(d)　このように、差押えにもかかわらず相殺をなしうる根拠が、債権に付着する相殺の期待が法律関係を差押え時点で拘束するというような相殺の特別の機能・効力ではなく、差押えは相殺適状になった時点での相殺を封じるものではないということにあるならば、差押えの後、相殺適状になることが阻止されれば相殺ができないことになる。昭和四五年判決における大隅意見は、次のように述べる。

「昭和三九年一二月二三日の大法廷判決自体からは必ずしも明らかではないが、私の解するところでは、同判決の趣旨を推及すれば、⑴差押当時第三債務者の有する反対債権がいまだ弁済期に達していない場合でも、その弁済期が被差押債権である受働債権の弁済期よりも先に到来するものであるときは、たとえ差押債権者が被差押債権につき転付命令を得てその転付を受けた場合においても、第三債務者は差押債権者に対し相殺を主張してその債務の弁済を拒否することができる」が、多数意見がこの点につき反対の見解をとるとすれば、「多数意見は、一見、相殺制度の目的および機能にかんがみて第三債務者の地位をつよく尊重するかのごとくであって、実際上は、かえって第三債務者の正当な期待を害しこれに不当な不利益を課する結果となるのではないかと思う。けだし、差押債権者は差押と同時に転付命令の申請をする場合が多いと考えられるからである。」

昭和三九年判決においては、差押えが（相殺を含め）債権の消滅を制約するという前提のもと、反対債権の弁済期が先に到来する場合には「相殺の期待」を害するべきではないという考え方に基づき、「民法五一一条の反対解釈」によって、差押えにもかかわらず相殺を認めるべきものとされた。したがって、差押えの拘束力に対抗する形で、制限的ながら「第三者に対する担保的機能」を認めたものである。そしてこの立場によれば、⒝⒞で見た議論に示されるように、差押え時点での「相殺の期待」は、その時点の状態での被差押債権の「拘束」によって保護されることとなり、その保護は転付命令があっても維持されることになる。しかし昭和四五年判決においては、差押えは相殺に影響を与えるものではなく、「相殺適状になった時点で」相殺ができるという判断がなされた。そうすると、反対債権の弁済期が被差押債権のそれよりも前に到来する場合であっても、転付命令の後に到来するときには、転付命令によって相殺適状が実現しなくなったため、もはや第三債務者は相殺できないことになる。したがって、昭和四五年判決は、論理構造上、法定相殺についてはむしろ「相殺の担保的機能」、一⑵で示した用語によれば「将来の・第三者に対する担保的機能」を否定する結果となる。

(e)　これに対して、昭和四五年判決における松田意見は、多数意見の主たる根拠を民法五一一条の解釈にありとし、「今次の多数意見は、差押の時点において被差押債権より後に弁済期の到来する反対債権をもっても相殺をなし得るとするのである」と意義づける。そして「被差押債権は、『差押の時点』の状態において拘束されたものとなる」という前提のもとに、「もし多数意見によるときは、差押の時点に第三債務者が債務者に対し反対債権を有するときは、たとえその反対債権の弁済期が被差押債権の弁済期より後であるときでも、第三債務者は相殺を主張し得ることとなろう。かくては、差押債権者は、差押の時点において第三債務者より相殺されうる危険がないのにかかわらず、たまたま差押当時、第三債務者が債務者に対し反対債権を有しさえすれば、たとえ、その債権の弁済期が債務者の第三債務者に対して有する債権の弁済期に後れるものであっても、相殺される危険にさらされる。これは、差押というわば偶然の一事によって、第三債務者が相殺をなし得る範囲が拡大することとなる。そして、このことの不当は、差押債権者が差押と同時に転付を受けた場合を考えることによって、容易に理解し得るところである」と述べる。

この意見の論理構造は、差押えが（相殺をも含めて）債権の消滅を制約するという前提のもと、民法五一一条の反対解釈により、相殺は例外的に認められるが、昭和三九年判決では両債権の前後関係により例外を認める範囲が限定されていたのに対し、昭和四五年判決では限定なく認められるに至った。その結果、差押えによって、自働債権の弁済期が受働債権よりも後に到来する場合についても、「相殺権」が認められる状態で権利関係が拘束され、これは第三債務者が本来有していたよりも有利な地位を得ることになる。とりわけ差押債権者が転付を受けた場合、本来は反対債権との関係は切断されたはずであるのに、そのような「相殺権」が付着して転付を受けた債権を消滅させることになるのは不当である、というものであると考えられる。

確かに、一(1)で見たように、問題は民法五一一条の解釈における制限・無制限ということであった。しかし、昭和四五年判決の多数意見は、民法五一一条の反対解釈そのものよりも、その前提である差押えの効力について昭和三九年判決と理解を異にするという点が重要である。すなわち、昭和四五年判決は、差押えがあっても、相殺適状時における相殺という「本来の効力」は制限されないというものであり、法定相殺に関する限り、民法五一一条の反対解釈によって、新たに「相殺の担保的機能」が積極的に根拠づけられたわけではない。また昭和四五年判決は、相殺に対する差押えの拘束力を認めていないのであるから、松田裁判官の前提とする「被差押債権は『差押の時点』の状態において拘束されたものとなる」という理解をとっていないと考えられる。したがって、昭和四五年判決の多数意見の帰結については、(d)で見た大隅意見のような捉え方が適切なのではないかと考える。

(4)　相殺予約の「担保的機能」の根拠及び公示の要否

以上に述べたことは、法定相殺と差押えとの関係の問題であった。これに対して、債権回収のための実効性を要求する積極的な「担保的機能」は、相殺予約について問題となる。弁済期の前後にかかわらず相殺予約の効力を認める根拠は何か。

(a)　昭和三九年判決における奥野補足意見は、「若し当事者間の予めの特約がすべて差押債権者に対抗できるとすれば、当事者間において予め差押後に取得する債権によっても相殺し得る旨の特約や、差押を受けたような場合には債権者は債務を免除しようというような予約までも、差押債権者に対抗できることになり、差押制度の実効性、信用性は破壊されることになる」と述べる。しかし昭和三九年判決における横田反対意見は「債務者につき、その信用を害するごとき法定の事由が生じたときは、債務者は期限の利益を主張しえないことは民法の規定するところでもあるから（一三七条）、当事者間において、その一方の単なる恣意によるのではなく、相手方たる債務者がその財産につき差押えを受けるなど、その信用を害するがごとき客観的事実が発生したときは、その一方が、相殺の対象となる債権を特定した上、完結の意思表示をすることにより相殺の効力を生ずるものとする相殺契約の一方的予約は、なんら客観性、具体性を欠くものではないから、本件契約についても少くとも右の限度においてその効力を肯定することは不当ではない」と説く。

さらに横田反対意見は「商人間の取引においては、取引上の各種の権利関係の間に牽連性ないし関係性をもたせ、これを一体としては握することが尊ばれていることは、交互計算（商法五二九条以下）、商事留置権（同法五二一条）、一般に行われている包括的な根抵当の制度などにもうかがわれるところであり、銀行業者が、その業務の特質上、その債権の回収を確実にするため、前示のごとき相殺に関する契約を締結することには相当の理由がある」と述べる。

(b) (a)で示した議論は信用取引・商事取引の一般的な特質を根拠とするものであるが、昭和三九年判決における松田反対意見は、銀行と預金者との関係について次のように述べる（昭和三九年判決における山田反対意見も、銀行が預金を見返り（担保）として貸出しをする場合における相殺の特約は「今日一般に公知とされているところ」とした上で、その有効性を主張する）。

「およそ銀行とこれを利用する預金者との関係においては、前者の後者に対する貸付などの各債権は、いわば一体を形成し、後者の前者に対する預金などの各債権もまた一体を形成し、両者は経済上決して無関係のものでなく、継続的に発生しつつ、相互に一種の牽連関係に立ち、ことに預金債権は貸付債権に対して担保的作用を営みつつあるのである。しかして原審の認定したところに徴すれば、本件における被上告銀行と右訴外人との関係においても、右と同様の趣旨が窺われ、前示認定の相殺に関する特約は、被上告銀行がこの担保的作用を法律上実現せしめる手段と認められるのである。換言すれば、被上告銀行は、この相殺に関する特約を活用することの期待の下に、右訴外人に対して貸付をなしていたものと認め得るのである。」

松田意見はこれに続けて「本件において上告人国は、いわゆる相殺予約という拘束の既に附着していた債権を差押えたのである。従って、上告人国は、かかる相殺予約を以て対抗されることとなるのである。それは被差押債権に抗弁権の附着しているときと、趣を同じくする」と述べる。

(c)　(a)では信用取引・商事取引一般、(b)では銀行における預金を見返りとする貸付について、相殺予約の合理性が示された。しかし、当事者間の特約の効力を、当然に第三者に対抗することができるか。これについて昭和三九年判決における横田反対意見は次のように述べる。

「物権とは異なり、債権については、その存在ならびに内容を第三者に公示するに適当な一般的な制度は考えられないのであって（……）、第三者を保護するための格別の規定（たとえば、民法についていえば四六六条二項但書、四六八条一項本文、四七二条、四七三条など）がある場合のほかは、債権関係の当事者間における約定は、広く第三者に対しても対抗しうるのが本則であり、したがって当事者間の債権関係について、前述のごとき相殺に関する契約が存在することを知らないで債権の差押をした者が、第三者《（ママ）》債務者による予約完結権の対抗により不測の損害をこうむることがあるとしても、それは已むをえないことであり（第三債務者が約定解除権などを行使したため、差押債権が消滅した場合となんら異るところはない。）そのため、約定をした者のみが優先弁済を受けたと同様の利益を受ける結果となるとしても、それは、第三者に対抗しうる約定の効力に基因するものであり、あえて公平の理念に反するものとは断じえない。」

しかし昭和四五年判決における入江・長部・城戸・田中反対意見は「物権と異なり、その公示方法を欠く現状においては、一般債権者は不測の不利益を蒙るおそれなしとせず、他の担保権との均衡をも害するものといわなければならない。当事者間のいかなる合意も、かかる優先権の公示たる機能を果たすものとはいえず、また、債権なるが故に、いかなる契約も自由であるとする見解は、差押債権者に対する関係において、被差押債権が、債務者の一般財産を構成している点を忘れた議論であ」るとする（また、昭和三九年判決における奥野補足意見も参照）。

これらは原則をめぐる議論であるが、昭和四五年判決における大隅意見は、(a)(b)に示されたような現状認識を示した上で「銀行取引における上述のごとき事情や、一般に銀行とその取引先との間の取引約定書中にこの種の相殺予約に関する定めがとり入れられていることは、取引界においてはほぼ公知の事実となっているものと認められるのであって、その定めをもって差押債権者に対抗しうるものとしても、あながち不当とはいえないと考える。それゆえ、相殺予約一般の効力の問題はしばらく措いて、少なくとも本件の被上告銀行と訴外会社との間の取引約定書における相殺予約のごときについては、それが有効であり、かつ、これをもって上告人に対抗しうるものとするのが相当である」と述べる。

(4) 小括——相殺予約の対抗力：昭和四五年判決の射程

(1) 差押えと法定相殺の関係に関しては、差押えが第三債務者からの相殺を封ずるか否かという点について争いがあり、昭和四五年判決は、差押えはこれを禁ずるものではなく、したがって第三債務者は差押えの有無にかかわらず、相殺適状になれば相殺が可能であるという立場をとった。これは、昭和三九年判決において、差押えの拘束を前提とした上で民法五一一条の反対解釈により例外を認め、そこに「相殺の期待・利益」を見出したのとは異なる方法であり、したがって特に相殺の担保的機能を論ずるまでもなく、相殺を認めることができるとしたものである。

その結果、大隅意見が指摘するように、相殺適状になる以前においては、自己の反対債権の弁済期が被差押債権よりも先に到来する場合でも、差押債権者に対して「相殺の期待・利益」を主張することができず、相殺適状になる前に転付がなされれば一方的に弁済を強制されるのではないかという疑問も生ずるに至った。この場合に存する「相殺の期待・利益」を転付の後にも差押債権者に主張しうるか。この点については、債権譲渡に関する最判昭和三二・七・一九民集一一巻七号一二九七頁が、「譲渡通知または転付命令の送達当時すでに弁済期の到来している反対債権を有する」場合について相殺をもって対抗しうるとしたものであるため、付着した「抗弁」権として十分かどうか、疑問がある。

債権の移転を前提としないもとでの「相殺の期待・利益」の議論と、債権の移転により相殺適状が崩れたもとでの「相殺の期待・利益」の議論とが、どの点で接合でき、どの点で区別しなければならないかが留意すべき点である。

(2)　これに対して、相殺予約の場合には、「第三者に対する担保的機能」が、相殺予約を第三者に対抗しうるかどうかという形で問題となる。両判決の補足意見・反対意見等を見るならば、信用取引・商事取引の一般論、また銀行実務の実態から、不合理なものではないと考えられるものの、公示の問題については争いがあることが窺える。結局、多数意見では公示の問題には触れることなく、当該合意については有効であり、差押え時までに相殺適状が生じたものと判断した。したがって、昭和四五年判決からは、相殺予約の場合について一般理論を導き出すことは困難である。

ただ、昭和四五年判決の判断が、その後の裁判例にどのように受け継がれているかという点から、その意義を探ることもできよう。これを継承するものとして、たとえば最判昭和四五・一一・六判時六一〇号四三頁がある。これは、信用金庫が取引先に期限の利益喪失約款付の契約に基づく貸金債権を有している一方、その取引先が信用金庫に対し、手形が不渡りになった場合に備えて「預託金」を預け、その預託金返還請求権を有していたところ、これを第三者が差し押さえ、これに対して信用金庫が相殺を主張したものである。最高裁は昭和四五年判決を引用して、当該の期限の利益喪失約款を差押債権者に対しても対抗しうると判示した。

最判昭和五一・一一・二五民集三〇巻一〇号九三九頁も、銀行に対する取引先の預託金返還請求権と、取引先に対する銀行の債権との相殺が問題となったものであるが、この銀行の債権につき、その合理性が検討され、また「一定の場合に、割引手形の満期前においても割引手形買戻請求権が発生するものとするとの事実たる慣習が形成され、全国的に採用されている定型的な銀行取引約定の中にその旨が明文化されるに至っていることは、公知の事実である」と述べられており、合理性・公知性のチェックが行われている点に注意すべきである。

(3)　しかし、特約の対抗力を否定したものもある。東京高判昭和五八・一・二五判時一〇六九号七五頁は、銀行から送付された書類が到達しなかったときは、通常到達すべき時に到達したものとする旨の特約が銀行取引約定書に記載されていた場合に、相殺通知書についてもこの特約により到達を不要とするかという問題について、相手方の地位を不安定ならしめ、ひいては取引の安全を害することになると述べ、相殺に関しては、この特約は少なくとも第三者には対抗しえないとした。もっとも「あらかじめ具体的・個別的に特定された債権につき一定の事由が生じた場合には意思表示を要せずに相殺の効果を生ぜしめる旨を特約することは可能」であると述べている。

大阪高判平成三・一・三一判時一三八九号六五頁と、その上告審判決である最判平成七・七・一八判時一五七〇号六〇頁は、次のような事件である。AはY（運送会社）の子会社であり、B（運送会社）はYの下請けであって、AB間、BY間には継続的な取引がある。AはBに対して燃料用の石油代金債権を、BはYに対して請負代金債権を有している。X（国）がBに対する租税債権を徴収するため、BのYに対する請負代金債権を差し押さえたところ、Yは、AはAのBに対する債権と、BのYに対する債権とを相殺できる旨のAB間の特約に基づき、AおよびYはAの債権によってYの債務を相殺したと主張した。一審はこの相殺を有効としたが、高裁は、AB間でこのような相殺予約をしても、そこにはYの意思が欠けているから、「右三者間には右両債権が対当額で簡易、公平に決済できるとの信頼関係が形成されるものではない」、また、これにより「AとBの二者間の合意のみでBのYに対する債権を事実上差押ができない債権とすることができることになるが、これはあまりにも差押債権者の利益を害することになる」と述べて、この相殺はXに対抗しえないとした。最高裁もこの結論を支持してYの上告を棄却したものである。

(4)　このように、相殺予約の担保的機能、すなわち介入する第三者に対して相殺の利益を主張することは認められるが、具体的には、相殺についての当該特約につき、その合理性や第三者の利益との関係を検討して判断するというのが判例の現状であると考えられる。昭和三九年判決が両債権の弁済期の前後という形式的な要素によって「相殺の期待・利益」の保護の必要性を判断したのに対し、昭和四五年判決の多数意見を支持する諸意見を見ると、商事取引・銀行取引において当事者間に対立する債権の牽連性を認めることの実質的合理性が論じられている。昭和四五年判決は、昭和三九年判決とは全く異なる角度から問題を捉えており、またその判決理由の表現から見ても、当該事実に照らして、当該特約について判断したものである。すなわち、昭和四五年判決は、相殺予約の効力に関する一般論を示したものではなく、「相殺予約の無制限」を根拠づけたものではない。したがって、相殺予約の対抗力に関して、各事案における当該特約の合理性等を勘案して判断することは、昭和四五年判決の判断方法を継承したものということができる。したがって、「相殺予約の担保的機能」を解明しようとするならば、問題は、特約の合理性が認められる場合について両債権を関係づける構造を明らかにすることに移行する。

三　債権の移転と相殺

(1) 転付がなされた場合と「相殺の期待」の保護

しかし、本稿の目的は、相殺予約ではなく、相殺について「担保的機能」の意味するものを検討することであるから、相殺の問題に立ち戻る。昭和四五年判決は、差押えが反対債権による相殺を制約する効力を持たないため、相殺適状になった時点において相殺をすることは妨げられないという判断を行ったが、この事案においては、相殺適状になる以前に債権の帰属が変動した場合にどう考えるべきかについては問題となっていなかった。

この点につき、二(3)(3)(d)において触れた通り、大隅裁判官は、昭和三九年判決の趣旨を推及すれば、反対債権の弁済期が被差押債権のそれよりも先に到来するときは、差押えの後に転付があっても、(正当に保護さるべき相殺の期待があるため、)第三債務者は相殺をもって対抗しうることになるのに対し、昭和四五年判決によれば第三債務者の正当な期待を保護しえなくなるのではないかという疑問を示していた。実際、昭和四五年判決は、相殺の期待を保護するために差押えによる制約が解除されるというのではなく、そもそも差押えの有無にかかわらず、相殺適状に達したときは相殺を妨げられないとするものであった。したがって、相殺適状に達する前に受働債権が移転したときは、同一当事者間での両債権の対立という相殺適状の第一条件が失われるのであるから、相殺はできないことになりそうである。

しかし他方で、債権譲渡に関する民法四六八条二項は「譲渡人が譲渡の通知をしたにとどまるときは、債務者は、その通知を受けるまでに譲渡人に対して生じた事由をもって譲受人に対抗することができる」と定めている。譲渡債権の債務者が相殺について有する期待をもって譲受人に対抗しうることとする場合には、その期待は譲渡債権を制約する「第三者に対する担保的機能」を有することになるが、それはどの段階で譲受人に対抗しうる事由となるのか。昭和四五年判決によれば、差押えについては相殺の正当な期待の保護という問題自体が生じないが、その立場をとったとしても、債権の移転の場合に「相殺の期待・利益」を問題にすることは妨げられない。また、昭和三九年判決では、反対債権の弁済期が被差押債権のそれよりも先に到来するものであれば、現に到来していなくても「正当な期待」として保護に値するとされているが、これが直ちに債権の移転の場合についても妥当するとは断言できない。したがってこの点については、差押えと相殺の問題とは独立して、債権譲渡と相殺に関する判例を見る必要がある。

(2) 債権譲渡における「相殺の期待・利益」

(1) 昭和三二年判決

この問題につき「相殺の期待・利益」の保護を理由とする判断を行ったのは、最判昭和三二・七・一九民集一一巻七号一二九七頁（以下「昭和三二年判決」とする）である。

大審院は当初、債権譲渡の通知当時、既に相殺適状にあることを要し（大判明治三五・七・三民録八輯七巻一四頁）、譲渡通知当時、受働債権の弁済期未到来の場合には、債務者が期限の利益を放棄しうるときであっても、譲渡の通知前に利益を放棄しておかなければ、相殺適状にあるとはいえず、通知後の相殺をもって譲受人に対抗することができないとした（大判明治三八・三・一六民録一一輯三六七頁）。期限の利益の放棄には遡及効がないことを理由とする。しかし、後に大審院は見解を改め、自働債権が弁済期にある以上、受働債権の弁済期が未到来であっても、債務者は自己の債務（受働債権）の期限の利益を放棄しないで直ちに相殺することができるとした（大判昭和八・五・三〇民集一二巻一三八一頁）。「この判例により、四六八条二項の『譲渡人ニ対シテ生シタル事由』が『譲渡人ニ対シテ主張シ得ヘキ事由』にまで拡張されたことになる」とされる。(7)

最高裁の昭和三二年判決は、A会社がY銀行に対して、昭和二七年五月一日満期の定期預金債権を有していたところ、XがAに対する債務名義に基づき、この定期預金債権について差押え並びに転付命令を受け、この命令は昭和二七年二月二二日にYに送達された。他方、YはAに対して手形上の償還請求権（昭和二六年二月二五日、昭和二七年一月二六日）を取得しており、Yが昭和二七年一〇月二七日、Xの転付金請求訴訟の場において、この償還請求権をもって前記定期預金債権を対当額において相殺する旨の意思表示をした事件である。Xが、前記定期預金債権が転付された昭和二七年二月二二日において両債権が相殺適状になかったことを理由として、相殺の効力を否定したのに対し、最高裁は次のように述べて相殺を有効とした。

「債務者が債権者に対し債権の譲渡または転付前に弁済期の到来している反対債権を有するような場合には、債務者は自己の債務につき弁済期の到来するを待ちこれと反対債権とをその対当額において相殺すべきことを期待するのが通常でありまた相殺をなしうべき利益を有するものであって、かかる債務者の期待及び利益を債務者の関係せざる事由によって剥奪することは、公平の理念に反し妥当とはいい難い。それ故に、債権の譲渡または転付当時債務者が債権者に対して反対債権を有し、しかもその弁済期がすでに到来しているような場合には、少くとも債務者は自己の債務につき譲渡または転付の存するにかかわらず、なおこれと右反対債権との相殺をもって譲受または転付債権者に対抗しうるものと解するを相当とする。」

(2)　河村補足意見と昭和三九年判決

昭和三二年判決の法廷意見は、「債権の譲渡または転付前に弁済期の到来している反対債権」がある場合に相殺の期待を保護すべきものとした。これに対して河村裁判官は次のような補足意見を述べている。

「債務者の関与しない債権譲渡によって、債務者が従来債権者に対して主張することができた利益を奪い、債務者の有する地位を不利益ならしめる結果を防がんとする民法四六八条二項の法意に鑑みるときは、債権譲渡の結果二人互に債務を負担していた対立関係がなくなった場合に於ても、もし債権譲渡がなかったなら、債務者は相殺適状を生じたときに、自己の債権を以て相殺をなし得ることが、通常期待される場合においては、債権譲渡のため右期待利益を害することのないように、債務者の地位を保護する必要があるものというべく、即ち、たとえ債権譲渡の通知当時は、相殺適状になくても、他日相殺適状を生じたときに、債務者は債権譲受人に対し相殺を以て対抗し得るものと解することが衡平の原則にも合致するものと考える。」自働債権の弁済期が受働債権のそれよりも後に到来する場合は、右「通常期待される場合」にはあたらないが、「債権譲渡の通知当時相殺の原因が存在し、しかも自働債権の弁済期が受働債権の弁済期以前に到来するものについては、右自働債権の弁済期が譲渡通知の前後いずれにあるを問わず、債務者はやがて、弁済期の到来すべき自己の債務（受働債権）を自己の有する債権（自働債権）によって、相殺することが通常期待され、その利益を有するものであるから、右の場合においては、後日相殺適状を生じたとき、債務者は債権譲受人に対し相殺をなし得るものと解すべきである。」

後半に示された見解は、差押えと相殺に関する昭和三九年判決の判断基準と共通のものである。昭和三九年判決は、差押債権者の利益（並びに差押制度の実効性）を考慮して、差押えが相殺を制約するという前提のもとに、自働債権の弁済期が先に到来する場合には、第三債務者の相殺の期待が差押債権者に優先するものとして、第三者に対する相殺の担保的機能を認めた。他方、昭和三二年判決の法廷意見の立場は、債権譲渡通知の時点で（受働債権につき期限の利益を放棄すれば）既に相殺が可能であるという場合に、相殺をもって対抗しうるとしたものであり、（第三者に対する）相殺の担保的機能という観念を用いなくとも、その結果は四六八条二項の解釈によって導き出しうるものである。しかし河村補足意見のように、譲渡通知以後であっても自働債権の弁済期が先に到来する場合に、債権の移転にもかかわらず（後日）相殺を主張しうると解するならば、それは「通知を受けるまでに譲渡人に対して生じた事由」ということはできない。自働債権の弁済期が到来しているならば、相殺は「現在の期待」であるのに対し、未到来であれば「将来の期待」にすぎないからである。したがって、これを認めるならば、将来において譲受人を排除して自己の債権を回収するものとして（第三者に対する・将来の）担保的機能を有することとなる。

(3)　将来における「相殺の期待」保護の根拠

しかし、自働債権の弁済期が未到来であって、相殺が可能となるのが将来においてである場合、その期待を保護して相殺に担保的機能を認めるとしても、その期待の保護は何に基づいて認められるか。河村補足意見の示す「もし債権譲渡がなかったなら、債務者は相殺適状を生じたときに、自己の債権を以て相殺をなし得ることが、通常期待される場合」とは、弁済期の先に到来する自働債権が受働債権と対立しているということのみによって生ずるものであるか、それとも、両債権の間に何らかの関係があることが前提であるか。河村補足意見によれば（また法廷意見においても）何らの制限もない。

仮にAがBに対して甲債権（一〇〇万円）と乙債権（一〇〇万円）を有しており、BがAに対して、甲・乙債権よりも弁済期が先に到来する丙債権（一〇〇万円）を有していたとする。丙債権の弁済期到来前に甲債権がCに、乙債権がDに譲渡されたとすると、丙債権の弁済期到来後、甲・乙両債権は、どちらがどれだけ丙債権によって相殺される可能性を有することになるであろうか。債権の対立によって「相殺の期待・利益」が生じ、それが当然に（第三者に対する）担保的機能を有するのであれば、どちらの債権と相殺するかはBの自由であるということになりそうである。また、譲渡が禁止されず、甲・乙債権いずれの移転も可能であるとする限りは、右のような不安定を避けるために、譲渡の際にBからの相殺を受ける危険を除去する方法も見出しえない。

このように考え、また昭和三二年判決が銀行取引の事例であったことを勘案すると、あるいは、「相殺の期待・利益」を論ずる場合、実際には両当事者の取引関係の特質や、両債権の間の質的な結びつきが前提とされているのではないか、すなわち「担保的機能」の源泉は、相殺そのものにではなく、両債権を相殺しうべきものとして選び出す条件として、その外部（ないし「場」）に存するのではないか――したがって、両債権の弁済期の前後のみに注目すべきではないのではないかという疑問も生ずる。

(4)　昭和五〇年判決――昭和四五年判決との関係

差押えと相殺に関する昭和四五年判決が出た後、最判昭和五〇・一二・八民集二九巻一一号一八六四頁は、（五一一条の解釈ではなく）相殺において両債権の弁済期の前後を問わないという意味での「無制限説」が、債権譲渡についても採用されたのではないかと考える余地のある判断を行った。これは一方が機械類の製造販売を業とする会社であり、他方が商社である事例である。判決要旨は「債権が譲渡され、その債務者が、譲渡通知を受けたにとどまり、かつ、右通知を受ける前に譲渡人に対して反対債権を取得していた場合において、譲受人が譲渡人である会社の取締役である等判示の事実関係があるときには、右被譲渡債権及び反対債権の弁済期の前後を問わず、両者の弁済期が到来すれば、被譲渡債権の債務者は、譲受人に対し、右反対債権を自働債権として、被譲渡債権と相殺することができる。（補足意見及び反対意見がある。）」というものである。

判決理由は「原審の確定した以上の事実関係のもとにおいては、上告人は、本件売掛債権を受働債権とし本件手形債権を自働債権とする相殺をもって被上告人に対抗しうるものと解すべきである」と述べるのみで、理論上の根拠や、昭和四五年判決には触れていない。これについて岸上補足意見（岸裁判官が同調）は、昭和四五年判決の「相殺の制度は……受働債権につきあたかも担保権を有するにも似た地位が与えられるという機能を営む」という部分を引用し、五一一条の差押債権者と四六八条二項の債権譲受人とは「いずれも当該債権の権利としての積極的利益の取得者であって両者は実質的に異なる立場にあるものではなく」「右判決によって示された相殺制度の目的及び機能からする相殺権者の保護の要請」は債権譲渡の場合にも妥当すると述べた上で、自働債権の弁済期が受働債権よりも後に到来する場合であっても、相殺を主張しうると説く。

これに対して藤林反対意見（下田裁判官が同調）は、昭和四五年判決との事案の違いを指摘する。すなわち「右大法廷事件は旧国税徴収法（…）による債権の差押、取立事案であったが、本件は債権譲渡事案であるから、債権の帰属主体の変動の有無についての差異があるばかりでなく、一方は差押という強制手段によるものであるのに対し、他方は通常の取引によるものであるという違いがあり、判断の拠るべき法律の規定も、民法五一一条と四六八条二項というように、異なることである。次ぎに、大法廷事件は銀行と取引先との間に生じた債権債務に関する事案であったが、本件は通常の取引から生じた債権債務に関するものであるゆえに、継続的商取引から生じた一方の債権が他方の債権の担保的機能を営まなければならないというような要請もなく、また、相殺に対するいわゆる正当な期待利益というようなものも存しないということである」と。そして、取立命令に限っていえば昭和四五年判決の判断は理解できないではないが、これを債権譲渡・転付の場合にまで広げることには賛成できない、四六八条二項の事由の中に相殺事由をどの程度まで含ませるかは「利益衡量の問題にならざるを得ないが、三九年判決の線をもって妥当と考える」と述べる。

(5)　検討

「相殺の担保的機能」がどのような形で定着しているかという問題意識から見たとき、右昭和五〇年判決の多数意見が昭和四五年判決に触れていないことは、少なくとも債権譲渡と相殺の問題を考えるについて、昭和四五年判決が（この時点で）基準とはされていないことを意味するものと考えられる。前述の通り、もともと昭和四五年判決は差押えが相殺を制約する効力を有しないことを根拠としたものであり、「相殺の期待・利益」を根拠としたものではない。

岸上補足意見は「相殺制度の目的及び機能からする相殺権者の保護の要請」から、機能的に見て、債権譲渡の場合にも同様の要請が妥当すると説く。しかし昭和四五年判決の論理が右のようなものである以上、債権譲渡の場合にも妥当する「相殺の担保的機能」を同判決から導き出すことはできない。むしろ、学説上「相殺の担保的機能」という観念が先行し、昭和四五年判決がその観念に沿った結論を出したことによって、同判決に「相殺の担保的機能」を外部から読み込む作業が行われたというのが実際であり、「(第三者に対する) 相殺の担保的機能」の観念は、判例においては確立したものとはなっていないと評価するべきではないかと考える。

これに対して、昭和三九年判決の採る論理は、差押債権者の権利を相殺の期待・利益のために排除するものとして、「相殺の期待・利益」を債権回収のための根拠としている。したがって、自働債権の弁済期が到来していない段階につき「相殺の担保的機能」を見て取ることも可能ではある。それでは昭和三九年判決の立場を採ったとき、昭和三二年判決における河村補足意見のような判断をすることができるかどうか。この点については、右昭和五〇年判決の藤林反対意見が指摘するように、債権の帰属主体の変動という事案の違いを無視することはできない。藤林裁判官は、利益衡量の結果、昭和三九年判決の基準を採ることを肯定するようであるが、同判決において差押えとの関係において示された基準が、理論上直ちに債権譲渡の関係にも妥当するとするものではない。

利益衡量にあたっては、「相殺の期待・利益」が保護に値するものか否かが、具体的に評価される。差押えと相殺に関して、相殺予約の効力が問題となったが、その対抗力については「契約の自由」によって当然に認められるのではなく、特約の合理性や第三者の利益との関係を考慮して判断されているものと思われる（二（4）参照）。また昭和五〇年判決の場合は、当事者の関係から見て、実質上第三者に対する債権譲渡として捉えるべきものではなかったとも考えられる。債権譲渡について昭和三九年判決の基準を採ったとしても、弁済期の前後だけで判断できるかどうかには疑問がある（4)参照）。保護に値する「相殺の期待・利益」があるか否かを当該事案について評価するか、あるいはより安定した基準として昭和三二年判決の基準を維持するか、評価の分かれうるところである。しかしいずれにせよ、民法四六八条二項の解釈の問題であって、「相殺の期待・利益」を出発点とするものではない。

四　いわゆる「逆相殺」の問題——昭和四五年判決との関係

(1)　以上に観察したところによると、昭和四五年判決を中心とした判例において、「相殺の担保的機能」が何らかの帰結をもたらす法理として確立されたということはできないと考えられる。昭和四五年判決の意味するものについて、次に、いわゆる「逆相殺」に関する最判昭和五四・七・一〇民集三三巻五号五三三頁を見ることとする。

X信用金庫がAに対して貸金債権を有しており、AがXに対して預金債権を有していたが、両債権は、相殺予約とAの取引停止処分により、昭和五〇年一二月二日には相殺適状になっていた。YはAのXに対する預金債権につき差押・転付命令を受け（昭和五一年五月二四日Xに、六月九日Aに送達）、昭和五一年六月一四日、これをもってXのYに対する手形債権と相殺した（XY間の両債権の相殺適状の成立は、昭和五一年三月二六日以降であった）。これに対してXは、同年六月二一日に、前記のAに対する貸金債権をもって本件預金債権と相殺したと主張した。

原審は、相殺の意思表示はXよりもYの方が早いが、AX間の相殺適状の方がXY間の相殺適状よりも先に生じたのであるから、Yはその相殺をもってXに対抗しえないとした。しかし最高裁は「相殺適状は、原則として、相殺の意思表示がされたときに現存することを要するのであるから、いったん相殺適状が生じていたとしても、相殺の意思表示がされる前に一方の債権が弁済、代物弁済、更改、相殺等の事由によって消滅していた場合には相殺は許されない」とした上で、次のように述べて原判決を破棄、原審に差し戻した。

「債権が差し押さえられた場合において第三債務者が債務者に対して反対債権を有していたときは、その債権が差押後に取得されたものでない限り、右債権及び被差押債権の弁済期の前後を問わず、両者が相殺適状になりさえすれば、第三債務者は、差押後においても右反対債権を自働債権とし被差押債権を受働債権として相殺することができるわけであるけれども、そのことによって、第三債務者が右の相殺の意思表示をするまでは、転付債権者が転付命令によって移付された債権を自働債権とし、第三債務者に対して負担する債務を受働債権として相殺する権能が妨げられるべきいわれはない。」

ここに「相殺適状になりさえすれば……相殺することができる」として示されているのは、昭和四五年判決の定式である。転付命令以前にＡＸ間では相殺適状になっていたのであるから、昭和三二年判決の基準によってもＸは相殺をもって対抗しうる（相殺を封じられるものではない）のであるが、相殺する以前にＸの債務が消滅すれば、もはや受働債権が存在せず、Ｘは反対債権をもって相殺することはできない。昭和四五年判決によれば、相殺適状になった以上、「互いに同種の債権を有する当事者間において」いずれの側からも相殺できるのであり、差押えは相殺のその効力を制約するものではないというものであった。したがって、右昭和五四年判決の判断は、昭和四五年判決と矛盾するものではない。

(2)　調査官解説によれば、これに対して、昭和四五年の「大法廷判決は、金融機関の預金債権に対する相殺期待権を最大限に尊重したものであるが、本判決は右大法廷判決の趣旨を没却するものである、との批判がある」が、「右大法廷判決のケースにおいては、第三債務者側からの相殺にあたり、受働債権の弁済禁止効が問題となるにすぎず、当該債権自体は存続していたのであるが、本件の場合には、第三債務者からの相殺の時点において、転付債権者からの相殺により、受働債権自体が消滅していたものとすべきか否かが問題となったのである。つまり、右大法廷判決は、無制限説の立場をとり、受働債権の差押後に自働債権を取得したのでない限り、その弁済期の先後を問わず、相殺適状になった場合には第三債務者は相殺を（転付）債権者に対抗することができる、としたのであるが、かかる相殺をすることができる時期が（転付）債権者が第三債務者に対して相殺するまでに限られるか否かは、別問題である。したがって、右大法廷判決と本判決とは、事案を異にするものである」とされる。(8)

かくして、債権譲渡に関する昭和五〇年判決、逆相殺に関する昭和五四年判決から見るところ、昭和四五年判決が「金融機関の預金債権に対する相殺期待権を最大限に尊重したものである」と評価することは、同判決が、相殺の期待・利益の保護の要請から「無制限説」を基礎づけたものでないことからすれば、大いに疑問である。同判決は、あくまでも相殺適状になった後で相殺の意思表示によって債権が消滅するという相殺の法理を根拠とし、差押えがこれを妨げる効力を有するものではないことを示したのみであって、第三者に対抗しうるような相殺の「担保的効力」を認めたものではないことが、この判決と調査官解説によっても裏付けられるものと考える。

五　相殺の法理と「担保的機能」の意味――清水誠教授の見解

(1)　「逆相殺」に関する昭和五四年判決に対する調査官解説では、相殺の担保的機能という用語が、当事者間の関係と、第三者との両者の関係の双方について用いられている。すなわち「問題は、相殺のもつ担保的機能を単に当事者においてのみならず、第三者との関係においても常に保護しなければならないのか、すなわち、一旦甲丙間の相殺によって消滅したものとされる債権（預金債権）について、担保性を理由に甲乙間の債権債務の相殺をすることを認めるべきか、という利益衡量面からの検討が必要である」とされる。[9]

(2)　一(2)で検討したように、相殺適状になっているもとでの両当事者の「相殺の期待・利益」、また自己の債権の方が先に到来する場合の「相殺の期待・利益」を、自己の債権を確実に回収する期待を確保する方法という意味で、「担保的機能」と表現することは一応可能である。しかし、この場合に「担保」という用語を用いることが、直ちに第三者との関係における「担保的機能」、すなわち優先的地位を根拠づけるものではない。右の調査官解説にも表れているように、「債権回収の確保」という捉え方で両者を同視するのではなく、第三者に対する関係については、別の考慮をする必要がある。

(2)　清水誠教授は、相殺の含む論理として、簡易決済の論理、公平の論理を挙げ、これらと「物的担保の論理」とを区別する。すなわち「物的担保の論理とは、当然のことながら、BがAに対して有する乙債権という被担保債権のために、不動産、動産、債権などの特定の物的財産が優先的な引き当てとされており、債務者Aに対する他の債権者C、D、E、F……に優先して債権者Bがその物的財産の価値から弁済を受けうる権利が保障されていることをいう」ところ、「相殺の担保的効力を肯定する論者は、往々にして、前述の公平の論理をさらに伸ばしていけばその延長上に物的担保の論理が当然に生まれてくるものであるかのような論調を示すことがある。……しかし右の捉え方は誤っている。公平というのはAとBとの間の公平ということである。担保というのは、Aに対する債権者のなかでBだけが他のC、D、E、F……に優先して弁済を受けるということであり、債権者間で差別をする不公平の論理である。そのような優先力は、質権のような物的担保の手段を講じた債権者にだけ認められるのが原則である。それを、公平の論理の延長上に物的担保の論理が位置すると考えるのはおかしい」と述べる(10)。

(1)で見たように、相殺の一機能である当事者間の公平の維持は、反対債権の回収の保障という形をとるため、相手方の無資力の危険に対する一種の担保として機能するといえなくもないにせよ、相殺がそれ自体としては第三者との関係についての法理を含むものではない以上、これを担保的機能と捉えること自体に問題があるということができる。そして、昭和四五年判決以降、最高裁判決が「担保的機能」のような用語を用いることなく、相殺の論理をもって問題を処理してきていることは、実際においても、本来の相殺の法理と担保の法理とは異なるものであることを示すものであると考えられる。

(3)　清水教授において、公平の論理すなわち当事者間の問題と、物的担保の論理すなわち対第三者関係の問題とが峻別され、債権回収の期待という機能によって両者を連続的に捉えることが適切ではないとする点は、「相殺の担保的機能」の意味するものを分析するについて非常に重要である。しかし、相殺適状の繰り上げの合意を第三者に対抗しうるということが公平の論理から直接導き出されうるか否かについては疑問の余地がある。これは何を意味するか。

清水教授は、自働債権の弁済期が受働債権のそれよりも後に到来する場合に、第三者の差押えがあれば受働債権についての弁済期をその差押えの直前にまで遡らせるという特約は「特段の事情がなければ、禁ぜられるものではないから」[11]、相殺適状を差押え直前の時期に繰り上げることは可能であるとした上で、(2)で引用した部分に続けて次のように述べる。すなわち「問題は、A・B間の公平ということを他の債権者の利益を無視してまで尊重してよいか、ということになる」が、公平の論理が妥当する限度は「C、D、E、F……など他の債権者（債権質権者Gや債権譲受人Hも含めてよい）の登場前に相殺適状が存在しなければならないということである。……甲債権（受働債権）について『期限の利益を放棄しうる場合』という理由づけによる繰り上げ、乙債権（自働債権）について『期限の利益喪失特約』による繰り上げを行うことによって相殺適状を第三者登場前に成立したものとすることは構わない（第8図）。いずれにしろ、相殺適状が差押えよりも以前に成立したといえる場合にだけ相殺を認めるのが、公平の論理によって承認される限度である」[12]として、「第8図」では、第三者による受働債権の差押えの後に受働債権の弁済期が到来し、さらにその後で自働債権の弁済期が到来する場合について、相殺適状を差押えの直前にまで遡及させる場合を挙げている。そして、「相殺の担保的効力を無制限的に認めたとされている一九七〇年（昭和四五年）の最高裁大法廷の事案が、じつは、具体的解決としては相殺適状の繰り上げによって清算を行っているものであると思われるのであ」り、「この判決がじつは実質的には公平の論理をいうにとどまるものであると解する余地もあるかもしれない」と述べる[13]。

昭和四五年判決は、差押えが相殺を制約するものではないとしているのであるから、差押債権者との関係は直ちに問題にならず、当事者の公平の論理のみによって判断しているというのは妥当な理解であると考える。しかし差押えには転付命令が続くのが常であり、また当事者の特約は、このような第三者の出現に対処するために行われるものである。このことを考えると、清水教授においては、一方の債権者が相手方の（自己に対する）債権を自己の債権の担保とするのとは異なり、[14]公平の論理により、両当事者双方において相殺適状時に相殺をすることができるものとされるのであるが、しかし右の特約は差押債権者の利益を害することにはならないのかどうか。差押債権者が現れたにもかかわらず、相殺適状時を遡及させることによってA・B間の公平を貫くことができるためには、そのことが公平であると考えられる場合、すなわち両債権の間に牽連性がある等の場合でなければならないのではないか。清水教授の議論は、このような場合を前提とした上で、相殺適状の遡及を伴う「公平の論理」と、本来の相殺適状時に実行することを前提とする物的担保の論理――利息について大きな違いが生ずる[15]――との相違を問題とするものと考えられる。

いずれにせよ本稿においては、清水教授の「公平の論理」によって相殺予約による処理が根拠づけられるためには、それが合理的であると考えることのできる前提が必要ではないかという点に、昭和四五年判決以降の、相殺の特約に対する判例の動向（二（4）(2)以下参照）及び債権譲渡に関する昭和三二年判決の理解（三（2）(3)参照）と関連させて、留意しておきたい。

六　まとめ

(1)　昭和三九年判決・昭和四五年判決の理論的な対立は、債権の差押えに反対債権による相殺を制約する効力があるか否かという点にあった。これを肯定する昭和三九年判決によれば、「相殺の正当な期待」がある場合（具体的には自働債権の弁済期が受働債権のそれよりも先に到来する場合）に、相殺は差押え（すなわち第三者の介入）を排除する効力を有するものとされ、その限りで「担保的効力」が認められるとともに、「民法五一一条の反対解釈」は、その「担保的効力」を根拠づけるために有効に機能している。また右の「相殺の正当な期待」は、相殺予約の効力を認める際の基準ともなり、その考え方の基礎に差押えの実効性の確保があることは、法定相殺の場合と同じである。

これに対して昭和四五年判決は、差押えに反対債権による相殺を制約する効力がないとするものであるから、昭和三九年判決のような「相殺の担保的機能」を論ずるまでもないという論理構造を有している。したがって「五一一条の反対解釈」も、差押えが反対債権による相殺を妨げない（その結果、相殺適状になった時点で相殺をすることができる）ことを示すのみであって、相殺に特別な効力があることを根拠づけるものではない。そうである以上、第三者との関係を顧慮する必要はないのであるから、差押えとの関係では、相殺予約について制約する必要はない。

(2)　しかし、差押えの後に転付がなされ、相殺適状が崩れる場合に、なお相殺をなしうるとするときは、「相殺の期待」は、第三者すなわち受働債権の譲受人との関係で「担保的機能」を有することになる。この場合については、昭和三二年判決において、「相殺の期待」の保護が顧慮されている。ただ、同判決の事案においては、自働債権の弁済期は到来しており、受働債権について期限の利益を放棄すれば直ちに相殺適状を作り出せる状態として、民法四六八条二項の「通知を受けるまでに譲渡人に対して生じた事由」ということができるが、自働債権の弁済期が到来していない「将来の相殺の期待」がある場合に、この「事由」に当てはまるかどうかは速断できない。昭和三九年判決のとる論理においては「相殺の担保的機能」が認められるが、差押えの実効性を確保することとの関係での評価と、民法四六八条二項の解釈における評価とは、当然に同じとはいえない。また昭和四五年判決の判断の根拠が差押えの効力の評価にあった以上、同判決の判断は、直接にこの点に影響するものではない。

(3) さらに、昭和四五年判決が相殺に関する特約について示した「契約自由の原則」による承認も、昭和三九年判決・昭和四五年判決に付された諸意見に照らしてみると、かなり実質的な利益衡量を踏まえたもののようであり、またその後の判決を見ると、事案ごとにその特約の実質的合理性の有無が判断されている。

また債権譲渡に関する昭和五〇年判決を見ても、法廷意見では昭和四五年判決に触れることなく、当該事実関係のもとにおいては相殺をもって対抗しうると述べているにとどまる。さらにいわゆる逆相殺に関する昭和五四年判決においても、昭和四五年判決は、差押えがあっても相殺適状になった時点で相殺の意思表示をすることは妨げられないという趣旨で引用されるにとどまり、「相殺の期待」それ自体に第三者に対する優先的効力が認められるものではないことを示している。

このように見ると、昭和四五年判決は、相殺それ自体に第三者との関係での「担保的効力」があることを根拠づけたものではなく、そのことは以後の判例も認めているのではないかと思われる。

(4) とはいえ昭和四五年判決は、判決理由の中で、相殺の制度は「受働債権につきあたかも担保権を有するにも似た地位が与えられるという機能を営むものである」と述べている。しかしこの言明は、その文脈においても、また結論として相殺は差押えに影響されない旨を述べている点からも、第三者に対する担保的機能を意味するものではなく、むしろ公平維持の機能を意味するものと考えるのが合理的である。

公平維持の機能を、相手方の無資力に対して自己の債権を回収する期待の保護という意味で「担保的機能」と呼ぶことは一応可能であるとしても、公平維持の機能から第三者に対する優先の効力は導きえないのであり、実際、その後の判決では、「担保権を有するに似た地位」という説明はなされていない。したがって、昭和四五年判決の右の言明を、あまり重視すべきではない。(16)

(5)　確かに、昭和三九年判決と昭和四五年判決とでは、両債権の弁済期の前後で相殺を制限するか否かが明確な対立点となっている。したがって、「制限説」「無制限説」という対立関係をもって把握することは十分に理由がある。しかし、両判決の理由を検討する限り、それは差押えとの関係においてのみ妥当するものと考えられる。昭和四五年判決の根拠が、差押えの効力の限界にあったことは前述の通りであり、また昭和三九年判決においても、特に相殺予約の効力に関して示されていたように（二（２）(3)参照）、問題とされるのは差押えの実効性の確保であったからである。

そして、相殺予約に関して両判決に付された諸意見においては、信用取引・継続取引・銀行取引の特質を踏まえた利益衡量が展開され、以後の最高裁の判断においても当該事案における具体的事情や特約の合理性等が考慮されていること、また昭和三九年判決の「制限説」の根拠も、相殺の「正当な期待」と評価しうるか否かを問題としていたことを考えると、「相殺の担保的機能」の問題として現象する事柄につき、判例は全体として、合理的期待の有無を判断の基準にしているのではないかと考える。少なくとも、債権譲渡との関係においては、差押えとの関係における「制限説」「無制限説」を選択肢の中心に置いて考える必要はなく、譲渡禁止特約との関連等、債権譲渡の議論の枠組みに即して考察するべきであると考える。

(1) 奥田昌道『債権総論〔増補版〕』（一九九二年）五八六～五八七頁。
(2) 中田裕康『債権総論』（二〇〇八年）三八五頁。
(3) 奥田・前掲五七九～五八〇頁。
(4) 椿寿夫＝右近健男編『ドイツ債権法総論』（一九八八年）三三〇～三三一頁〔村田博史〕
(5) 椿＝右近編・前掲三三一頁〔村田博史〕。
(6) 潮見佳男『債権総論Ⅱ〔第三版〕』（二〇〇五年）三八六頁。
(7) 以上、奥田・前掲五八一頁。
(8) 『最高裁判所判例解説民事編昭和五四年度』二七二頁〔篠田省二〕。
(9) 篠田・前掲二七〇頁。
(10) 清水誠「相殺の担保的機能・再々論」幾代通先生献呈論文集『財産法学の新展開』（一九九三年）三七八～三八〇頁。
(11) 清水・前掲三七七頁。
(12) 清水・前掲三八〇頁。
(13) 清水・前掲三八二頁。
(14) 清水・前掲三九六頁は、その場合には債権質権を取得して対抗要件を備えるべきであるとする。
(15) 清水・前掲三八二頁。
(16) 一般に、判決理由の中で、ある制度の「機能」について説明がなされた場合に、これをどのように扱うべきか。弁済者代位における原債権と求償権との関係について最判昭和六一・二・二〇民集四〇巻一号四三頁が「求償権を確保することを目的として存在する附従的な性質」と述べた点について、これを「主従的競合」と捉え、さらに「原債権が求償権の法定担保である」という構成に至ることについて、潮見佳男「求償制度と代位制度——『主従的競合』構成と主従逆転現象の中で——」中田裕康＝道垣内弘人編『金融取引と民法法理』二四三頁以下（二〇〇〇年）が詳細な批判的検討を行っているが、昭和四五年判決の「担保権を有するにも似た地位」という表現についても、あるいは同様の問題があったということはできないであろうか。

2 債権譲渡と相殺
——判例を読み直す——

一 はじめに

(1) 本稿の課題

昭和四五年の大法廷判決（最大判昭和四五・六・二四民集二四巻六号五八七頁）は、「相殺の制度は、……受働債権につきあたかも担保権を有するにも似た地位が与えられるという機能を営むものである。相殺制度のこの目的および機能は、現在の経済社会において取引の助長にも役立つものであるから、この制度によって保護される当事者の地位は、できるかぎり尊重すべきもの」であると述べた上、差押えと相殺との関係についていわゆる「無制限説」をとった。

右判決以来、「相殺の担保的機能」は、すでに一般に定着した観念である。しかし、「担保的機能」の承認によって、判例はいかなる法理を認めたのか。その内容と法的・理論的根拠については、十分に明らかにされたとはいいがたい。また、債権譲渡と相殺に関する昭和三二年の最高裁判決（最判昭和三二・七・一九民集一一巻七号一二九七頁）及び差押えと相殺に関する昭和三九年の大法廷判決（最大判昭和三九・一二・二三民集一八巻一〇号二二一七頁）は、「相殺の期待・利益」が保護に値する旨を述べているが、この「期待・利益」は法的にいかなる意味を有するのか。換言すれば、相殺の期待・利益が、判例において一種の担保権として確立されたとまでいってよいか。

この点について、たとえば我妻博士は、相殺をなしうる地位を「相殺権」と呼び、さらに「ただ、その際特に注意すべきことは、保護されるべき相殺権の内容は、現在相殺することができる者の地位に限らず、将来相殺によって清算すると予期しうる者の地位を広く含むべきだということである」と述べ[1]、同時に、銀行が「自行預金を貸付の見返りとしている場合には、質権設定の手続をとらなくとも、またこれを質権と構成しなくとも、それと同様の効果を認めて妨げない。……預金債権の上に質権が設定されるときは、質権特有の成立要件（証書の交付（三六三条））と対抗要件（通知・承諾（三六四条））を必要とするに反し、預金債権が貸付債権によって相殺される可能性をもつことについては公示の必要はない。……債権の成立や消滅については公示を必要としないのが本則である。……受働債権の債権者と取引をしようとする者は、受働債権に相殺によって消滅する可能性が伴っていないかどうかは、自分の危険において調査すべきものであること、あたかもその債権がすでに消滅していないかどうかと同様だといって妨げあるまい」と説く[2]。

この見解によれば、公示なくして第三者に対抗できる「相殺権」が認められることになる。ただ、債権がすでに消滅していることと、相殺によって消滅する可能性があることとを、当該債権の属性として同様に扱うことができるかどうかには疑問があるが、それ以前の問題として、本稿では、このような「相殺権」が判例そのものによって認められたといえるかどうか、また判例の具体的な判断はどのような根拠に基づくものか、担保的効力を有する「相殺権」を認めるとすれば、その根拠と内容はどのようなものであるべきかを検討する。

(2)　差押えと相殺

相殺をなしうる地位について「相殺権」を観念し、自働債権の債権者の保護をその「相殺権」の効果と考えるときは、差押債権者との関係、受働債権の譲受人との関係は、いずれも「相殺権」の第三者に対する効力の問題と捉えることになり、それぞれの場合に「相殺権者」の保護の程度が同じかどうかを検討することになる。しかし、旧稿[3]において、差押えと相殺に関する二つの大法廷判決を検討した結果、昭和四五年大法廷判決では、その判断は「相殺権」ないし「相殺の担保的機能」から導かれたものではないことを確かめることができた。ここではまず、差押えと相殺に関する二つの大法廷判決の論理を確認することとする。

第一に、昭和三九年判決はいわゆる「制限説」をとり、昭和四五年判決は「無制限説」をとったとされるが、その「制限」「無制限」は何を意味するか。これは、昭和三九年判決は、民法五一一条の反対解釈によって差押え前に取得した債権を自働債権とする相殺は差押債権者に対抗しうるという命題を導いた上で、自働債権の弁済期が受働債権の弁済期よりも先に到来する場合にのみ、対抗を認めるべきものとして、右命題を適用する場面を制限する。これに対して昭和四五年判決は、そのような制限をすることなく、両債権の弁済期の前後にかかわらず、差押えがあっても、相殺適状になったときに相殺が可能であるとする[4]。したがって、「制限」「無制限」の対象は、受働債権について差押えがなされた場合において、差押え前に取得した債権によって相殺をなしうる可能性である。

第二に、「制限説」「無制限説」の理論的構造はどうか。昭和三九年判決は、差押えが第三債務者による相殺をも禁ずるものと理解した上で、第三債務者の相殺の期待利益を保護するために、民法五一一条の反対解釈によって相殺については例外を認め、自働債権の弁済期が先に到来する場合に限り、差押債権者に対抗できるものとする。受働債権の弁済期が先に到来する場合には、第三債務者はその履行を拒絶できないのであるから、相殺について正当な期待利益があるとはいえないからである。これに対して昭和四五年判決は、差押えは「債務者の行為に関係のない客観的事実または第三債務者のみの行為により、その債権が消滅しまたはその内容が変更されることを妨げる効力を有しない」がゆえに、相殺を禁ずるものではないことを理由とする。すなわち、昭和三九年判決が、差押えに相殺を禁ずる効力があることを前提とした上で、正当な相殺の期待利益がある場合に、それが差押えの効力をはね返すという論理をとり、制限的ながら「相殺の担保的機能」に基づいて結論を導いているのに対し、昭和四五年判決は、そもそも差押えには相殺を禁ずる効力がないがゆえに（相殺が強い効力をもつがゆえにではなく、差押えの効力が弱いゆえに）、両債権の弁済期の前後を問題にする必要がないという論理をとっているのであるから、（1）の冒頭で示した「あたかも担保権を有するにも似た地位」という性格づけは、結論を導くために機能してはいない。したがって法定相殺に関しては、昭和四五年判決によって、「相殺権」の理論が確立されたものということはできない。(5)

第三に、差押え後に転付命令があった場合、両判決によれば第三債務者の「相殺の期待」の保護はどうなるか。この点につき、昭和四五年判決に付した意見の中で、大隅裁判官は、「多数意見は、一見、相殺制度の目的および機能にかんがみて第三債務者の地位をつよく尊重するかのごとくであって、実際上は、かえって第三債務者の正当な期待を害しこれに不当な不利益を課する結果となるのではないかと思う」と述べている。すなわち、昭和三九年判決では、自働債権の弁済期が先に到来する場合につき、相殺の正当な期待を理由とする実質的な価値判断の結果、差押債権者に対して相殺を対抗することを認めたのであるから、差押えに続いて転付命令があった場合であっても、差押えに対して相殺の期待を優先する右の判断は変わらない。これに対して昭和四五年判決では、差押えはそもそも相殺を制約しないため、「相殺適状に達しさえすれば」両債権の弁済期の前後を問わず、相殺が可能なのであるが、相殺の期待の優先を理由に差押えの効力が否定されたわけではないので、転付命令の効力も否定されない。したがって、相殺をする前に転付命令により受働債権が移転してしまえば、もはや相殺適状の一要件である「同一当事者間における債権の対立」が欠け、相殺適状が生じないことになって、相殺もできないことになる。(6)

第四に、相殺予約の効力である。昭和三九年判決は、差押えが相殺をも制約するという前提をとった上で、正当な「相殺の期待」がある場合にのみ、民法五一一条の反対解釈によって例外的に相殺を認めるのであるから、相殺予約の効力も「相殺の期待」が正当といえる場合、すなわち自働債権の弁済期が先に到来する場合にのみ認めることになる。これに対して昭和四五年判決は、相殺予約の特約は、貸付金の債務者について信用悪化等の客観的事情が発生した場合に、銀行の貸付金債権については債務者の期限の利益を喪失させ、預金債務については期限の利益を放棄することによって「直ちに相殺適状を生ぜしめる旨の合意」であって、「かかる合意が契約自由の原則上有効であることは論をまたないから、本件各債権は、遅くとも、差押の時に全部相殺適状が生じたもの」であるとする。

昭和三九年判決は、自働債権の弁済期が先に到来する場合には「相殺の期待」が保護に値するという価値判断の結果として、差押え時に直ちに相殺をなしうるとしても第三者（差押債権者）との関係で問題はないという論理をとる。これに対して昭和四五年判決では、差押えは相殺を制約しないがゆえに「相殺適状に達しさえすれば相殺は可能」という論理をとった上で、相殺適状をいつ生じさせるかは両当事者の問題であり、差押債権者は両当事者によって形成された権利関係を前提として権利行使をすべきものであるとする。

したがって、相殺予約に関する昭和四五年判決の考え方は、相殺の意思表示により、相殺適状時に遡って受働債権が消滅するという、相殺のメカニズムを根拠とするものであって、差押え時点における「相殺の期待」と差押債権者の利益との優劣関係について検討した結果ではない。(7) しかし、両債権の本来の弁済期が到来することによって相殺適状が生ずる場合、その前に行われた差押えが、相殺適状に達した後の相殺を制約するものではないと認めたとしても、そのことは、差押えに対抗するために相殺適状の時期を動かすことが「契約自由の原則上有効であることは論をまたない」という判断を、当然に導くものではない。債権の消滅が、債権自体の属性によるものであれば、あるいは（1）で見た我妻博士の指摘のように公示を必要としないといえるかもしれない。しかしそれが差押えを意識して行った当事者間の合意に基づくものであるという場合には、当然には同様に考えることはできない。昭和四五年判決の入江・長部・城戸・田中裁判官の反対意見や、大隅裁判官の意見において、相殺予約の合意の公示や公知性が問題にされる所以である。(8)

(3)「差押えと相殺」問題と「債権譲渡と相殺」問題

差押えと相殺に関して昭和四五年判決のとった「無制限説」は、債権譲渡と相殺の問題についてどのような意味をもちうるか。仮に、最高裁判決において、担保のための「相殺の期待」そのものが保護されるべき利益であることを認めたのであれば、担保としての性格上、第三者に対して優先する利益を認めるべきことは、差押えの場合と譲渡の場合とで扱いを変える理由はないということができるかもしれない。しかし昭和三九年判決・昭和四五年判決のいずれも、差押えの効力と相殺との関係を問題としたものであって、自立した担保権としての「相殺権」の効果を問題としているものではない。したがって、債権譲渡と相殺の関係については、「相殺の期待・利益」を問題にする場合にも、あくまでも債権譲渡の規定の解釈問題として検討を加える必要がある。

二　「債権譲渡と相殺」問題に関する判例の検討

（1）　立法時から大審院判例まで

（一）　問題の所在

「差押えと相殺」に関する二つの大法廷判決以前、「相殺の期待」ないし「相殺の担保的機能」をめぐる判例法理は、早くから譲渡や転付による債権の移転の事例において形成されてきた。しかし、石垣教授は、相殺に第三者効を認めうる理由が問われてこなかったことが問題であるとし、たとえば「債権譲渡が行われると、相殺適状の要件の一つである相互対立性が失われ、もはや相殺することができないはずであるが、四六八条を根拠にそれでも債権譲受人に対して相殺を対抗できるのはなぜか」という問いを立てる。(9)

また石垣教授は次のように述べる。旧民法財産編五二七条一項は「債権ノ譲受人カ其譲受ヲ債務者ニ告知シタルノミニテハ債務者ハ譲渡人ニ対シテ従来有セル法律上ノ相殺ヲ以テ譲受人ニ対抗スルノ権利ヲ失ハス」、五二八条一項は「払渡差押ヲ受ケタル債務者ハ自己ノ債権者ニ対シテ差押後ニ取得シタル債権ノ相殺ヲ以テ差押人ニ対抗スルコトヲ得ス」と規定するが、ボアソナードの説明によれば、そもそも当然消滅主義により、両債権は相殺適状によって消滅するのであり、ここで述べられている相殺の主張とは、相殺適状によりすでに債務が消滅したとの主張であると考えられる。(10)しかし現行民法においては、相殺は相殺適状により当然に生ずるものではなく、当事者の意思表示によってなされることになる。仮に現行民法においても、旧民法と同様「相殺適状の場合にのみ第三者に対して相殺を主張することを認める趣旨」であったとすると、「当然消滅主義のもとでは、相殺適状は債務消滅効を生ずるものであるが、意思表示による相殺では、相殺適状からそのような効果が直ちに生ずるものではなく、相殺する権利を発生させるにすぎないのである。仮にこの両者を同じく『相殺適状』という言葉をもって同視したとすれば、それは『相殺がなされたことを対抗する』ということと、『相殺しうべきことを対抗する』ということを同視するものであり、一足飛びに相殺可能性による第三者効が認められることになってしまう」と。[11] すなわち、旧民法と現行民法では履行期の到来した債権の対立の意味が異なるが、そのことが第三者との関係を論ずる際に正確に意識されているかという問題である。

本稿は、石垣教授の右の指摘、すなわち、第一に、譲渡によって両債権の相互対立性が失われた場合になお相殺をなしうるとする理論的根拠、第二に、「相殺適状」が何を意味するかという点を手がかりとして、「債権譲渡と相殺」に関する判例の流れを検討する。

（二）現行民法——意思表示による相殺と債権譲渡

相殺における「当然消滅主義」につき、現行民法五〇五条に関する法典調査会の審議において起草委員（穂積陳重）は、これはもともと中世ローマ法の誤解から生じ、かつその誤解を引き継いだものであるが、一種の「便宜法」としてフランス・イタリア等において取り入れられている。しかし一方当事者は債権がまだ存立していると考え、他方はもう消滅していると考えることで間違いが生じ、また「何処ノ国ニ於キマシテモ相続トカ譲渡トカ云フ場合ニハ屢々間違ヒヲ生スル」がゆえに、意思表示をもって相殺をするという主義をとったと説明されている。[12]

他方、現行民法四六八条に関する審議においても、「当然消滅主義」の問題に触れている。すなわち、原案では、債務者が留保なくして承諾をした場合、譲渡人に対抗しえた事由があってもこれを譲受人に対抗しえない旨を定め、但書で「債務者カ譲渡人ニ払渡シタルモノアルトキハ之ヲ取返シ、負担シタル債務アルトキハ之ヲ成立セサルモノト看做シ又自己ノ債務ト相殺スルコトヲ得ヘカリシ債権アルトキハ譲渡人ニ対シテ之ヲ行使スルコトヲ妨ケス」と記されていたが、右の「又」以下について、この文章から言うと、相殺が法律上当然に生ずるように読める、相殺は「対抗」（意思表示）しなければ生じないという主義をとるならばこのように書く必要はないのではないかという疑問が示された(13)。議論の結果、右の文のうち相殺に関する部分はなくてもすむとして削除された(14)。相殺の意思表示をしていなければ、自己の債権は消滅していないのであるから、譲渡人に対して行使しうるのは当然である。異議なき承諾により相殺を譲受人に対抗しえないという場合、意思表示によって「相殺シタル債権」ではなく、「相殺スルコトヲ得ヘカリシ債権」についてあえて規定することは、旧民法の「法律上ノ相殺」（財産編五二〇条）を前提としているのではないかという疑問を招いたのではないかと推測される。いずれにせよ、この点の議論にあたって相殺の遡及効が問題にされていることから(15)、この段階において、相殺を対抗するとは被譲渡債権の消滅を対抗することを意味するものと考えられる。

（三）　大審院判例

しかし大審院は早くから、譲受人に対して相殺を対抗するにあたり、債務者が債権譲渡の通知を受けた時点で相殺の意思表示がなされていること（したがって被譲渡債権が消滅していること）を要しないとする判断を行った。

大判明治三五・七・三民録八輯七巻一四頁は、債権譲渡の通知の時点で、すでに自働債権の弁済期が到来していたが受働債権の弁済期が未到来であった事例である。上告人（譲受人）が、民法四六八条二項により「譲渡人ニ対シテ生シタル事由」を譲受人に対抗するためには、その事由が譲渡通知前に生じたこと、したがって相殺の場合には通知前に相殺の意思表示までしたことを要すると主張したのに対し、被上告人（債務者）は、債権譲渡とは譲受人が譲渡人の「位地」を承継するものであり、債務者は譲渡人に対して有した事由を譲受人に対抗できるとして、相殺の意思表示を譲渡通知前にする必要はなく、譲渡債権に対して相殺しうべき債権が存在すれば足りると主張した。

大審院は、民法四六八条二項にいう「生シタル事由」とは、債務者が債権譲渡の通知を受けるまでに発生した事由で、債務者が当時すでにその債権者に対抗できたものでなければならないと述べた上で、相殺の場合、譲渡通知を受けるまでに相殺をするに適する債務が相互の間に存し、その意思の表示があるときは相殺による債権消滅の結果を生ずべき場合であることを要するが、譲渡通知の当時、すでに相殺の意思表示をしていたことを必要としないのは被上告人の主張どおりであるとした。しかし本件では受働債権の弁済期が到来していないため、譲渡通知の当時に「既ニ相殺ニ適スル相互ノ債務存シタリト云フヘカラス」、もし譲渡通知までに被上告人が期限の利益を放棄したという事実があれば、「生シタル事由」として相殺の事由を認めることができると判示した。

大判明治三八・三・一六民録一一輯七巻三六七頁は、原判決が民法四六八条二項にいう「生シタル事由」とは譲渡人の請求権自体について発生した異議の原因を指し、譲渡人に対して債権を有していたことはこれに当たらないとするのは不当であるという上告人（債務者）の主張に対し、原審は右事由を請求権そのものから生じた異議の原因に限定して、相殺の原因はこれに当たらないとしたのではなく、譲渡人に対して債権を有していても譲渡通知前にいまだ相殺の原因とならないものは右事由に含まれないとしたものである、本件では譲渡通知の時点で、自働債権の弁済期が到来していたが受働債権の弁済期が未到来であり、債務者が期限の利益を放棄した事実は主張されていないため、双方の債務はなお相殺に適しないことが明白であるとして上告を棄却した。

大判大正元・一一・八民録一八輯九五一頁は、期限は債務者の利益のために設けられたものであるから、自働債権の弁済期が到来していれば受働債権の弁済期が未到来でも相殺は可能であるという上告人の主張に対し、期限の利益を放棄した場合、債務の弁済期は期限の利益の放棄時であり、譲渡通知後に相殺の意思表示をしたときは、その時点で期限の利益の放棄があったと認めることはできるが、それをもって譲渡通知前に期限の利益の放棄があったものとみなすことはできないと述べて、右主張を斥けた。また大判大正三・一二・四民録二〇輯一〇一〇頁も、大正元年判決を引用して、債務者が相殺をするためには債権譲渡の通知を受けるまでに双方の債務が相殺に適したこと、すなわち各弁済期にあることを要することは民法五〇五条一項により明らかであり、債権譲渡の通知を受けるまでに単に期限が到来すれば、もしくは期限の利益を放棄すれば債務者が相殺をすることができた状態にあるだけでは足りないと述べた。

ところが大判昭和八・五・三〇民集一二巻一四号一三八一頁は、上告人が「民法五百五条第一項ノ適用ニ関シ多数ノ学説ハ受働債権ニ付テハ期限ハ債務者ノ利益ノ為ニ存スルモノト推定セラルヘキモノナルヲ以テ債務者ハ期限到来前ト雖民法第百三十六条ニ依リ期限ノ利益ヲ放棄シテ相殺ヲ為シ得ヘキ旨ヲ肯定シ異説アルヲ見ス」と述べ、債務者が、受働債権の期限の到来を待ち、またはこれに対する期限の利益を放棄して自己の有する自働債権と「随意ニ相殺シ得ヘキ権利」を有したにもかかわらず、たまたま自己の関与しない債権譲渡により「相殺権」を剥奪されるものとするのは失当であると主張したのに対し、特に理由を述べることなく、「相殺適状」にあるためには、反対債権（自働債権）がすでに弁済期にあることを必要とするのは無論であるが、主債権（受働債権）については必要でなく、債務者には即時に弁済の権利がある以上、期限の利益放棄の意思表示を現にしていなくても、債務者は直ちに相殺をすることを妨げないと判示した。もっとも、本件において債務者が「期限ノ利益ヲ放棄スルヲ得サル何等カノ事由アルコト」は確定されていないという理由をあげているところから、期限の利益の放棄が可能であることは前提とされているようである。ともかく、譲渡通知の時点ですでに期限の利益を放棄したことを必要としないという点で、大審院は、明治期以来とってきた立場に一定の修正を加えたということができる。

（四）　検討

民法四六八条二項の「譲渡人に対して生じた事由」は、相殺についてはどこまでの事実を求めるべきか。大審院判決の中に表れた議論に照らすならば、次のような考え方が可能であろう。

(1)　相殺による債権の消滅

「当然消滅主義」によれば、対立する債権の弁済期がともに到来していれば当然に、意思表示を要する法制の下では意思表示がなされることによって債権は消滅する。これは明治三八年判決において問題とされた「請求権自体について発生した異議の原因」であり、その後に譲渡が行われても、すでに消滅した債権の譲渡であるから、譲受人が履行請求できないのは当然である。ただ、大審院はここまでの限定はせず、譲渡通知の時点で相殺の意思表示がなされている必要はないとした。

(2)　相殺適状

譲受人に相殺を対抗するためには、対立する両債権の本来の弁済期がともに到来しているか、受働債権について期限の利益を放棄したことによって、債権が消滅してはいないが、相殺の意思表示をしさえすれば消滅する状態になっていることが必要であるとするもの。明治・大正期の大審院判決はこの立場をとる。しかし、まだ相殺の意思表示をしていない段階において、譲受人にこの事由を「対抗」できるということは何を意味するか。同時履行の抗弁とは異なり、同一当事者間で相互に債権が対立していることは、それ自体は被譲渡債権自体の性質ではなく、偶然の事実である（とりわけ同一当事者間で複数の債権が対立している場合、相殺の意思表示がない段階では、どの債権とどの債権が相殺されるか、確定してはいない）。また、（一）で示した疑問、すなわち譲渡によって相殺適状の要件の一つである相互対立性が失われるがゆえに、もはや相殺はできないのではないかという疑問も否定できない。にもかかわらず譲受人に「対抗」できるとするのであれば、「当然消滅主義」をとるのでない以上、相殺適状になった段階で（またその段階ではじめて）、保護に値する相殺の期待が生じたと説明するほかはないように思われる。ただ、明治三五年判決における被上告人の主張のように、債権譲渡によって譲受人が譲渡人の地位を承継するというような包括的な捉え方ではなく、「譲渡人に対して生じた事由」としては、民法五〇五条所定の相殺適状という客観的な事実を必要とすると考え、債務者が期限の利益を放棄できるがまだ放棄していない状態では足りないとしたものであろう。

(3)　自働債権の弁済期が到来していること

昭和八年判決の立場である。「相殺適状」にあるためには、受働債権が弁済期にある必要はなく、債務者において即時に弁済をする権利がある以上、期限の利益放棄の意思表示をしていなくても「直チニ相殺ヲ為スヲ妨ケサルモノトス」とするものである。「相殺適状」を要件としている点で(2)の基準を継承するものではあるが[16]、相殺をするために期限の利益放棄の意思表示の必要がないとする点で、相殺に関する理論的ないし技術的な側面よりも、相殺の期待ないし「相殺権」が前面に出てきている（もっとも、本件では債務者本人ではなく、債権者代位権による「相殺権」の行使であったという事情がある）。

右の考え方のうち、(1)は第三者に対し相殺による債権の消滅を対抗しうることを説明できるが、石垣教授の指摘するように、「相殺適状」すなわち「相殺しうべきこと」は、それだけでは譲受人の権利を否定する理由にならないのであるから、(2)(3)においては、理論的・技術的に、第三者に対する対抗を説明することはできない。したがって「相殺の期待」はどのような場合に保護されるべきかという実質論と、債権譲渡の後に相殺による決済をなしうる理論的な根拠の解明が課題となる。

(2) 最高裁判例

(一) 「相殺の期待」の明示

最判昭和三二・七・一九民集一一巻七号一二九七頁は、差押えの後の転付命令によって移転した満期未到来の定期預金債権に対し、債務者である銀行が、預金者に対する手形上の償還請求権（転付命令送達前に弁済期到来）をもって、定期預金の満期到来の後に相殺の意思表示をした事案である。最高裁は次のように述べて、相殺の対抗を認めた。すなわち、受働債権の移転後に債務者が相殺をもって対抗するためには「譲渡の通知または転付命令の送達当時その自働債権が弁済期にあることを要するはもちろん、受働債権もまたひとしく弁済期にあるかまたは少くとも債務者において期限の利益を放棄しうる場合でなければならないということは、大審院判例の繰り返し判示するところであることは所論のとおりである。しかし債務者が債権者に対し債権の譲渡または転付前に弁済期の到来している反対債権を有するような場合には、債務者は自己の債務につき弁済期の到来するを待ちこれと反対債権とをその対当額において相殺すべきことを期待するのが通常でありまた相殺をなしうべき利益を有するものであって、かかる債務者の期待及び利益を債務者の関係せざる事由によって剥奪することは、公平の理念に反し妥当とはいい難い。それ故に、債権の譲渡または転付当時債務者が債権者に対して反対債権を有し、しかもその弁済期がすでに到来しているような場合には、少くとも債務者は自己の債務につき譲渡または転付の存するにかかわらず、なおこれと右反対債権との相殺をもって譲受または転付債権者に対抗しうるものと解するを相当とする。以上の見解に反する前示大審院の判例は採用しない」と。

この判決は、両債権がともに弁済期にあることを求める「従来の大審院判例を覆したものである」と評価されるが[17]、大審院の昭和八年判決に対し「さらにこれに一歩をすすめたものであり、期限の利益を云々することすらまったく必要のないこととし」たものであるという評価もなされた[18]。昭和八年判決と比べるならば、「期限の利益を放棄しうること」を要求しないことが一つの特徴であるが、これについて我妻博士は「期限の利益を放棄して相殺ができたと認めるにしても、現実には差押前に放棄はしていない。それなのに差し押えられてからあわてて期限の利益を放棄して相殺するなどというのは、差押後において、少なくとも間接に、その債権を処分することになる。第四八一条に反する」という疑問がありうることを指摘する[19]。

しかし、より重要なのは、公平の理念に基づき、相殺に対する債務者の期待・利益の保護を理由としたことである。このような「正当な期待の保護」という考え方は、差押えと相殺に関する昭和三九年の大法廷判決と共通するが、相殺および債権譲渡に関する理論的・技術的な根拠づけではないため、その射程が明らかにならないという問題を残し、また差押えの事例との違いを見えにくくする結果となった。

（二）「無制限説」判決と債権譲渡事例

差押えと相殺に関する昭和四五年の大法廷判決は、いわゆる「無制限説」をとったが、その判断は債権譲渡の場合に影響するか。最判昭和五〇・一二・八民集二九巻一一号一八六四頁は、一方が機械類の製造販売を業とする会社であり、他方が商社である事例である。民集の「判決要旨」では、「債権が譲渡され、その債務者が、譲渡通知を受けたにとどまり、かつ、右通知を受ける前に譲渡人に対して反対債権を取得していた場合において、譲受人が譲渡人である会社の取締役である等判示の事実関係があるときには、右被譲渡債権及び反対債権の弁済期の前後を問わず、両者の弁済期が到来すれば、被譲渡債権の債務者は、譲受人に対し、右反対債権を自働債権として、被譲渡債権と相殺することができる」とされ、一見、「無制限説」を採用したかのように見える。

しかし調査官解説では、本件においてY（債務者）がX（譲受人）に対して相殺をもって対抗しうるとされたのは、①「債権譲渡のうちにもその譲受人を強く保護すべき場合とそれほど保護するに価いしない場合が存在するから、債権譲渡一般と相殺との関係といった抽象的論議は不当な結果を招来するおそれがあ」る、②「Xは、A社〔譲渡人〕の取締役であり、A社とYとの取引に関与していたものであって、本件売掛代金の譲渡を受けた際には、YがA社に対して反対債権を取得していることを知っていたか、少くとも容易に知りえたものであり、Xが相殺の対抗を受けるとしてもXに不測の損害を与えることにはならない」、③「Xが本件売掛債権を譲り受けたのちA社が倒産し、そのためYの本件手形債権が回収不能となるのにかかわらず、A社の取締役Xが本件売掛債権全額を回収しうると解するのは不公平である」点にあると思われ、「債権譲渡と相殺に関する事案であっても、本件と別異の事実関係の事件については、本判決は先例としての意義を有するものではない」と述べる[20]。

また林教授は、この判決の評釈において、期待利益説の立場から差押えの場合と債権譲渡の場合とを区別する必要は認められないとした上で、「取引の実情に則した利益衡量が最適である」とし、「恐らく、通常の債権で、その譲渡があり、しかも本件のような事情もない場合に、なお無制限説を支持することは困難なように見える。そして、債権譲渡の場合にだけ昭和三九年判決の線まで引き下ったとて、問題の解決には余分な後退といえるであろう。あいまいな中に相殺の期待利益の存在の場合を類型化するのが妥当ではなかろうか」と説く[21]。

(三)　担保的機能と「相殺」の枠組み

「相殺の正当な期待」に根拠づけられた「相殺権」という観念を認めるとしても、それは相殺をすることが差押えや債権譲渡によって妨げられないことを意味するにとどまり、相殺による自働債権の回収のためには、相殺制度の枠組みに従い、相殺の意思表示が必要である。いわゆる「逆相殺」の事例に関する最判昭和五四・七・一〇民集三三巻五号五三三頁は、この点について判断を示した。

事案は、X信用金庫がAに対して貸金債権を有しており、AがXに対して預金債権を有していたが、両債権は、相殺予約とAの取引停止処分により、昭和五〇年一二月二日には相殺適状になっていた。YはAのXに対する預金債権につき差押え・転付命令を受け、昭和五一年六月一四日、これをもってXのYに対する手形債権と相殺した（なお、X・Y間の両債権の相殺適状の成立は、昭和五一年三月二六日以降であった）。これに対してXは、同年六月二一日に、前記のAに対する貸金債権をもって本件預金債権と相殺したと主張した。

原審は、相殺の意思表示はXよりもYの方が早いが、AX間の相殺適状の方がXY間の相殺適状よりも先に生じたのであるから、Yはその相殺をもってXに対抗しえないとした。しかし最高裁は「相殺適状は、原則として、相殺の意思表示がされたときに現存することを要するのであるから、いったん相殺適状が生じていたとしても、相殺の意思表示がされる前に一方の債権が弁済、代物弁済、更改、相殺等の事由によって消滅していた場合には相殺は許されない」と述べ、差押えがあっても第三債務者は債務者に対する反対債権をもって、両者が相殺適状になりさえすれば相殺することができるが、「そのことによって、第三債務者が右の相殺の意思表示をするまでは、転付債権者が転付命令によって委付された債権を自働債権とし、第三債務者に対して負担する債務を受働債権として相殺する権能が妨げられるべきいわれはない」として原判決を破棄した。

調査官解説は、昭和四五年の「大法廷判決は、金融機関の預金債権に対する相殺期待権を最大限に尊重したものであるが、本判決は右大法廷判決の趣旨を没却するものである、との批判がある」が、「右大法廷判決のケースにおいては、第三債務者側からの相殺にあたり、受働債権の弁済禁止効が問題となるにすぎず、当該債権自体は存続していたのであるが、本件の場合には、第三取得者からの相殺の時点において、転付債権者からの相殺により、受働債権自体が消滅していたものとすべきか否かが問題となったのである」として、「右大法廷判決と本判決とは、事案を異にする」と述べた(22)。原判決のように相殺適状時の前後で優劣を決めるか、本判決のように相殺の意思表示の前後を問題にするか等については、学説上、主として相殺の期待をどこまで保護するべきかという利益衡量の問題として論じられる(23)。

ただ、「担保的機能」を機能として有するとしても、そのために用いられるのが相殺の制度である以上は、その制度枠組みに従うことが必要であり、昭和四五年大法廷判決も、差押えの後、両者が「相殺適状に達しさえすれば」相殺することができる（譲渡がなされた場合に相殺適状が崩れているのではないかという（1）（二）で挙げた疑問は、債権譲渡に関する昭和三二年判決を前提とするときは度外視する）としているのであるから、相殺適状になった後に、相殺の意思表示をして初めて目的を達するのではないかと考えられる。これに対して、高木教授は以下のように疑問を提起する。すなわち、最高裁は「乙金融機関〔X〕が、相殺しない限り、預金債権は存在しているのであり、転付債権者は、これを自働債権に利用しうるという考えに立っている」が、「旧民法に存在していた自然相殺の思想〔「当然消滅主義」〕は、現行相殺制度に存続している。相殺の意思表示をすれば、相殺の効力が、相殺適状時に遡るとする五〇六条但書、時効によって消滅した債権でも、消滅前に相殺適状になっておれば、相殺をなし得るとする五〇八条は、自然相殺の考え方を基礎に置いているということができる。……したがって、相殺が交錯する場合に、意思表示の前後ではなくして、相殺適状の前後で定めるとする原審の立場も、自然相殺主義の側から説明することも可能なのである。両主義の立場のいずれを、どのような場面で採用するかは、結局、利益衡量の問題といわなければならない」と(24)。

昭和五四年判決は、譲渡後の相殺を認めつつ、その上でなお相殺適状とその後の意思表示による相殺という枠組みに従うことを明らかにした。昭和三二年判決では「相殺の期待・利益」という包括的な用語が用いられたが、高木教授の右の指摘は、相殺の理論的ないし技術的な側面の検討に立ち戻るべきことを示唆するものである。次の章で検討する。

三　分析とまとめ

（1）被譲渡債権との相殺への疑問

立法にあたり、部分的に当然消滅主義によるのと同じ規律が、便宜を理由として採用されたことは、高木教授の指摘通りである。[25] しかし二（1）（二）で示したように、当然消滅主義の原則をとることは否定され、その説明において、譲渡の場合に間違いが生ずる危険に言及されている。それはたとえばどのように表れるか。

AがBに対して、甲（弁済期四月三日）・乙（弁済期四月五日）の二個の債権を有し、BがAに対して、丙（弁済期四月一日）債権を有している（いずれも債権額は同じとする）。ともに相殺適状の成立した後の四月七日、甲はCに、乙はDに譲渡されたとする。当然消滅主義によれば、四月三日に甲・丙債権が消滅し、Cはすでに消滅した債権を譲り受けたことになるが、Cが甲債権の成立事情を調べても、消滅の危険は認識できないであろう。したがって、消滅したことを明確にする意思表示主義をとる理由があるが、意思表示主義によるときは、譲渡後の相殺も可能であるとすると、C・Dの請求に対して、いずれに対して相殺を援用するのもBの自由だということになる。

同一当事者間で甲・乙債権および丙債権が対立している場合であれば、甲・乙いずれが消滅するかについて問題は少なく、また五一二条により充当の規定によることもできる。本来、相殺は同一当事者間において意味をもつものであり、移転の後にも相殺を認めることに問題があるのではないか。これを認める昭和三二年判決の判断を前提とするとき、「相殺の期待・利益」の保護ということは、理論的ないし技術的には何を意味するか。

右の問いに対し、一つには明治三五年判決の被上告人の主張に示されるような、譲受人は債務者に対する譲渡人の地位を承継するという説明が考えられる。しかし債権譲渡は、財産権としての債権を移転するものであり、譲渡人がもつ権利義務関係を承継するものではない。もう一つの説明は、対立する両債権が、相殺の法理とは別の根拠によって結びついており、譲渡によってもその結合は維持されるというものである。これが「担保の法理」による説明である。

(2)　相殺の法理と担保の法理

清水教授は、相殺における「公平の論理」の延長に「物的担保の論理」が生まれるものではないとして、次のように述べる。すなわち「公平というのはAとBとの間の公平ということである。担保というのは、Aに対する債権者のなかでBだけが他のC、D、E、F……に優先して弁済を受けるということであり、債権者間で差別をする不公平の論理である。そのような優先力は、質権のような物的担保の手段を講じた債権者にだけ認められるのが原則である」と。(26) A・Bが互いに、相手方が無資力で自己の債権の回収ができない場合にも、自己の債務を一方的に履行することを強制されず、これと相殺することによって自己の債権を実質的に回収しうることを一種の「担保的機能」と表現することができるとしても、その実体は「公平維持の機能」にほかならない。相殺適状が成立している以上、当事者のいずれの側からも相殺できるという「相殺の法理」からは、第三者に対する優先の法理は生じない。

第三者に優先する担保手段でありうるための要素として、鳥谷部教授は次の四点を挙げる。①担保の合意。内容の明確性が必要である。②価値支配の根拠（手段）。抵当権の場合は法律によって定められた物権的支配権であり、債権の譲渡担保の場合は債権自体の移転である。③被担保債権の存在・範囲、④目的債権の存在・特定の四点である。(27) ③④は、ある財産がある債権のための担保となるときには、当該財産権主体の一般財産から排除されるのであるから、どの財産がどれだけの範囲で担保として独占されているのかが明らかである必要があるという原則を示すものであるが、とりわけ、継続的な取引において、担保目的・被担保債権の範囲が時間的にも拡大することから問題となる。

鳥谷部教授は、右の要素を検討した結果、法定相殺には担保的構造、すなわち担保的機能の基礎が存在しないが、相殺予約は担保的構造を備えていると述べる。(28) 清水教授の指摘の通り、相殺の有する「公平の論理」からは「物的担保の論理」は導きえず、二つの債権を担保関係として結合するためには、合意が必要であろう。担保的機能を認める根拠として両債権の牽連関係があげられることもあるが、その牽連関係が担保的機能を有するとされる場合、そのことも、牽連性あるものとして両債権が成立した際の、明示・黙示の合意を根拠とすると解するべきである。昭和五〇年判決に関連して「期待利益の存在の場合の類型化」を提示した林教授も（二（2）(二) 参照）、後に「期待利益説のねらったことは、予約の合理性においての判定によって補えるのではないか、と考えるに至った。法定相殺での期待利益説が、予約の存在、質権の存在、取引関係などを判断の基準におくことは、むしろ予約の有効性判断の場所へ譲るべきものと考えるに至っている」と述べている。(29)

(3)　まとめ

以上、判例の流れを見ると、差押えとの関係でも、債権譲渡との関係でも、判例は、差押えや譲渡があっても相殺は妨げられないことを明らかにしたものの、それ以外の点については相殺制度の枠組みを堅持し、その実行は「相殺適状」が成立した上で相殺の意思表示によってなされるべきものとし、さらに相殺の相互性・公平性はいわゆる「逆相殺」の事例においても貫かれている。したがって、判例が第三者に対して優先する法理として「相殺権」を確立したものということはできない。

さらに、相殺の法理に従う限り、債権譲渡がなされた後は、「相殺適状」の要素である両債権の対立が失われるため、もはや相殺はできないのではないかという理論上の疑問は残ったままである。にもかかわらず、譲渡後の相殺を認めた昭和三二年判決を正当と見るならば、その根拠は「相殺の法理」ではなく、両債権の結合関係を前提とする「担保の法理」に求める必要がある。（2）で見たように、対立する債権の結合と、それを前提とする担保関係を認めるためには、担保関係を設定する合意が必要であると考えられるが、これまで両債権の結合を認めてきた裁判例の事案には、あるいは明示・黙示の合意を根拠とする牽連関係が見出しえたのではないか。問題は、いわば相殺という乗り物よりも、それによって保護される債権という乗り手であり、今後の研究においても、焦点は、相殺の法理にではなく、両債権の牽連関係に当てられるべきものと考える。

そして両債権の結合関係を認める場合も、両債権の発生時から牽連関係（及びその根拠たる合意）が存していたことが必要であるか、それとも発生時には関連していない債権であってもそれらを担保として結合する合意があればよいか等が問題となりうる。ただ、担保としての結合関係が設定された場合、抵当目的物などの場合と異なり、担保目的たる債権を譲渡することは、担保関係を設定した趣旨に反するのではなかろうか。相殺の担保的機能を論ずる場合、しばしば継続的な取引の当事者間で複数の債権が並立する場合が問題となるが、「担保」そのものである集合債権譲渡担保の場合、実行段階に至るまでは、取立てに対して担保権者は介入せず、また第三者対抗要件を備えていない限り、譲渡された債権にまで追及することはできない。また一般先取特権の場合、債務者の一般財産から逸出したものには追及できないものと解されている。このように考えると、「相殺の期待・利益」の保護は、譲渡禁止特約や、差押え・転付命令前に遡って効力を生ぜしめる相殺予約のように、受働債権の移転自体を制約する特約によるべきではないかと考える。

その場合、その特約の有効性や第三者に対する対抗力が問題となる可能性はあるが、昭和四五年大法廷判決の、相殺は「あたかも担保権を有するにも似た地位」があり、「できるだけ尊重すべきもの」という立言を根拠として、相殺自体に、理論的・技術的に有効な担保的性格を認めることは困難であり、有効性や対抗力をめぐる具体的な検討を経ることによって初めて、相殺を担保手段として用いるシステムも確立するのではないかと考える。

（1）　我妻榮『新訂債権総論』（一九六四年）三一九〜三二〇頁。
（2）　我妻・前掲三一八〜三一九頁。
（3）　髙橋眞「『相殺の担保的機能』について――判例を読み直す――」髙橋眞・島川勝編『市場社会の変容と金融・財産法』（二〇〇九年）〔本書二一五頁以下〕。
（4）　髙橋・前掲三九〜四〇頁・四三頁〔本書二二一〜二二二頁・二二五〜二二六頁〕参照。
（5）　髙橋・前掲四三〜四四頁〔本書二二五頁〜二二六頁〕参照。**三**（2）に紹介する鳥谷部教授の見解も参照のこと。
（6）　髙橋・前掲五二〜五三頁〔本書二三五〜二三六頁〕参照。
（7）　髙橋・前掲四六頁〔本書二二九頁〕参照。
（8）　髙橋・前掲五六〜五七頁〔本書二四〇〜二四一頁〕参照。

(9)　石垣茂光「相殺における担保的機能論に関する一考察」獨協四三号三八一頁（一九九六年）。
(10)　石垣・前掲三八五〜三八六頁。
(11)　石垣・前掲三八七〜三八八頁。
(12)　『法典調査会民法議事速記録』二三巻四〇丁表、前田達明監修『史料債権総則』（二〇一〇年）六八一〜六八二頁参照。
(13)　『法典調査会民法議事速記録』二二巻一七四丁裏の田部芳委員の発言。前掲『史料債権総則』四二六頁参照。
(14)　前掲『史料債権総則』四二六〜四二七頁。
(15)　前掲『史料債権総則』四二六頁の梅謙次郎委員の発言参照。
(16)　石垣教授は、(2)の段階においては「相殺適状といいうるためには、当然消滅主義の影響もあってか、両債権の弁済期が到来していなければならないとしていたのである。これに対して本判決〔昭和八年判決〕は、相殺権を発生させる相殺適状とは自働債権の弁済期到来のみで足りるとするものである。いずれにあっても相殺権の発生は必要であることから、その意味で旧来の立場を変更したものとはいえない」と評価する（石垣・前掲三九九頁）。
(17)　長谷部茂吉「解説」判解民昭和三二年度一六六頁。田中実「判批」判評一一号一六頁も参照。
(18)　山中康雄「判批」民商三七巻二号七三頁。
(19)　我妻榮『新版民法案内Ⅸ』（一九七〇年）二四七頁。
(20)　柴田保幸「解説」判解民昭和五〇年度六五八頁。
(21)　林良平「判批」民商八三巻一号一五二〜一五三頁。
(22)　柴田省三「解説」判解民昭和五四年度二七二頁。
(23)　学説の整理については、福永有利「判批」民商八二巻五号六六九頁以下に詳しい。また能見善久「判批」法協九七巻一一号一六七八頁以下も参照。

(24)　高木多喜男「判批」判評二六〇号一六〇〜一六一頁。
(25)　前掲『史料債権総則』六九三頁、七〇六頁の穂積委員の説明参照。
(26)　清水誠「相殺の担保的機能・再々論」鈴木禄弥＝徳本伸一編『幾代通先生献呈論集　財産法学の新展開』（一九九三年）三八〇頁。
(27)　鳥谷部茂「相殺の第三者効は、現状のままでよいか」『非典型担保の法理』（二〇〇九年）二六七〜二六八頁。
(28)　鳥谷部・前掲二六九〜二七四頁。
(29)　林良平「相殺の機能と効力」加藤一郎＝林良平編集代表『担保法大系第5巻』（一九八四年）五五一頁。

3　補論

――民法（債権法）改正と相殺・差押え・債権譲渡――

一　はじめに――関連規定の改正点

本書に収めた「『相殺の担保的機能』について――判例を読み直す――」（以下、「第一論文」という）および「債権譲渡と相殺――判例を読み直す――」（以下、「第二論文」という）において、相殺と差押え、相殺と債権譲渡に関する判例法理を検討した。平成二九年（二〇一七年）の民法（債権法）改正により、相殺に関する規定も改正されたが、その結果として、「相殺の担保的機能」と差押え・債権譲渡との関係はどのような状態にあるか。以下では まず、関連する規定がどのように改正されたか、確かめることとする。

（i）相殺の概念　相殺の要件等を規定した五〇五条一項は次の通りである。

「二人が互いに同種の目的を有する債務を負担する場合において、双方の債務が弁済期にあるときは、各債務者は、その対当額について相殺によってその債務を免れることができる。ただし、債務の性質がこれを許さないときは、この限りでない。」

相殺の禁止・制限に関する第二項は改められたが、第一項は改正前と同じである。「互いに同種の債務を負担すること」「双方の債務が弁済期にあること」、すなわち相殺適状を要求していることは、改正前後で変わらない。また五〇六条一項も改正前と同じであり、「相殺は、当事者の一方から相手方に対する意思表示によってする」ことについても変わっていない。したがって、「相殺」とは、両当事者間で互いに同種の目的を有する債務を負担する場合における、簡易な決済方法であるという性格には変わりがないものということができる。

（ⅱ）差押えと相殺　五一一条については文言が改められ、また「差押え後に取得した債権が差押え前の原因に基づいて生じたものであるとき」に関する第二項が加えられている。第一項の改正は次の通りである。

五一一条（改正前）「支払の差止めを受けた第三債務者は、その後に取得した債権による相殺をもって差押債権者に対抗することができない。」

五一一条一項（改正後）「差押えを受けた債権の第三債務者は、差押え後に取得した債権による相殺をもって差押債権者に対抗することはできないが、差押え前に取得した債権による相殺をもって対抗することができる。」

この改正について、潮見教授は「本条一項は、差押え前に取得した債権による相殺に関して、改正前民法五一一条の規定に後半の文章を追加することで、差押えと相殺の優劣につき、いわゆる無制限説（最大判昭四五・六・二四民集二四巻六号五八七頁）を採用することを明言するものである」と説明する。[1]

（ⅲ）債権譲渡と相殺　債権譲渡と相殺の関係について、規定の改正は次の通りである。

四六八条二項（改正前）「譲渡人が譲渡の通知をしたにとどまるときは、債務者は、その通知を受けるまでに譲渡人に対して生じた事由をもって譲受人に対抗することができる。」

四六八条一項（改正後）「債務者は、対抗要件具備時までに譲渡人に対して生じた事由をもって譲受人に対抗することができる。」

四六九条一項（改正後）「債務者は、対抗要件具備時より前に取得した譲渡人に対する債権による相殺をもって譲受人に対抗することができる。」

改正前は、元の四六八条二項の「その通知を受けるまでに〔（改正後は）対抗要件具備時までに〕譲渡人に対して生じた事由」の解釈として相殺と債権譲渡の問題を論じていたのに対し、改正によって、相殺との関連について独立の規定が設けられたのであるが、改正後の四六九条一項については、次のように説明される。

「本条は、債権の譲渡があった場合に、譲渡人に対して有する反対債権が次のいずれかに該当するものであるときは、債務者は、当該債権による相殺をもって譲受人に対抗することができるとするものである。

①　債務者対抗要件（権利行使要件）の具備時より前に債務者が取得した債権（本条一項）

〔中略〕

上記①は、債権譲渡と相殺の優劣につき、差押えと相殺の場面（民法五一一条一項）と同様に、いわゆる無制限説を採用することを明らかにするものである。(2)」

補論では、民法が以上のように改正されたことにより、差押えと相殺、債権譲渡と相殺の関係について、何が解決されたか、また改正後の解釈論ではどの点が問題となるか。とりわけ「いわゆる無制限説を採用する」ということが何を意味するかという点について考えることとする。

二　差押えと相殺の問題——法定相殺について

(1)　五一一条の反対解釈　　潮見教授の解説によれば、五一一条に「差押え前に取得した債権による相殺をもって対抗することができる」という文言を付加することにより、「いわゆる無制限説（最大判昭四五・六・二四民集二四巻六号五八七頁）を採用することを明言」したということであった。この文言は、改正前の五一一条、すなわち「支払の差止め（〔改正後は〕差押え）を受けた第三債務者は、その後に取得した債権による相殺をもって差押債権者に対抗することができない」という条文の反対解釈にあたる。差押え後に取得した債権をもって相殺することを特に禁ずるということから、反対に、差押え前に取得した債権をもって相殺することは禁じられないことを意味するものと解される。

この「五一一条の反対解釈」は、「無制限説」をとる昭和四五年大法廷判決において、「同条〔五一一条〕は、第三債務者が債務者に対して有する債権をもって差押債権者に対し相殺をなしうることを当然の前提としたうえ、差押後に発生した債権または差押後に他から取得した債権を自働債権とする相殺のみを例外的に禁止する」という表現で示されているが、(3)「制限説」をとる昭和三九年判決（最大判昭和三九・一二・二三民集一八巻一〇号二二一七頁）においても、「民法五一一条は『支払ノ差止ヲ受ケタル第三債務者ハ其後ニ取得シタル債権ニ依リ相殺ヲ以テ差押債権者ニ対抗スルコトヲ得ス』と規定するが故に、その反対解釈として、差押前に第三債務者が取得した債権による相殺は例外として差押債権者に対抗し得るものとしていると解せられる」という表現で示されている。(4)すなわち、改正前においては「無制限説」だけでなく「制限説」も五一一条の反対解釈をした上で説を立てているのであるから、五一一条の反対解釈を前提としているという点では、両説とも同じである。したがって、改正によって五一一条一項後半の文言が付加されたというだけでは、解釈により「制限説」をとる（奥田教授の言葉を借りるならば、(5)文理解釈でなく「別の利益衡量から」民法五一一条に制約を加える）余地を否定したということはできない。

(2)　改正前の「制限説」「無制限説」の意義　　それでは、改正前における「制限説」「無制限説」とは何を意味していたか。奥田教授の説明によれば、無制限説とは昭和四五年判決を支持するものであって「法定相殺につき、差押前に反対債権（自働債権）が取得されておりさえすれば、両債権の弁済期の到来や、その先後関係を問わず、相殺適状に達すれば、その時点で相殺をなし、これを差押債権者に対抗することができる」とするものであり、制限説とは昭和三九年判決を支持するものであって「反対債権が差押前に取得されていることに加えて、その弁済期が受働債権のそれよりも早く到来する場合に限って、相殺の対抗を認めるもの」である。[6] この理解によれば、「無制限説」は「相殺適状に達すれば、その時点で相殺をな（す）」ことができるとする（これは昭和四五年判決の示すところである）ものであるから、受働債権が譲渡されれば、その後相殺適状が生ずることはなく、したがって相殺をすることはできない。かくしてこの理解に立つ限り、後に検討する債権譲渡の場合には、昭和四五年判決のとる「無制限説」は意味をなさないことになる。

また中田教授は、無制限説は「（民法）五一一条を制限せずに文言通りに適用する見解」、制限説は「五一一条の文言にはない制限を付するもの」と特徴づけ、「制限」の対象は五一一条の適用であることを示している。[7] この理解と、(1)で見たように、昭和三九年判決も昭和四五年判決も五一一条の反対解釈を前提とした上で、(3)で見るようなそれぞれの判断をしていることとを併せ考えると、昭和四五年判決の「無制限説」は、専ら五一一条に関するものであるということができる。

(3)　差押えに相殺禁止効があるか　次に、昭和三九年判決が「制限説」をとり、昭和四五年判決が「無制限説」をとる理由は何であったか。

昭和三九年判決は、まず①「差押の結果、被差押債権の債権者および債務者は右債権につき弁済、取立等一切の処分が禁止される」、その結果「別段の規定がなければ第三債務者は相殺を以って差押債権者に対抗することもできない」という前提をとり、次に五一一条の反対解釈によって②「差押前に第三債務者が取得した債権による相殺は例外として差押債権者に対抗し得るもの」と解し、その理由として、③差押え前に取得した反対債権の弁済の「期待利益をその後の差押により剥奪することは第三債務者に酷である」ことを挙げる。他方、反対債権の弁済期が被差押債権より後に到来する場合には、被差押債権の弁済期が到来して第三債務者に対して履行の請求がされたときに、第三債務者は自己の反対債権の弁済期が到来していないため、相殺によって自己の債務を免れる「正当な期待」を有していたものとはいえないとする。かくして、差押えによる相殺禁止の効力（①）に対する例外（②）は、自働債権たる反対債権の弁済期が被差押債権のそれよりも先に到来する場合に「制限」されるというものである。(8)

これに対して昭和四五年判決は、①「差押は、債権者の行為に関係のない客観的事実または第三債務者のみの行為により、その債権が消滅しまたはその内容が変更されることを妨げる効力を有しないのであって、第三債務者がその一方的意思表示をもってする相殺権の行使も、相手方の自己に対する債権が差押を受けたという一事によって、当然に禁止されるべきいわれはない」として、昭和三九年判決が前提としていた差押えの相殺禁止効の存在を否定する。その上で②五一一条は「第三債務者が債務者に対して有する債権をもって差押債権者に対し相殺をなしうることを当然の前提としたうえ」で、差押え後に発生または取得した債権を自働債権とする相殺のみを「例外的に禁止する」というものである。したがって、差押え前に取得していた反対債権による相殺が可能であることは当然であり、五一一条の反対解釈の結果はそれを確認する以上の意味はない。そして、③自働債権と受働債権の弁済期の前後を問わず、「相殺適状に達しさえすれば」差押え後においても相殺は可能であるとするものであるが、それは五一一条の反対解釈ではなく、そもそも差押えには相殺禁止効がない（①）ことの帰結である。(9)

(4)　法定相殺における「無制限説」の意義　　昭和三九年判決と同様、差押えに相殺禁止効があることを前提とするならば、五一一条の反対解釈によって、差押え後に例外的に相殺をすることが可能であるとしつつ、「正当な期待」の有無に即して、「別の利益衡量から」その「例外」を「制限」するという解釈はなお可能であるということができる。他方、昭和四五年判決と同様、差押えの相殺禁止効を否定するのであれば、五一一条の反対解釈は当然のことの確認であるということができる。本改正によって同条の反対解釈の結果を明文化したことは、何を意味するか。

改正前において、制限説・無制限説の対立が存在していたという状況のもとで、本改正において、「差押え前に取得した債権による相殺をもって対抗することができる」旨が明記された。このことは、右の対立が存在する状況下、文言上、昭和三九年判決のとるような制限が付されなかったことによって、昭和三九年判決ではなく、昭和四五年判決のとる制度理解を採用することを明らかにしたものということができる。そして昭和四五年判決は、差押えには相殺を禁止する効力がないことをその根拠としているのであるから、改正規定の理解としてもその前提のもとに、法定相殺に関する限りは、とりたてて「相殺権」なる特別の権利を観念するのではなく、一（i）で見た相殺の概念に従って、受働債権が差し押さえられた場合であっても、第三債務者は両債権の弁済期の前後を問わず「相殺適状に達しさえすれば」意思表示によって相殺することができると解すべきであろう。

三　差押えと相殺の問題――相殺予約について

(1)　相殺予約と「契約自由」　しかし改正前においても、「制限説」「無制限説」の対立は、実際には両債権の本来の弁済期到来により「相殺適状」に達した後の相殺よりも、相殺予約によって「相殺適状」が作り出された場合に問題となった。相殺予約は、相殺適状の成立時期を合意によって操作するものであるから、相殺制度の枠組みを一応維持している。しかし、特定の債権と反対債権とを担保のために結びつけることを目的とするものであるから、当事者間の債務の簡易決済という趣旨から離れ、相殺の法理とは異なる次元で、一種の「担保権」類似の状態を作り出すものである。したがって、第三者の利害との関係で、これを――すなわち、相殺ではなく、相殺予約を――無制限に認めてよいかという問題が生ずる。

昭和三九年判決は「債権者債務者間に生じた相対立する債権債務につき将来差押を受ける等の一定の条件が発生した場合に、右双方の債権債務の弁済期如何を問わず、直ちに相殺適状を生ずるものとし、相殺予約完結の意思表示により相殺を為し得る」という特約は、「民法五一一条の反対解釈上相殺の対抗を許される場合に該当するものに限ってその効力を認むべきである」とする。自働債権の弁済期が被差押債権の後に到来する場合には、相殺の「正当な期待」は認められず、そのような場合にも「右相殺予約の効力を認めることは、私人間の特約のみによって差押の効力を排除するものであって、契約自由の原則を以ってしても許されない」と説く[10]。

これに対して昭和四五年判決は「右特約は、訴外会社またはその保証人について前記のように信用を悪化させる一定の客観的事情が発生した場合においては、被上告銀行の訴外会社に対する貸付金債権について、訴外会社のために存する期限の利益を喪失せしめ、一方、同人らの被上告銀行に対する預金等の債権については、被上告銀行において期限の利益を放棄し、直ちに相殺適状を生ぜしめる旨の合意と解することができるのであって、かかる合意が契約自由の原則上有効であることは論をまたないから、本件各債権は、遅くとも、差押の時に全部相殺適状が生じたもの」であると述べる[11]。

(2)　相殺予約の制約――形式的基準と実質的基準　昭和三九年判決は、相殺予約を認めることができる相殺の「正当な期待」を、自働債権の弁済期が被差押債権のそれよりも先に到来する場合に「限って」認めるとする。ここでは、相殺予約を認めるか否かの判断は、法定相殺の場合と同様、対立する両債権の弁済期の前後によって一般的になされているということができる。

これに対して昭和四五年判決は、銀行取引上の具体的な特約を取りあげてその内容を検討し、契約自由の原則に照らして、当該相殺予約の合意を有効としたものである。したがって、昭和三九年判決が、対立する債権の弁済期の前後という一般的な判断基準に即して「制限的に」相殺予約の効力を認めたのに対し、昭和四五年判決は、債権の性格を問わず一般的に「無制限に」相殺予約の効力を認めたというものではない（このことは、民集の「判決要旨二」において合意の具体的な内容が示されていることからも窺うことができる(12)）。

そして昭和三九年判決・昭和四五年判決に付せられた補足意見・反対意見において、このような相殺予約の効力につき、信用取引・商事取引の性格、あるいは銀行における預金を見返りとする貸付について相殺予約の合理性が論じられ、またその定めを差押債権者に対抗しうる理由として取引界における公知性が論じられた(13)。すなわち、昭和四五年判決において、当該事案の特約についてはその効力を認めうるため、多数意見の中では特に論じられなかったとしても、相殺予約をもって保護されるべき「相殺の期待」はどのような場合に認められるかという問題は、昭和三九年判決のように両債権の弁済期の前後という基準は用いないが（その限りで「無制限説」ではあるが）、なお形を変えて存続しているということができる。したがって、本改正によって、法定相殺における「無制限説」（両債権の弁済期の前後を問題にしない）が明記されたということができるとしても、取引類型等、両債権の弁済期の前後以外の要素によって相殺予約の効力を制限することが否定されるものではないというべきである。

四　債権譲渡と相殺

⑴　差押えの場合との構造的な違い　二⑵で示したように、「無制限説」をとる昭和四五年判決は、両債権の弁済期の前後を問わず「相殺適状に達しさえすれば」相殺をすることができるとするものであるから、受働債権が譲渡され、以後相殺適状が生じなくなれば、もはや相殺をすることはできないという帰結に至る。したがって、債権譲渡の後に相殺の意思表示をする場合については、昭和四五年判決のとる「無制限説」は意味をなさないことになる。一（ｉ）で見たように、相殺とは「同一当事者間で」互いに同種の目的を有する債務を負担する場合の「簡易な決済方法」であるという性格が維持された上でなお、債権譲渡の後に相殺が許容されるとすれば、それはどのような理由によるか。

現行法では、相殺につき「当然消滅主義」をとらず、意思表示を必要とするものとされた（この点は改正法でも維持されている）。その上で大審院は、四六八条二項の「譲渡人ニ対シテ生シタル事由」の解釈において、当初は自働債権の弁済期到来のみならず、受働債権についても期限の利益の放棄により相殺できる状態にあることを必要としていたが、昭和八年五月三〇日の判決により、期限の利益の放棄をしていなくても、直ちに相殺をすることを妨げないとした⒁。しかし、相殺により債権が消滅すれば譲受人は権利を取得し得ないが、まだ債権が消滅していない段階で、相殺ができる状態にあるということをもって何が「譲渡人ニ対シテ生シタ」のであり、かつそれを譲受人に対抗できるのかは明らかではなかった⒂。

この点について最判昭和三二・七・一九民集一一巻七号一二九七頁は、「債務者が債権者に対し債権の譲渡または転付前に弁済期の到来している反対債権を有するような場合には、債務者は自己の債務につき弁済期の到来するを待ちこれと反対債権とをその対当額において相殺すべきことを期待するのが通常でありまた相殺をなしうべき利益を有するものであって、かかる債務者の期待及び利益を債務者の関係せざる事由によって剥奪することは、公平の理念に反し妥当とはいい難い」と述べて、債務者の「相殺の期待・利益」の保護を理由として挙げた。[16] そうすると、保護に値する「相殺の期待・利益」はどのような場合に認められるかという問題が生ずるが、昭和三二年判決では、債権譲渡または転付の前に自働債権の弁済期が到来している場合がそれにあたるとされる。

(2)「相殺の期待」が積極的な根拠となる　かくして、例外的に相殺が認められる根拠を「相殺の期待・利益」の保護に求め、その上で、保護に値する相殺の期待であるか否かを、自働債権の弁済期の到来を基本として判断する（換言すれば、相殺を「制限的に」認める）という点で、債権譲渡に関する昭和三二年判決と差押えに関する昭和三九年判決の判断基準は類似性が認められる。

これに対して、差押えに関する昭和四五年判決では、法定相殺の場合には、そもそも差押えに相殺を封ずる効力がないため、「相殺の期待・利益」を特に問題にする必要はない。しかし相殺予約に関しては、両債権の弁済期の前後を問わず、無制限に「相殺予約の効力」を認め、かつ第三者に対抗しうるものとしてよいかどうかが、（昭和三九年判決も含め）補足意見・反対意見の中で論じられた。したがって、相殺予約においても、同様に「相殺の期待・利益」の保護の可否が問題にされたということができる。

そうすると、相殺適状が消滅したために本来は相殺の法理によっては認められない両債権の消滅を、両債権の結びつきのゆえに、「相殺の期待・利益」を保護する趣旨で特に認めるのであれば、その法的な根拠が何であるかが問題とならざるをえない。

五 「相殺の期待・利益」の具体的な検討――改正法においても必要

(1) 弁済期の前後による「制限説」を否定すると？　「制限説」をとる債権譲渡に関する昭和三二年判決と差押えに関する昭和三九年判決は、いずれも「制限」の基準を自働債権の弁済期が受働債権のそれよりも先に到来すること（債権譲渡については、譲渡時に現に到来していること）に求める点では類似している。各判決に反対するとすれば、それはどのような判断として表現されうるか。換言すれば、「弁済期の前後による制限」の否定形態は何か（万能の「相殺権」か、弁済期の前後以外の内在的な制限か）。

前述のように、昭和四五年判決によれば、法定相殺の場合には差押えによる相殺の制限はそもそもなく、問題は相殺予約の場合であるが、①「契約自由の原則により、相殺予約は一般的に、無制限に認められる」という命題となるか、②「相殺について正当な利益が認められる場合に、弁済期の前後による制約なく、相殺予約は認められる」という命題となるか。後者であれば、「相殺について正当な利益が認められる場合」とはどのような場合であるかが、事案に即して具体的に問題となる。

これに対して債権譲渡の場合には、「制限説」の否定形態は①「いったん同一当事者間で対立した両債権については、一方の譲渡によって相殺適状が消滅しても、相殺は無制限に認められる」という命題か、②「一方の譲渡によって相殺適状が消滅しても、相殺について正当な利益が認められる場合に、弁済期の前後による制約なく、相殺は認められる」という命題か。差押えとは異なり、相殺適状が消滅するのであるから、相殺の概念（一(i)参照）からすれば相殺は不可能なはずであるが、改正法によればどうなるか。改正前の「譲渡人に対して生じた事由」という表現であれば、昭和三二年判決のいう「相殺の期待・利益の発生」がこれにあたるということが不可能ではなかったが、改正後の「相殺をもって…対抗する」という表現であれば、改正法五〇五条一項と同五〇六条一項に照らしたとき、相殺の意思表示のないまま相殺適状が消滅した後に「相殺をもって対抗する」ことがそもそも可能かという疑問が、より切迫したものとなる。

(2)　改正法における「無制限説」とは？　改正法に関して、潮見教授は、差押えと相殺の問題に関して、「無制限説」を「最高裁昭和四五年大法廷判決の法廷意見と同じ立場である。相殺の担保的機能を極度に重視し、相殺への強い期待を保護すべしと説く立場である」と説明した上で[17]、債権譲渡についても、改正法は「無制限説を基礎に据えた」、その理由として「新法では、債権譲渡と相殺の優劣が問題となる局面においては、少なくとも差押えと相殺の優劣が問題となる局面と同等か、またはそれ以上に、債務者の相殺への期待を保護すべきであるとの考え方が基礎に据えられている」と説明し、さらに「債権譲渡と相殺の優劣が問題となる典型的な事件類型として、譲渡人（債権者）と債務者との間に継続的取引関係が（将来においても）存続するなかで、当該取引関係から生じた債権が譲渡された場合が想定されている」と述べる[18]。

すなわち、改正法において「無制限説」の根拠は、差押えとの関連でも、債権譲渡との関連でも、「相殺の期待・利益」であるが、この「無制限説」に従ったとき、債権譲渡の場合の相殺は、文字通り無制限なものになるか（(1)の①参照）、それとも「相殺の期待・利益」の有無を具体的に（または類型的に）問題にする（(1)の②参照）ことになるか。

(3)　両債権の結びつきの具体的・類型的な評価が問題　（i）仮に、AがBに対して、甲（弁済期四月三日）・乙（弁済期四月五日）の二個の債権（いずれも債権額は一〇〇万円とする）を有し、BがAに対して、丙（弁済期四月一日）債権を有している（債権額は一〇〇万円とする）。ともに相殺適状の成立した後の四月七日、甲はCに、四月

九日、乙はDに譲渡されたとする。(19)

もともと、BはAから甲債権の履行請求を受けた場合、乙債権の履行請求を受けた場合、いずれであっても丙債権をもって相殺する期待を有している。「無制限説」を「相殺への期待を保護するもの」であるとすると、債権が譲渡された場合においても、この期待が無制限に保護されるのであれば、甲・乙両債権の譲渡後、BはCからの甲債権の履行請求と、Dからの乙債権の履行請求とのいずれに対して「相殺をもって対抗する」か、自由に選択することができる。のみならず、四月八日段階、すなわち甲債権はCに譲渡されたが、乙債権はまだ譲渡されていない段階で、AとBが互いに一〇〇万円の債権を有しているときに、Cが甲債権の履行請求をした場合、Bは丙債権をもって、相殺適状にあるAの乙債権に対してではなく、Cの甲債権に対して「相殺をもって対抗する」ことができる――「無制限説」を採用した改正法によると、このような結果になるということができそうであるが、それでよいか。

（ii）（i）では債権の具体的内容を捨象したが、仮に、（i）の例で、Bは銀行であり、Aに対して一〇〇万円の貸金債権（丙債権）を有している。Aは工務店であり、Bに対して一〇〇万円の預金債権（甲債権）と、一〇〇万円の請負代金債権（乙債権）を有していたが、甲がCに、乙がDに譲渡されたとすると、BはCからの預金債権（甲）の履行請求に対しても、Dからの請負代金債権の履行請求に対しても、自由に貸金債権（丙）による「相殺をもって対抗する」ことができるか。

（i）と同様に、「相殺の期待の保護」と捉えると、甲債権と乙債権とで区別の理由はないことになりそうである。しかし、丙債権は貸金債権であり、甲債権は預金債権であるから、甲・丙両債権の間には、通常、継続的取引に伴う相殺による決済の期待があるが、金融取引とは無関係に発生する乙債権（請負代金債権）と預金債権である甲債権との間には、そのような相殺の期待はないと評価する余地があろう。すなわち、「相殺の期待」の有無を具体的・類型的に判断する考え方である。

また仮にDの請負代金債権の履行請求に対してAに対する貸金債権による「相殺をもって対抗する」ことを認める場合であっても、それをたとえば、業者が銀行から融資を受けていることは通常想定されることであるから、銀行に対する請負代金債権は、銀行の貸金債権による「相殺の期待」に服していることは予測可能であるという理由で根拠づけるのであれば、より個別的であるが、やはり「相殺の期待」の有無について、債権の属性（「銀行に対する債権」）によって具体的に判断するものである。

「無制限説」によって保護される「相殺の期待」に関して、類型的にせよ、個別的にせよ、このように債権の属性を具体的に考えることを排斥する理由はないであろう。

（iii）差押えに関する昭和三九年判決、債権譲渡に関する昭和三二年判決は、いずれも相殺の制度の枠内で、両債権の弁済期の前後という形式的な基準によって「相殺の期待」の有無を判断した。この考え方を否定した上で、（i）のように債権の属性を捨象したまま「無制限に」相殺を認めるのであれば、とりわけ債権譲渡の場合、相殺の概念を構成する相殺適状が消滅してもなお「相殺」が無制限にできる根拠としての「相殺の期待」が何故に理論上認められうるのか、疑問とならざるをえない。これに対して（ii）のように、債権の属性や取引の性格に即して、「相殺の期待」を認めるか否かを具体的・類型的に（場合によっては個別的に）判断するときは、差押え後の（相殺予約による）相殺、債権譲渡後の相殺の承認は、両債権を結びつける何らかの根拠（当事者の合意や商慣習）の効果であって、相殺そのものの機能ではないというべきである。

（iv）かくして改正法五〇五条一項・同五〇六条一項の文言に照らしたとき、債権譲渡後に「相殺をもって譲受人に対抗する」（改正法四六九条一項）とは何を意味するか、理論的な説明が困難であること（(1)参照）、にもかかわらず、潮見教授が債権譲渡について「無制限説を基礎に据えた」理由の一つとして「譲渡人（債権者）と債務者との間に継続的取引関係が（将来においても）存続するなかで、当該取引関係から生じた債権が譲渡された場合」の想定を挙げているように（(2)参照）、具体的な状況を前提とするときには「相殺の期待」の合理性を考える余地が認められうること等を考え、また実際に昭和四五年判決が、銀行取引における貸付金債権と預金債権とに関する相殺予約の合意を対象として具体的に判断していることに照らすならば、債権譲渡に関する昭和三二年判決の否定形態は、②「一方の譲渡によって相殺適状が消滅しても、相殺について正当な利益が認められる場合に、弁済期の前後による制約なく、相殺は認められる」という命題（(1)参照）であり、改正法四六九条一項には、「保護に値する相殺の期待があるときには」という隠れた要件があると解さなければならないと考える。

その「保護に値する相殺の期待」とは何か。潮見教授は、改正法を解説するにあたり、現行法（改正前の法）の解釈については「無制限説を正当化しようとするならば、『自働債権と受働債権の間に、緊急時に後者が前者の特別の責任財産（＝優先的摑取対象となる特別財産）になりうるという意味での牽連関係が客観的に存在しており、かつ、第三者（合理的な一般債権者）にとってもこの牽連関係が認識可能である』との事情が存在している特別の場合にその妥当領域を限るとするのが適切であろう」と述べていたことを注記している。[20] 改正法の文言において、五〇五条一項・五〇六条一項と四六九条一項との間に不調和がある以上、改正法においても、このような解釈が不可欠であると考える。

（1）　潮見佳男『民法（債権関係）改正法の概要』（二〇一七年）一九八頁。

（2）潮見・前掲一六一頁。
（3）第一論文四三頁〔本書二二六頁〕。
（4）第一論文三九頁〔本書二二一頁〕。
（5）第一論文三八頁〔本書二二〇頁〕。
（6）第一論文三七頁〔本書二一九頁〕。
（7）第一論文三七頁〔本書二一九頁〕。
（8）第一論文三九～四一頁〔本書二二一～二二三頁〕。
（9）第一論文四二～四四頁〔本書二二五～二二六頁〕。
（10）第一論文四五頁〔本書二二七～二二八頁〕。
（11）第一論文四六頁〔本書二二八～二二九頁〕。
（12）第一論文四七～四八頁〔本書二三〇～二三一頁〕。
（13）第一論文五四～五七頁〔本書二三九～二四一頁〕。
（14）第二論文二一九～二二三頁〔本書二七二～二七五頁〕。
（15）第二論文二一九頁、二二五頁〔本書二七一～二七二頁、二七七頁〕。
（16）第二論文二二五～二二六頁〔本書二七八頁〕。
（17）潮見佳男『新債権総論Ⅱ』（二〇一七年）二九九頁。したがって、二（2）で見た昭和四五年判決の理解とは同じではない。
（18）潮見・前掲『新債権総論Ⅱ』四四〇頁。
（19）第二論文二三二頁〔本書二八三頁〕参照。
（20）潮見・前掲『新債権総論Ⅱ』三〇二頁。潮見『債権総論Ⅱ〔第三版〕』（二〇〇五年）三八八頁参照。

著者紹介
高 橋　眞（たかはし　まこと）

＊略歴
1954年生まれ
1978年　京都大学法学部卒業
1983年　京都大学大学院法学研究科博士後期課程単位取得退学
香川大学法学部助教授、京都大学教養部（のち総合人間学部）助教授を経て、
現　在　大阪市立大学大学院法学研究科教授
京都大学博士（法学）

＊主要著書
安全配慮義務の研究（1992年、成文堂）
求償権と代位の研究（1996年、成文堂）
日本的法意識論再考（2002年、ミネルヴァ書房）
損害概念論序説（2005年、有斐閣）
抵当法改正と担保の法理（2008年、成文堂）
担保物権法［第２版］（2010年・初版2007年、成文堂）
史料債権総則（共編著）（2010年、成文堂）
続・安全配慮義務の研究（2013年、成文堂）
入門　債権総論（2013年、成文堂）
判例分析による民法解釈入門（2018年、成文堂）

民事判例の観察と分析

2019年４月１日　初版第１刷発行

著　者　髙　橋　　眞
発行者　阿　部　成　一

〒162-0041　東京都新宿区早稲田鶴巻町514番地
発行所　株式会社　成　文　堂
電話 03(3203)9201　Fax 03(3203)9206
http://www.seibundoh.co.jp

製版・印刷　藤原印刷　　製本　弘伸製本

ISBN978-4-7923-2731-6　C3032　　**検印省略**

定価（本体6000円＋税）